Peter W. Heermann

Ambush Marketing bei Sportveranstaltungen

Schriftenreihe Causa Sport • Band 3

Herausgegeben von
Prof. Dr. Ulrich Haas
Ass. Prof. Dr. Ingeborg Mottl
Prof. Dr. Martin Nolte
Dr. Urs Scherrer
Dr. Daniel Thaler

Ambush Marketing bei Sportveranstaltungen

Erscheinungsformen, Abwehrmöglichkeiten gegen und verbleibender Freiraum für assoziative Werbemaßnahmen, Auswirkungen auf den Wettbewerb und Erwägungen *de lege ferenda*

von

Universitätsprofessor Dr. iur. Peter W. Heermann, LL.M. (Univ. of Wisconsin),

Inhaber des Lehrstuhls für Bürgerliches Recht, Handels- und Wirtschaftsrecht, Rechtsvergleichung und Sportrecht an der Universität Bayreuth, Richter am OLG Nürnberg a.D.

®︎|BOORBERG   Schulthess §

Für meine „5 P's"
Petra, Pamina, Pia Sophie, Piet Marius und Paola

Bibliografische Information der Deutschen Nationalbibliothek
Die Deutsche Nationalbibliothek verzeichnet diese Publikation
in der Deutschen Nationalbibliografie; detaillierte
bibliografische Daten sind im Internet über
http://dnb.de abrufbar.

© Richard Boorberg Verlag GmbH & Co KG, 2011
Scharrstraße 2
70563 Stuttgart
www.boorberg.de

ISBN 978-3-415-04637-5	Richard Boorberg Verlag GmbH & Co KG Stuttgart, München, Hannover, Berlin, Weimar, Dresden www.boorberg.de
ISBN 978-3-7255-6301-2	Schulthess Juristische Medien AG, Zürich, Basel, Genf www.schulthess.com

Das Werk einschließlich aller seiner Teile ist urheberrechtlich geschützt. Jede Verwertung, die nicht ausdrücklich vom Urheberrechtsgesetz zugelassen ist, bedarf der vorherigen Zustimmung des Verlages. Dies gilt insbesondere für Vervielfältigungen, Bearbeitungen, Übersetzungen, Mikroverfilmungen und die Einspeicherung und Verarbeitung in elektronischen Systemen.

Satz: Thomas Schäfer, www.schaefer-buchsatz.de
Druck und Verarbeitung: Laupp & Göbel, Talstraße 14, 72147 Nehren

Vorwort

Ambush Marketing: Dieser Begriff beherrscht die wissenschaftliche Diskussion einer in den 1980er Jahren entstandenen Werbeform. Letztere ist dadurch gekennzeichnet, dass nicht zum Kreis der offiziellen Sponsoren oder Förderer einer (Sport-)Veranstaltung zählende Unternehmen in ihren Werbemaßnahmen gleichwohl eine Assoziation zum Event herbeiführen. Die pejorative Bezeichnung *Ambush Marketing* enthält – ebenso wie die Synonyme „parasitäres Marketing", „Guerillamarketing", „Schmarotzermarketing" etc. – eine rechtliche Vorverurteilung (siehe hierzu Seiten 20–21). Neutral und damit treffender lässt sich die Werbeform mit dem Begriff „Assoziationswerbung" umschreiben. Gleichwohl wird auch in dieser Studie an der bislang üblichen Bezeichnung festgehalten, dieser werden jedoch jeweils die Worte „so genannte(s)" vorangestellt.

Warum nun aber noch eine Abhandlung zum so genannten *Ambush Marketing*? In den letzten fünf Jahren sind im deutschsprachigen Raum überwiegend juristisch geprägte Monografien und Aufsätze zu dieser Werbeform veröffentlicht worden. Der rechtswissenschaftliche Diskurs vernachlässigt indes bislang fast durchweg einige überaus aufschlussreiche rechtsvergleichende und ökonomische Forschungsansätze oder Aspekte zur Assoziationswerbung anlässlich Sportveranstaltungen. Die Einleitung (Seiten 13–16) spiegelt diese Entwicklung und damit zugleich die verschiedenen Motive wider, den bereits vorhandenen Stellungnahmen zu dieser Werbemethode hiermit eine weitere hinzuzufügen.

Das Konzept dieser Studie weicht teils deutlich von den bisherigen Abhandlungen zum so genannten *Ambush Marketing* ab. Das Werk wendet sich nicht ausschließlich an eine Leserschaft mit juristischem Fachwissen, sondern es soll anhand verschiedener Fallgruppen sowie zahlreicher, über das Stichwortverzeichnis leicht zu erschließender, tatsächlicher und typischer Beispiele auch Marketingexperten den Einstieg in die rechtliche Bewertung geplanter Werbemaßnahmen erleichtern.

– Zu diesem Zweck werden zunächst – insoweit noch in Übereinstimmung mit anderen einschlägigen Werken – die Bedeutung des Begriffs *Ambush Marketing* herausgearbeitet (Abschnitt II., Seiten 17–23) und die Erscheinungsformen der Werbemethode grob in sechs Gruppen der Assoziationswerbung untergliedert (Abschnitt III., Seiten 24–32).

– Im deutschsprachigen Schrifttum weitgehend neu ist hingegen die – mangels empirischer Erkenntnisse zu den gesamtökonomischen Interdependenzen nur vorläufige – Bewertung der Assoziationswerbung im Lichte von Wirtschaft und Wettbewerbsfreiheit (Abschnitt IV., Seiten 33–52).

- Aufbauend auf einer erstmaligen umfassenden Auswertung der bisherigen Stellungnahmen des deutschen, aber auch des U.S.-amerikanischen und britischen Schrifttums sowie einschlägiger, teils höchst aktueller Rechtsprechung insbesondere des BGH zum Schutz von Sportveranstaltungen und Sportveranstaltern (*WM-Marken, Hartplatzhelden*), werden sodann die rechtlichen Grenzen des so genannten *Ambush Marketings* unter Beschränkung auf die wesentlichen Aspekte sowie die Abwehrstrategien der Veranstalter und offiziellen Sponsoren analysiert (Abschnitt V., Seiten 53–115).
- In einem nächsten, in dieser Form neuartigen Schritt werden die zuvor herausgearbeiteten sechs Erscheinungsformen der Assoziationswerbung hinsichtlich der bestehenden rechtlichen und tatsächlichen Abwehrmöglichkeiten, des verbleibenden Freiraums für assoziative Werbemaßnahmen und der Auswirkungen auf den Wettbewerb im Detail untersucht (Abschnitt VI., Seiten 116–130).
- Schließlich werden in einem letzten Schritt erstmalig die verschiedenen, *de lege ferenda* zur Diskussion gestellten Ansätze zur möglichst effektiven Eindämmung des sogenannten *Ambush Marketings* zusammengestellt und bewertet (Abschnitt VII., Seiten 132–168).
- Die FIFA Fußball-Weltmeisterschaft 2010 in Südafrika ist Vergangenheit, schon werfen die Olympischen Sommerspiele 2012 in London ihre Schatten voraus. Zum Schutz vor so genannten *Ambushern* hat man dort Sondergesetze eingeführt, die in diesem Kontext zu den strengsten Legislativakten weltweit zählen und die nachfolgend – soweit ersichtlich – erstmalig im deutschen Schrifttum im Überblick dargestellt sowie bewertet werden (Abschnitt VII. 6. a) und b), Seiten 147–154). Abschließend wird – rein fiktiv und hypothetisch – untersucht, wie sich derartige gesetzliche Regelungen auf die bisherige Bewertung der verschiedenen Formen der Assoziationswerbung nach deutschem Recht auswirken würden (Abschnitt VII. 6. c), Seiten 154–168).

Diese Studie hätte in dieser Form ohne tatkräftige Unterstützung nicht entstehen können. Herrn Martin John, Wissenschaftlicher Mitarbeiter an meinem Lehrstuhl, danke ich für seine ständige Diskussionsbereitschaft, konstruktive Anregungen sowie die kritische Durchsicht des gesamten Manuskripts. Dank gebührt ebenso zahlreichen Zuhörern meiner diversen Vorträge zur rechtlichen und ökonomischen Bewertung des sogenannten *Ambush Marketings* sowie Studenten und Praktikern, mit denen ich die Problematik diskutieren konnte. Die dabei entwickelten, teils ablehnenden und kritischen, teils zustimmenden sowie stets anregenden Gedanken haben erheblichen Anteil am Gelingen des Werkes.

Bayreuth, im Februar 2011 *Peter W. Heermann*

Inhaltsverzeichnis

Vorwort 5

Inhaltsverzeichnis 7

I. Einleitung 13

II. **Bedeutung des Begriffs Ambush Marketings** 17
1. Ursprung und Prinzip des Ambush Marketings 17
2. Aktuelles Verständnis des Ambush Marketings 19
3. Entwicklung des Ambush Marketings 21

III. **Erscheinungsformen des Ambush Marketings** 24
1. Assoziationswerbung durch Verwendung der Bezeichnungen und Kennzeichen einer Sportveranstaltung 24
2. Assoziationswerbung durch sprachliche oder räumliche Bezugnahme auf den Durchführungsort einer Sportveranstaltung 27
3. Assoziationswerbung aufgrund zeitlichen Zusammenhangs mit einer Sportveranstaltung 29
4. Assoziationswerbung durch Verwendung typischer Merkmale einer Sportveranstaltung 29
5. Assoziationswerbung durch Einsatz von mit der Sportveranstaltungsserie verbundenen Mannschaften, Athleten und sonstigen Personen 30
6. Assoziationswerbung mit sonstigen Produkten mit Bezug zu einer Sportveranstaltung 31

IV. **Ambush Marketing im Lichte von Wirtschaft und Wettbewerbsfreiheit** 33
1. Vorüberlegungen 33
2. Auswirkungen des Ambush Marketings auf die Sponsoringerlöse der Veranstalter 34
3. Auswirkungen des Ambush Marketings auf die sonstigen Aktivitäten der Veranstalter 37
4. Investitionsschutz für Veranstalter und offizielle Sponsoren? ... 39
5. Bedingt eine Monopolstellung der Veranstalter auch eine Monopolisierung der Vermarktung? 43
6. Auswirkungen einer möglichst umfassenden Beschränkung von Ambush Marketing-Maßnahmen auf den Wettbewerb 45
   a) Entwicklung der Bestrebungen zur Beschränkung von Ambush Marketing-Maßnahmen 45
   b) Wettbewerbspolitische Bewertung 47

		aa)	Auswirkungen auf Aufmerksamkeitswert und Bekanntheit der Sportveranstaltung	47

        aa) Auswirkungen auf Aufmerksamkeitswert und Bekanntheit der Sportveranstaltung ... 47
        bb) Auswirkungen auf die offiziellen Sponsoren ... 47
        cc) Auswirkungen auf kleine und mittlere Konkurrenzunternehmen der offiziellen Sponsoren sowie auf die übrigen Unternehmen ... 48
        dd) Auswirkungen auf die so genannten Ambusher ... 49
        ee) Auswirkungen auf die Werbeadressaten ... 50
        ff) Unterschiedliche Möglichkeiten assoziativer Werbemaßnahmen für die verschiedenen Interessengruppen . 50
        gg) Gefahr der Monopolisierung eines nachgelagerten Marktes ... 51
7. Stellungnahme ... 51

V. **Grenzen des Ambush Marketings und Abwehrstrategien der Veranstalter sowie der offiziellen Sponsoren** ... 53
1. Immaterialgüterrechtliche Grenzen ... 53
    a) Urheberrecht ... 53
    b) Geschmacksmusterrecht ... 55
    c) Markenrecht ... 56
        aa) Allgemeines ... 56
        bb) Konkrete Unterscheidungskraft gem. § 8 Abs. 2 Nr. 1 MarkenG und Freihaltungsinteresse gem. § 8 Abs. 2 Nr. 2 MarkenG ... 57
            (1) Judikatur ... 57
            (2) Schrifttum ... 61
            (3) Stellungnahme ... 61
                (a) Unterscheidungskraft ... 61
                (b) Verwechslungsgefahr ... 63
                (c) Auswirkungen auf Assoziationswerbung hinsichtlich Sportveranstaltungen ... 63
        cc) Eventmarke ... 64
        dd) Keine Sonderbehandlung aufgrund der Einzigartigkeit des Sportereignisses ... 65
        ee) Bösgläubigkeit der Markenanmeldung gem. § 8 Abs. 2 Nr. 10 MarkenG ... 66
        ff) Umfang des Schutzbereichs bei bestehendem markenrechtlichem Schutz ... 67
        gg) Zulässiger beschreibender Gebrauch gem. § 23 Nr. 2 MarkenG ... 68
        hh) Fazit ... 70
    d) Kennzeichenrecht ... 71
        aa) Allgemeines ... 71

		bb) Besondere Geschäftsbezeichnung gem. § 5 Abs. 2 Satz 2 MarkenG	72

        bb) Besondere Geschäftsbezeichnung gem. § 5 Abs. 2 Satz 2
MarkenG 72
        cc) Werktitel gem. § 5 Abs. 3 MarkenG 73
        dd) Fazit 75
   e) Gesetz zum Schutz des olympischen Emblems und der olympischen Bezeichnungen 76
2. Lauterkeitsrechtliche Grenzen 76
   a) Allgemeines 76
   b) Irreführungstatbestände 78
        aa) § 5 Abs. 1 Satz 2 Nr. 4 UWG und § 5a UWG 78
        bb) Richtlinienkonforme Auslegung 78
        cc) Vorliegen einer zur Täuschung geeigneten Angabe oder Vorenthalten einer für die Entscheidungsfähigkeit von Verbrauchern wesentlichen Information 79
        dd) Würdigung des Meinungsstands in Judikatur und Schrifttum 80
   c) § 4 Nr. 10 UWG 83
        aa) Ausgangsproblematik 83
        bb) Richtlinienkonforme Auslegung 84
        cc) Gezielte Behinderung eines Mitbewerbers 85
        dd) Würdigung des Meinungsstands in der Judikatur 86
   d) § 4 Nr. 9 UWG 88
        aa) Wettbewerbsrechtlicher Leistungsschutz und Abgrenzung insbesondere zum Markenrecht 88
        bb) Richtlinienkonforme Auslegung 88
        cc) Vorliegen einer Nachahmung von Waren oder Dienstleistung des Sportveranstalters? 89
        dd) Würdigung des Meinungsstands in der Judikatur 90
   e) § 3 Abs. 1 UWG 91
        aa) Verhältnis von § 3 Abs. 1 UWG zum ergänzenden wettbewerbsrechtlichen Leistungsschutz 91
        bb) Richtlinienkonforme Auslegung 93
        cc) Würdigung des Meinungsstands in Judikatur und Schrifttum 94
            (1) Judikatur 94
            (2) Unmittelbarer Leistungsschutz? 96
                (a) Schutzwürdiges Leistungserzeugnis mit wettbewerblicher Eigenart 97
                (b) Guter Ruf des auszubeutenden Leistungserzeugnisses 97
                (c) Anlehnung an fremdes Leistungserzeugnis . 97
                (d) Wirtschaftliche Verwertungsmöglichkeit/ Übertragbarkeit des guten Rufs 97

		(e)	Besondere unlautere Umstände	99

(e) Besondere unlautere Umstände 99
(f) Rechtfertigung der anlehnenden Bezugnahme ohne Nachahmung 100
(3) Fazit 102
3. Abwehrstrategien der Veranstalter 103
   a) Markenstrategie 103
   b) Hausrecht 105
   c) Vertragliche Vereinbarungen zwischen Veranstalter und Gastgeberstadt 105
   d) Aufklärungskampagnen 106
   e) Ambush-Polizei 107
   f) Einführung von Sondergesetzen 108
   g) Sonstige 110
   h) Negative Auswirkungen? 110
4. Abwehrstrategien der offiziellen Sponsoren 113
5. Strategien der so genannten Ambusher 114
6. Stellungnahme 115

VI. Bewertung der Erscheinungsformen des Ambush Marketings .. 116
1. Assoziationswerbung durch Verwendung der Bezeichnungen und Kennzeichen einer Sportveranstaltung 116
   a) Rechtliche und tatsächliche Abwehrmöglichkeiten 116
   b) Verbleibender Freiraum für assoziative Werbemaßnahmen . 116
   c) Auswirkungen auf den Wettbewerb 117
2. Assoziationswerbung durch sprachliche oder räumliche Bezugnahme auf den Durchführungsort einer Sportveranstaltung 118
   a) Rechtliche und tatsächliche Abwehrmöglichkeiten 118
      aa) Verkaufsförderungsmaßnahmen unmittelbar am Ort der Sportveranstaltung 118
      bb) Benennung des Durchführungsortes in der eigenen Werbung 120
   b) Verbleibender Freiraum für assoziative Werbemaßnahmen . 121
      aa) Verkaufsförderungsmaßnahmen unmittelbar am Ort der Sportveranstaltung 121
      bb) Benennung des Durchführungsortes in der eigenen Werbung 121
   c) Auswirkungen auf den Wettbewerb 122
      aa) Verkaufsförderungsmaßnahmen unmittelbar am Ort der Sportveranstaltung 122
      bb) Benennung des Durchführungsortes in der eigenen Werbung 122

3. Assoziationswerbung aufgrund zeitlichen Zusammenhangs mit
   einer Sportveranstaltung 122
   a) Rechtliche und tatsächliche Abwehrmöglichkeiten 122
   b) Verbleibender Freiraum für assoziative Werbemaßnahmen . 123
   c) Auswirkungen auf den Wettbewerb 123
4. Assoziationswerbung durch Verwendung typischer Merkmale
   einer Sportveranstaltung 124
   a) Rechtliche und tatsächliche Abwehrmöglichkeiten 124
   b) Verbleibender Freiraum für assoziative Werbemaßnahmen . 125
   c) Auswirkungen auf den Wettbewerb 125
5. Assoziationswerbung durch Einsatz von mit der Sportveranstaltungsserie verbundenen Mannschaften, Athleten und sonstigen
   Personen 125
   a) Rechtliche und tatsächliche Abwehrmöglichkeiten 125
   b) Verbleibender Freiraum für assoziative Werbemaßnahmen . 127
   c) Auswirkungen auf den Wettbewerb 127
6. Assoziationswerbung mit sonstigen Produkten mit Bezug zu einer
   Sportveranstaltung 128
   a) Rechtliche und tatsächliche Abwehrmöglichkeiten 128
   b) Verbleibender Freiraum für assoziative Werbemaßnahmen . 129
   c) Auswirkungen auf den Wettbewerb 130
7. Stellungnahme 130

VII. **Erwägungen *de lege ferenda*** 132
1. Gesetzliches Leistungsschutzrecht für Sportveranstalter (Hilty/
   Henning-Bodewig) 132
2. Neuer lauterkeitsrechtlicher Tatbestand (Jaeschke) 133
3. Auswirkungen der Richtlinie 2005/29/EG über unlautere
   Geschäftspraktiken im binnenmarktinternen Geschäftsverkehr
   zwischen Unternehmen und Verbrauchern (UGP-RL) 135
4. Empirische Erkenntnisse zu den ökonomischen Wirkungen des
   Ambush Marketings 135
5. Parallelen zu den Bestrebungen zur Einführung eines neuen
   Urheberschutzrechts für Presseverlage? 138
   a) Ausgangssituation 138
   b) Vergleichbarkeit der Ausgangslagen in rechtlich-ökonomischer Hinsicht? 139
      aa) Gefahr der sprachlichen Vorverurteilung 139
      bb) Wirtschaftliche Ausgangslage der Presseverlage und
          Sportveranstalter 140
      cc) Pressefreiheit *versus* Verbandsautonomie 141
   c) Wettbewerbspolitische Erwägungen 142
      aa) Vorliegen eines Marktversagens? 142

		bb)	Gefahr der Marktkonzentration?	144
		cc)	Zweifelbehaftete (gesamt-)ökonomische Grundannahmen	144
		dd)	Vergleichbarkeit der Ausgangslage von Presseverlegern oder Sportveranstaltern mit Fernseh- und Filmproduzenten, Sendern und Tonträgerherstellern?	145
		ee)	Ziel eines Leistungsschutzrechts?	146
	d)	Ergebnis		146
6.	Sondergesetzlicher Schutz gegen Ambush Marketing anlässlich der Olympischen Sommerspiele 2012 in London			147
	a)	Überblick		148
	b)	Kritik		153
	c)	Auswirkungen auf die verschiedenen Erscheinungsformen des Ambush Marketings		154
		aa)	Assoziationswerbung durch Verwendung der Bezeichnungen und Kennzeichen einer Sportveranstaltung	155
		bb)	Assoziationswerbung durch sprachliche oder räumliche Bezugnahme auf den Durchführungsort einer Sportveranstaltung	157
		cc)	Assoziationswerbung aufgrund zeitlichen Zusammenhangs mit einer Sportveranstaltung	158
		dd)	Assoziationswerbung durch Verwendung typischer Merkmale einer Sportveranstaltung	159
		ee)	Assoziationswerbung durch Einsatz von mit der Sportveranstaltung(sreihe) verbundenen Mannschaften, Athleten und sonstigen Personen	160
		ff)	Assoziationswerbung mit sonstigen Produkten mit Bezug zu einer Sportveranstaltung	162
	e)	Ergebnis		162
7.	Stellungnahme			163

Literaturverzeichnis 171

Stichwortverzeichnis 179

I.
Einleitung

Die Werbemethode, die gewöhnlich als *Ambush Marketing* bezeichnet wird, ist ein Phänomen der Gegensätze:
− Einige Ökonomen und noch weniger Juristen wissen die Bedeutung des Begriffs zutreffend einzuordnen. Aber alle großen Sportveranstalter und zahlreiche ihrer offiziellen Sponsoren sind überzeugt, dass diese Werbemethode durch strengere Handhabung der bestehenden Gesetze oder Einführung neuer sondergesetzlicher Verbotsnormen möglichst umfassend eingedämmt werden muss.
− Die große Mehrzahl der Ökonomen und Juristen spricht sich in Deutschland und in den anderen EU-Mitgliedstaaten im Grundsatz, wenngleich mit Abweichungen in Detailfragen für das Prinzip der Wettbewerbsfreiheit aus. Aber alle großen Sportveranstalter und zahlreiche ihrer offiziellen Sponsoren sind überzeugt, dass der Wettbewerb zwischen den offiziellen, zumeist branchenexklusiven Sponsoren einer Sport(groß)veranstaltung einerseits und den übrigen Unternehmen, die in ihrer Werbung assoziative Bezugnahmen auf den guten Ruf des Sportevents vornehmen wollen, möglichst umfassend unterbunden werden muss.
− Die meisten Ökonomen und Juristen, aber auch die Mehrzahl der übrigen Werbeadressaten erfreut sich anlässlich Sportgroßveranstaltungen an den mitunter innovativen, originellen, aufwändigen und einprägsamen Werbeanzeigen oder Werbeclips so genannter *Ambusher*. So führte etwa jüngst anlässlich der Fußball-Weltmeisterschaft 2010 in Südafrika ein deutscher Autohersteller die deutschen Fußballerlegenden Fritz Walter, Paul Breitner und Rudi Völler – jeweils mit Originalbildern aus der Zeit ihrer größten sportlichen Erfolge und in von Schauspielern nachgestellten Szenen – zur Begutachtung eines neuen Automodells zusammen. Und zigmillionen Fußballfans erfreuten sich in der TV-Werbung, aber insbesondere auch im Internet an dem etwa dreiminütigen Werbeclip eines amerikanischen Sportartikelherstellers, der aktive Fußballidole verschiedener Nationalitäten spektakuläre Fußballkunststücke vollführen ließ. Aber es ist zumindest zweifelhaft, ob diese assoziativen Werbemaßnahmen dem Weltfußballverband und seinen offiziellen sowie branchenexklusiven Sponsoren in gleichem Maße gefallen haben.
− Die meisten Ökonomen und Juristen, die sich bislang wissenschaftlich mit dem Phänomen *Ambush Marketing* befasst haben, gehen ebenso wie alle großen Sportveranstalter und ihre offiziellen Sponsoren davon aus, dass nur Letztgenannte einen unmittelbaren Beitrag zum Sportevent

I. Einleitung

geleistet haben und sich deshalb allein in der Werbung an dessen Prestige und guten Ruf anlehnen dürfen. Aber die so genannten *Ambusher*, die über Steuereinahmen verfügende öffentliche Hand und die Steuerzahler, die Fans in den Stadien und an den Fernsehgeräten sowie – nicht zu vergessen – die an dem Sportereignis teilnehmenden Athleten glauben mehrheitlich, gleichfalls entscheidende Beiträge zum Gelingen der betreffenden Sportveranstaltung geleistet zu haben.

– Nur wenige Ökonomen und Juristen, die sich bislang wissenschaftlich mit dem Phänomen *Ambush Marketing* befasst haben, indes viele der großen Sportveranstalter und ihre offiziellen Sponsoren gehen davon aus, dass *Ambush Marketing* zu erheblichen Einbußen bei den Sponsoringeinnahmen der Sportveranstalter führt und die Fortführung der Events deshalb unter wirtschaftlichen Aspekten gefährdet ist. Aber bislang haben zumindest die großen Sportveranstalter in den letzten drei Jahrzehnten auch in wirtschaftlich schwierigen Zeiten trotz zunehmender *Ambush Marketing*-Aktivitäten von Veranstaltung zu Veranstaltung tendenziell steigende Sponsoringerlöse verkünden und von der Absage einzelner Events absehen können (sofern diese jemals ernsthaft zur Diskussion stand).

Wenn ein Phänomen wie das *Ambush Marketing* in wirtschaftlicher und rechtlicher Hinsicht derart unterschiedlich beurteilt wird, weckt dies Verwunderung – und auch die wissenschaftliche Neugier. Dies gilt umso mehr, als man sich im Jahr 2007 auch seitens der EU-Kommission in dem Begleitdokument zum Weißbuch Sport dieser Werbemethode angenommen hat:[1]

Sowohl für die Sponsoren als auch für die Nutzungsberechtigten ist das Thema des Ambush Marketings von wachsender Bedeutung. Auch wenn es in den meisten Ländern keine Definition für den Begriff des „Ambush Marketing" gibt, kann dies in seiner weitesten Bedeutung jede Art von Marketingtätigkeit umfassen, die von einer Unternehmung im Umfeld eines Eigentumsrechts gemacht wird, die kein Sponsor ist. Dabei versucht diese Unternehmung, einen wirtschaftlichen Vorteil daraus zu ziehen, dass sie mit diesem Eigentumsrecht in Verbindung gebracht wird. Es gibt wenig Gesetze im Bereich des Ambush Marketings. Da, wo Schutz angeboten wird, ist dieser über die Rechtsprechung als Ergänzung entwickelt worden zur Anwendbarkeit von Vorschriften über Rechte an geistigem Eigentum, unfairem Wettbewerb sowie in geringerem Maße zu Werbung und Kundenschutz. Allgemein gesagt erhält man den wirkungsvollsten Schutz gegen Ambush-Marketing-Taktiken, die in dem Stadion angewandt werden, in dem eine Sportveranstaltung stattfindet, indem man einen sorgfältig verfassten Ver-

---
[1] Arbeitsdokument der Dienststellen der Kommission EU und Sport: Hintergrund und Kontext, Begleitdokument zum Weißbuch Sport, KOM(2007) 391 endg., S. 37.

trag zwischen Sponsor und Veranstalter abschließt. Allerdings ist es viel schwieriger, einen Schutz gegen derartige Vorgehensweisen außerhalb des tatsächlichen Ortes zu erreichen, der sich im Einfluss des Veranstalters befindet. Seitens der Veranstalter wächst der Druck auf die Regierungen, spezifische Gesetze gegen Ambush Marketing zu erlassen, da diese ihre Veranstaltungen und vertraglichen Vereinbarungen mit den Sponsoren schützen möchten. So hat beispielsweise Portugal vor der Europäischen Fußballmeisterschaft 2004 es zu einer strafbaren Handlung erklärt, aus der Verbindung zu bestimmten festgelegten Veranstaltungen einen Verkaufsförderungsvorteil für eine Marke zu ziehen. Jedes Binnenmarkt-Problem im Zusammenhang mit Sponsoring sollte im Rahmen der Politik der Kommission bezüglich kommerzieller Kommunikation angegangen werden.

Nicht nur die *Stakeholder* sportlicher Großveranstaltungen und die Wissenschaft sind also für die Thematik sensibilisiert, sondern auch die Politik.

In den letzten fünf Jahren sind mehrere deutsch- und englischsprachige Monografien mit primär ökonomischem oder vorrangig juristischem Hintergrund zum *Ambush Marketing* veröffentlicht worden. Warum sollte es also lohnenswert sein, der bereits ansehnlichen Reihe von wissenschaftlichen Publikationen eine weitere hinzuzufügen? Hierfür gibt es insbesondere sechs Gründe:
1. Die erwähnten monografischen Publikationen stehen mehr oder weniger isoliert nebeneinander. Trotz der zumindest bei den jüngeren Veröffentlichungen bestehenden Möglichkeit hierzu, werden in den Abhandlungen fast durchgängig nicht die Ergebnisse der vorangegangenen Studien berücksichtigt oder gar ausgewertet. Indes kann nur so ein wissenschaftlicher Diskurs entstehen, wozu die nachfolgenden Erwägungen einen gewissen Beitrag leisten wollen.
2. Sämtliche der bislang erschienenen wissenschaftlichen Monografien und Abhandlungen beleuchten die eingangs beschriebenen Gegensätze nicht oder nur rudimentär und sodann vielfach in einer Weise, die Zweifel hervorruft, wenn nicht gar Widerspruch herausfordert. Diese Zweifel und Widersprüche sollen nachfolgend in einem größeren Zusammenhang herausgearbeitet werden.
3. Bislang hat man das Phänomen *Ambush Marketing* entweder primär aus der ökonomischen oder aus der juristischen Perspektive beleuchtet. Der interdisziplinäre Diskurs ist bisher sicherlich unterentwickelt. So haben in die vorliegenden umfassenden Analysen der rechtlichen Grenzen des *Ambush Marketings* wettbewerbspolitische Erwägungen – wenn überhaupt – kaum Eingang gefunden. Zwar kann der Verfasser seine juristischen Wurzeln nicht leugnen. Allerdings sollen im Rahmen der nachfolgenden Abschnitte stets auch die ökonomischen Auswirkungen im

I. Einleitung

Blick behalten und in die Bewertungen mit einbezogen werden. Anstelle apodiktischer Behauptungen zu ökonomischen Zusammenhängen, die trotz zahlreicher Wiederholungen nicht von Zweifeln frei sind, werden nachfolgend einige streitige Punkte zwar mit einer Grundtendenz, indes ergebnisoffen angesprochen werden, wenn für eine seriöse Festlegung noch zu erhebende empirische Erkenntnisse – insbesondere zu den gesamtökonomischen Wirkungen des *Ambush Marketings* – erforderlich sind.

4. Auffallend ist, dass in den einschlägigen juristischen Abhandlungen zum *Ambush Marketing* die wissenschaftliche Auseinandersetzung mit diesem Phänomen im anglo-amerikanischen Rechtskreis mit einer Ausnahme weitgehend ausgeblendet worden ist. Dies muss verwundern, hat diese Marketingmethode doch ihren Ursprung in den USA. Daher soll mit den nachfolgenden Analysen insoweit die rechtsvergleichende Perspektive zumindest eröffnet werden.

5. Die Olympischen Sommerspiele 2012 in London stehen unmittelbar bevor. Im deutschen Schrifttum ist bislang dem aus diesem Anlass in Großbritannien eingeführten sondergesetzlichen Schutz gegen *Ambush Marketing*, der weltweit vermutlich zu den strengsten Anti-Ambush-Gesetzen zählt, überraschend wenig Bedeutung beigemessen worden. Dieses Defizit soll hier ansatzweise ausgeglichen werden.

6. Es ist damit zu rechnen, dass früher oder später auch in Deutschland die Diskussion um Einführung eines sondergesetzlichen Schutzes der Sportveranstalter und ihrer offiziellen Sponsoren vor *Ambush Marketing*-Maßnahmen wieder offensiv geführt werden wird. Insoweit ist es hilfreich, sich zunächst erst einmal Klarheit über die *de lege lata* bestehenden gesetzlichen, vertraglichen und tatsächlichen Abwehrmöglichkeiten, den *Ambushern* verbleibenden Freiraum für assoziative Werbemaßnahmen und die aktuellen Auswirkungen der Befunde auf den Wettbewerb zu verschaffen. Erst in einem weiteren Schritt kann die Frage nach der Erforderlichkeit weiterer legislativer Maßnahmen sachgerecht erörtert werden. An dieser Reihenfolge wird vorliegend festgehalten, wobei letztlich aber die Augen nicht vor faktischen Zwängen verschlossen werden sollen, denen nationale Gesetzgeber auf Druck großer Sportveranstalter ausgesetzt sein können.

II.
Bedeutung des Begriffs Ambush Marketings

1. Ursprung und Prinzip des Ambush Marketings

Wörtlich übersetzt bedeutet der Begriff *Ambush* Angriff oder Überfall aus dem Hinterhalt, aber auch Versteck. Heutzutage wird der Begriff *Ambush Marketing* durch Anknüpfung an die erstgenannte Bedeutung fast ausschließlich pejorativ verwendet. Das bedeutet, dass bereits mit dem Einsatz des Begriffs *Ambush Marketing* regelmäßig eine moralische, oftmals auch rechtliche Vorverurteilung vorgenommen wird. Diese sprachlich gezielte Vorgehensweise ist Juristen nicht fremd. So wurde eine von der deutschen Judikatur entwickelte lauterkeitsrechtliche Fallgruppe i. S. d. § 1 UWG a. F. über Jahrzehnte mit *übertriebenes Anlocken* umschrieben. Dadurch wurden sämtliche Werbemaßnahmen, von denen ein gewisses Maß an Anreizwirkung ausging, sprachlich vorverurteilt, obgleich doch ein Anlockeffekt nahezu jeder Werbemaßnahme eigen ist. Und es dauerte bis zum Jahr 2004, bis diese Fallgruppe sprachlich und rechtlich genauer in das Verbot *unsachlicher Beeinflussung* der Werbeadressaten i. S. d. § 4 Nr. 1 UWG übergeleitet wurde.

Ambush Marketing – diese sprachliche und zumeist unausgesprochen auch rechtliche Vorverurteilung gibt Anlass, sich dem vielfach vernachlässigten[2] Ursprung dieses Begriffs und seiner originären Bedeutung zuzuwenden. Die metaphorische Umschreibung geht zurück auf Jerry C. Welsh, der in den 1980er Jahren in der Marketingabteilung des Kreditkartenherstellers American Express tätig war.[3] Zunächst gilt es damit festzuhalten, dass es sich um einen Begriff aus dem Bereich des Marketings und gerade nicht – anders als die vorerwähnte frühere lauterkeitsrechtliche Fallgruppe des *übertriebenen Anlockens* – um einen genuin juristischen Begriff handelt. Der Schöpfer des Terminus *Ambush Marketing* sah sich Jahre später veranlasst, die zwischenzeitlich verdrängte oder in Vergessenheit geratene Entstehungsgeschichte des Begriffs nachzuzeichnen.[4] Die zentralen Gedanken seien nachfolgend zusammengefasst:

Den Ausgangspunkt bildet Welshs Grundthese: *„Ambush Marketing, correctly understood and rightly practiced, is an important, ethically correct, competitive tool in a non-sponsoring company's arsenal of business- and image-building weapons. To think otherwise is either not to understand – or wilfully to misrepresent – the meaning of Ambush Marketing and its*

---

2 Anders jedoch etwa *J. Müller*, SpuRt 2006, 101.
3 *Welsh*, Ambush Marketing, S. 1; demgegenüber nimmt *Leone*, ISLJ 2008, 75 an, der Begriff sei von den Gegnern des *Ambush Marketings* erfunden worden.
4 Vgl. zum Folgenden *Welsh*, Ambush Marketing, S. 1–4.

significance for good – and winning – marketing practice."[5] Es sei wenig überraschend, dass angesichts der ständig steigenden Preise für ein Engagement als exklusiver Sponsor Unternehmen bewusst hierauf verzichteten und nach Ausweichmöglichkeiten suchten, um nicht die mit einem Exklusivsponsoring insbesondere im Profisport häufig einhergehenden enormen Kosten, belastenden Auflagen und Unwägbarkeiten[6] tragen zu müssen.[7]

Sodann hebt Welsh einen Umstand hervor, der eigentlich zu den Selbstverständlichkeiten im Recht des geistigen Eigentums sowie im Lizenzvertragsrecht zählt. So erwerbe ein Unternehmen beim Abschluss eines Sponsoringvertrages allein die vertraglich genau festgelegten Rechte und Rechtspositionen. Der Sponsor könne und dürfe jedoch nicht das gesamte thematische Umfeld des lizenzierten Produkts für sich beanspruchen. „*That's as it should be in sponsorship and as it is in the larger world of both commerce and life: when you own and license Kermit you have only given the rights you own to one specific frog – not to all frogs, and maybe not even to all green ones.*"[8]

Wenn ein Unternehmen sich nunmehr für die eigenen Werbeaktivitäten denjenigen thematischen Bereich erschließe, den ein Sportveranstalter in vertraglichen Vereinbarungen mit seinen offiziellen Sponsoren nicht lizenziert habe, so sei ein solches geschäftliches Vorgehen zulässig, solange das betreffende Unternehmen nicht aktiv den Eindruck erwecke, es sei selbst ein offizieller Sponsor, oder es in anderer Weise die Öffentlichkeit irreführe. Wenn diese daraufhin das betreffende Unternehmen als Sponsor der Sportveranstaltung ansehe, könnte dieser Umstand den geschickten Marketingaktivitäten des betreffenden Unternehmens geschuldet sein, sei aber kein Grund, die Forderung nach Eindämmung derartiger Werbemaßnahmen zu stützen. Diesen Ansatz fasst Welsh sodann in folgender These zusam-

---

5 *Welsh*, Ambush Marketing, S. 1.
6 Wie zahlreiche Beispiele aus der jüngeren Vergangenheit belegen, können etwa aktuelle oder frühere Dopingverstöße, sonstige Verfehlungen bei Ausübung des Sports (z. B. ein ungeahndetes, aber zum spielentscheidenden Tor führendes Handspiel bei einem wichtigen Fußballspiel oder der offene Boykott einer Trainingseinheit) oder das Privatleben eines gesponserten aktiven oder ehemaligen Profisportlers erhebliche tatsächliche und letztlich auch rechtliche Auswirkungen auf die bestehenden Vertragsbeziehungen haben. Exemplarisch genannt sei die Enthüllung außerehelicher sexueller Beziehungen des Gesponserten. Wenn auch zur Privatsphäre der Sportler gehörend, können entsprechende Aktivitäten manchen Sponsor dazu veranlassen, bestehende Sponsoringverträge nicht zu verlängern oder im Extremfall außerordentlich zu kündigen, wie ein bekannter U.S.-amerikanischer Golfprofi zum Jahreswechsel 2009/2010 erfahren musste.
7 *Welsh*, Ambush Marketing, S. 2.
8 *Welsh*, Ambush Marketing, S. 2; so im deutschen Schrifttum zuletzt auch *Furth*, S. 515, allerdings nicht unter Bezugnahme auf Welsh, sondern auf *Moorman/Greenwell*, 15 J.L.A.S. 2005, 183, 184: „Basically, one cannot sell what he does not own, and no sport organization owns the entire concept of or aura surrounding a sport such as basketball, football, or racing.".

men: „*Marketers routinely portray their wares in the best possible light; and in times when sponsored properties are on attractive display, the positive association with that thematic space – if not with the specific sponsored property – is the natural, and altogether legitimate, inclination of marketing professionals.*"[9]

Derart geschickt gestaltete Werbemaßnahmen seien „*parasitär*" allein gegenüber solchen Unternehmen, die sich keine Gewissheit über die Reichweite ihrer Rechtspositionen und die Möglichkeiten zur Verteidigung derselben verschafft hätten. Als Wettbewerber habe man nicht die ethische Verpflichtung, den wirtschaftlichen Erfolg der offiziellen Sponsoringvereinbarungen zu gewährleisten. Erfolgreiche *Ambush*-Strategien basierten auf unzureichend konzipierten Sponsoringvereinbarungen und ungeschickten Sponsoren. *Ambush Marketing* sei damit das Ergebnis gesunden Wettbewerbs und steigere langfristig den Wert des Sponsorings dadurch, dass unzureichende Sponsoringvereinbarungen ausgemerzt würden. „*This is but another way to ask the simple question of whether or not the sponsorship, as offered, is really commercially viable, or worth anything approximating its cost in the marketplace of available marketing propositions.*"[10]

Abschließend betont Welsh sein Verständnis von *Ambush Marketing*, das nicht von Moralvorstellungen, sondern vielmehr von wettbewerbspolitischen Grundwertungen geprägt ist: „*In the world of modern marketing, sponsor and ambusher are not moral labels to be assigned by the self-appointed arbiters of ethics, but merely names to be given to two different – and complementary, if competing – roles played by competitors vying for consumer loyalty and recognition in the same thematic space.*"[11]

Dieses ursprüngliche Verständnis des Begriffs *Ambush [Marketing]* ist also dadurch gekennzeichnet, dass es die damit charakterisierte Werbemethode nicht in die Nähe des denkbaren Sinngehalts „*Angriff oder Überfall aus dem Hinterhalt*", sondern in die Nähe der weiteren Wortbedeutung „*Versteck*" rückt. Danach ist es wesenstypisch für das *Ambush Marketing*, dass ein Unternehmen diejenigen verborgenen, ja eher „*versteckten*" thematischen Bereiche sucht und sodann für eigene kommerzielle Interessen nutzt, die nicht aufgrund vertraglicher und/oder gesetzlicher Regelungen allein den Veranstaltern von Sportereignissen sowie ihren offiziellen Sponsoren und Lizenznehmern vorbehalten sind.

2. Aktuelles Verständnis des Ambush Marketings

Ambush Marketing wird vielfach als jegliches, von einem Sport(groß)veranstalter nicht autorisiertes Verhalten eines Unternehmens umschrieben,

---

9 *Welsh*, Ambush Marketing, S. 2 f.
10 *Welsh*, Ambush Marketing, S. 3.
11 *Welsh*, Ambush Marketing, S. 3 f.

mit dem bewusst eine Assoziation zu der Veranstaltung angestrebt wird, um davon ohne Leistung eines eigenen Beitrages zu der Veranstaltung zu profitieren.[12] Abweichungen bei den verschiedenen Definitionsansätzen ergeben sich hinsichtlich des Merkmals der finanziellen Beteiligung des so genannten *Ambushers* an dem betreffenden Sportevent. Bis in die jüngste Zeit ist indes die Auffassung vorherrschend, dass so genannte *Ambusher* „*weder den Veranstalter noch die Großveranstaltung mitfinanzieren*".[13]

Wie bereits eingangs des vorangehenden Abschnitts herausgestellt, wird der Begriff *Ambush Marketing* heutzutage nahezu ausschließlich pejorativ verwendet. Sportveranstalter und ihre offiziellen Sponsoren fürchten aus verschiedenen, im weiteren Verlauf noch zu analysierenden Gründen[14] diese Werbemethode. Diese wird bereits sprachlich stigmatisiert. Wahlweise verwendete Begrifflichkeiten wie „*parasitäres Marketing*", „*Guerillamarketing*",[15] „*Schmarotzermarketing*" oder „*Trittbrettfahrerei*" zielen in die gleiche Richtung. Diese negativ besetzten Formulierungen verfehlen insbesondere auf politischer Ebene nicht ihre Wirkung.[16] Allerdings findet man auch Umschreibungen für die Werbemethode, die deren Charakteristika ohne moralische oder rechtliche Vorverurteilung eher neutral sprachlich erfassen. Hierzu gehören Bezeichnungen wie „*assoziative Werbung*" oder „*Assoziationswerbung*"[17], in die gleiche Richtung geht in den Vereinigten Staaten von Amerika die Formulierung „*simply aggressive marketing – the American way*"[18].

Es fällt auf, dass in der Diskussion nicht nur hinsichtlich des Begriffs *Ambush* die neutrale Übersetzung mit „*Versteck*" in den Hintergrund tritt.[19] Sehr verbreitet ist bei der Umschreibung der Marketingstrategie auch die Verwendung des Nomens „*Ausbeutung*" und des Verbs „*ausbeuten*". So soll etwa eine „*Ausbeutung*" des Goodwills der Sportveranstaltung erfolgen, deren guter Ruf soll von den nicht offiziellen Sponsoren „*ausgebeutet werden*". Unausgesprochen wird dabei die den *Ambushern* zugeschriebene „*Ausbeutung*" in die Nähe der marxistischen Theorie gerückt. Als zentraler

---

12 In diesem Sinne stellvertretend *Noth*, Jusletter 2004, 1, wobei der Titel des Beitrags „*Gratis durch die Hintertür*" die prägenden Merkmale dieser Definition widerspiegelt. Zu weiteren Definitionsansätzen vgl. etwa *Fehrmann*, S. 30 ff.; *Furth*, S. 17 ff.; *Jaeschke*, S. 2 ff., *Johnson*, Ambush Marketing, Rn. 1–15; *J. Müller*, SpuRt 2006, 101, 102; *Nufer*, S. 30 f.; *Thaler*, CaS 2008, 160, 162; *Bean*, 75 B.U. L. Rev. 1995, 1099, 1100, jeweils m. w. N.
13 Vgl. stellvertretend *Furth*, S. 1.
14 Vgl. hierzu unten IV. 2.-6. (S. 34 ff.) m. w. N.
15 Kritisch zu diesen beiden Umschreibungen *Johnson*, I.S.L.R. 2008, Heft 2/3, 24; zuletzt haben *Hippner/Berg/Hampel*, WISU 2010, 351, 354 f. das so genannte *Ambush Marketing* lediglich als einen Unterfall des *Guerilla Marketings* eingestuft.
16 So auch *Phillips*, J.I.P.L.P. 2005, 79.
17 Vgl. stellvertretend *Thaler*, CaS 2008, 160, 162.
18 *McKelvey/Grady*, 21 WTR Ent. & Sports Law. 2004, 8.
19 Vgl. hierzu schon II. 1. am Anfang (S. 17).

Begriff der Marx'schen Kritik der politischen Ökonomie und Geschichts- und Gesellschaftstheorie bezeichnet „*Ausbeutung*" die unvergütete Aneignung fremder Arbeitskraft und fremder Arbeitsprodukte. Hingegen bedeutet „*Ausbeutung*" im Bereich der Ökologie die aufbrauchende Gewinnung und Nutzung nicht nachwachsender Rohstoffe oder langfristig knapp werdender Vorkommen natürlicher Ressourcen. Wenn man nunmehr das einzelne Sportereignis in den Blick nimmt und – wie bei der kartellrechtlichen Ermittlung sachlich relevanter Märkte[20] – aus der Perspektive der Marktgegenseite, d. h. der potentiellen Vermarkter, eine Austauschbarkeit mit anderen Sportveranstaltungen ausschließt, so könnte „*Ausbeutung*" auch das Bestreben einer möglichst erschöpfenden Nutzung des Vermarktungspotentials der Veranstaltung umschreiben.

Natürlich kann die Verwendung neutraler Begrifflichkeiten ebenso wenig wie der Gebrauch pejorativer Umschreibungen die eigenständige ökonomische, moralische und rechtliche Bewertung des so genannten *Ambush Marketings* ersetzen oder gar präjudizieren. Allerdings zeigen die vorangegangenen Erwägungen zum ursprünglichen und aktuell vorherrschenden Verständnis des Begriffs *Ambush Marketing*, dass hiermit zunächst keinerlei rechtliche Wertungen verbunden sein sollten, vielmehr eine Marketingstrategie vor dem ökonomischen und wettbewerbspolitischen Hintergrund schlagwortartig und damit vereinfachend charakterisiert werden sollte.[21] Diese Zusammenhänge werden in der aktuellen Diskussion, die von den durch *Ambush Marketing* unmittelbar betroffenen Unternehmen, d. h. insbesondere den Veranstaltern von Sportveranstaltungen und deren offiziellen Sponsoren, beherrscht wird, zumeist vernachlässigt.[22]

3. Entwicklung des Ambush Marketings

Das Aufkommen des *Ambush Marketings* ist eng mit der zunehmenden Kommerzialisierung des Sports und dabei insbesondere der Olympischen Spiele verknüpft.[23] In der zweiten Hälfte des 20. Jahrhunderts entdeckte die Marketingbranche die großen Sportveranstaltungen mit ihrem erhöhten weltweiten Aufmerksamkeitswert als geeignete Plattform für Sponsoren. Die Zahl derartiger Sportgroßereignisse ist zwar begrenzt, was seit jeher zu einer gewissen Verengung des Marktes für die Vermarktung derartiger Events geführt hat. Allerdings traten anfänglich keine spürbaren Wettbewerbsbeschränkungen auf, weil einerseits die mediale Verwertung dieser

---

20 Vgl. insoweit für den Sportsektor stellvertretend *Heermann*, WuW 2009, 489, 492 f. m. w. N.
21 Ähnlich *Nufer*, S. 102.
22 Gleichfalls einen Wechsel der Bedeutung des Begriffs *Ambush Marketing* konstatierend *Johnson*, Ambush Marketing, Rn. 1–14.
23 Zur wirtschaftlichen Entwicklung und Bedeutung des *Ambush Marketings* vgl. auch *Furth*, S. 2 ff.; *Johnson*, Ambush Marketing, Rn. 1–14 ff.

Ereignisse noch in den Kinderschuhen steckte und andererseits die begrenzte Anzahl von Unternehmen, die Interesse an Sponsoringmaßnahmen zeigten, zumeist auch zum Zuge kam.[24] Damit existierte auch kein Nährboden, auf dem *Ambush Marketing* hätte gedeihen können. Zu dieser Zeit steckte die Olympische Bewegung in einer Krise. Anders als in den letzten drei Jahrzehnten gestaltete es sich schwierig, überhaupt mehrere Bewerberstädte für die Durchführung Olympischer Spiele zu gewinnen, weil sich dies zuvor finanziell zunehmend als Zuschussgeschäft erwiesen hatte. Denn seinerzeit waren die Möglichkeiten zur Refinanzierung der Kosten für die Durchführung des Events – nicht nur gemessen an heutigen Standards – sehr überschaubar.

Eine Neustrukturierung der Finanzen des Internationalen Olympischen Komitees (IOC) ist mit dem Namen Juan Antonio Samaranch verbunden, der im Jahr 1980 die Präsidentschaft übernommen hatte.[25] Zusammen mit Peter Ueberroth, dem Präsidenten des Organisationskomitees der Olympischen Sommerspiele 1984 in Los Angeles, wurde der weltweiten Vermarktung des Sportereignisses der Weg bereitet. Dies betraf zum einen die Fernsehübertragungsrechte, deren Wert seither aufgrund der deutlichen Zunahme potentieller Nachfrager weltweit, auf den einzelnen Kontinenten, zuletzt aber auch auf nationaler Ebene teils rasant, teils schwächer, insgesamt aber kontinuierlich in beachtliche Höhen gestiegen ist. Zum anderen wurden die Erlöse aus den übrigen Vermarktungsmöglichkeiten für Sponsoren optimiert. Ueberroth führte drei jeweils exklusive Sponsoringmöglichkeiten ein: offizieller Sponsor, offizieller Ausrüster und offizieller Lizenznehmer. Die den Sponsoren vertraglich zugesicherte Branchenexklusivität führte zu einer weiteren, nunmehr spürbaren Angebotsverknappung und verschloss erstmalig zahlreichen Unternehmen – nämlich den Konkurrenten der offiziellen Sponsoren – den Zugang zum Markt für Vermarktungsrechte.[26] Zusammen mit dem von Land zu Land unterschiedlich stark ausgeprägten, tendenziell aber an Umfang zunehmenden sondergesetzlichen Schutz der Olympischen Embleme und Symbole[27] oder auch anderer direkt auf die Eindämmung des so genannten *Ambush Marketings* gerichteter Spezialgesetze[28] ist es seither für Unternehmen schwieriger geworden,

---

24 *Johnson*, I.S.L.R. 2008, Heft 2/3, 24 spricht insoweit von einem „*open access model*".
25 Zu einem Nachruf auf den am 21. 04. 2010 verstorbenen Juan Antonio Samaranch siehe stellvertretend *Haffner*, Der olympische Sonnenkönig, FAZ vom 22. 04. 2010, S. 29.
26 *Johnson*, I.S.L.R. 2008, Heft 2/3, 24, 24 f. m. w. N.
27 Zur Geschichte des Schutzes der Olympischen Symbole vgl. stellvertretend *Michalos*, I.S.L.R. 2006, Heft 3, 64, 65 ff. m. w. N.); zum sondergesetzlichen Schutz gegen *Ambush Marketing* anlässlich der Olympischen Sommerspiele 2012 in London siehe auch nachfolgend VII. 6. (S. 147 ff.).
28 Vgl. insoweit etwa instruktiv zur Rechtslage in Südafrika, wo im Jahr 2010 die Fußball-Weltmeisterschaft stattfand, *Wittneben*, GRUR Int. 2010, 287, 290 ff.

ohne den Status als offizieller Sponsor in der eigenen Werbung durch Bezugnahmen auf ein bestimmtes Sportereignis bei den Werbeadressaten im Wege des Imagetransfers positive Assoziationen zu erzeugen.[29]

Erst diese doppelte Angebotsverknappung – einerseits aufgrund der begrenzten Zahl werbetechnisch attraktiver Sportereignisse, andererseits aufgrund der Branchenexklusivität der Sponsoringvereinbarungen – veranlasste die nicht zum Kreis der offiziellen Sponsoren zählenden Unternehmen, nach Alternativen zu suchen. Die nahezu logische Konsequenz war das Aufkommen der *Ambush Marketing*-Strategie, die die hinsichtlich eines Sportevents vertraglich oder gesetzlich nicht geschützten Themenbereiche für eigene Vermarktungsaktivitäten nutzbar macht. Dabei umfasst der Kreis der so genannten *Ambusher* zunächst die Konkurrenten der offiziellen Sponsoren. Diese sind entweder mit ihrer Bewerbung um die ausgeschriebenen Sponsorships nicht zum Zuge gekommen oder haben aufgrund wirtschaftlicher Erwägungen von vornherein bewusst auf ein solches Engagement verzichtet. Mit dem zunehmenden Kommerzialisierungspotential eines Sportereignisses, das auch durch dessen Medienpräsenz geprägt ist, haben aber schließlich auch kleinere und mittlere Unternehmen die Möglichkeiten der Assoziationswerbung für sich entdeckt.

---

[29] So auch im Hinblick auf die Fußball-Weltmeisterschaft 2010 in Südafrika *Wittneben*, GRUR Int. 2010, 287, 288, 295 f.

III.
Erscheinungsformen des Ambush Marketings

Die verschiedenen Erscheinungsformen des so genannten *Ambush Marketings* sind bereits verschiedentlich anhand zahlreicher Beispiele anschaulich dargestellt[30] und mitunter auch systematisiert worden.[31] Auch die von den assoziativ Werbenden verfolgte Taktik ist bereits analysiert worden.[32] Nachfolgend erfolgt eine Einteilung der üblicherweise dem so genannten *Ambush Marketing* zugerechneten Werbemethoden in sechs Gruppen, die jeweils anhand nur weniger aktueller Beispiele veranschaulicht werden sollen. In einem späteren Abschnitt[33] sollen die Fallgruppen noch einmal aufgegriffen werden, um jeweils insbesondere auch anhand der Beispielsfälle zu ermitteln,
– ob, wie und in welchem Umfang die jeweiligen Kategorien der Assoziationswerbung in Deutschland rechtlich und tatsächlich verhindert werden können,
– welcher rechtliche Freiraum den nicht offiziellen Sponsoren für Maßnahmen der Assoziationswerbung verbleibt und
– wie sich die bestehende Situation auf den Wettbewerb allgemein auswirkt.

1. Assoziationswerbung durch Verwendung der Bezeichnungen und Kennzeichen einer Sportveranstaltung

Eine erste Gruppe der Assoziationswerbung ist dadurch gekennzeichnet, dass so genannte *Ambusher* die Bezeichnungen, Kennzeichen oder Embleme einer Sportgroßveranstaltung zu eigenen Werbezwecken einset-

---

30 Vgl. in den letzten Jahren stellvertretend *Barty*, Euro. Law. 2006, 58, 12; *Dore*, I.S.L.R. 2006, 1(May), 40; *dies.*, Ent. L.R. 2006, 96; *Engel*, CaS 2004, 277, 278; *Gil-Roble*, E.I.P.R. 2005, 93, 93 f.; *Moss*, Ent. L.R. 2004, 237, 240; *Thaler*, CaS 2008, 160, 162; *Vassallo/Blemaster/Werner*, 95 Trademark Rep. 2005, 1338, 1339 ff.; zu ausgewählten Beispielen von so genanntem *Ambush Marketing* anlässlich der Fußball Weltmeisterschaft 2006 in Deutschland siehe instruktiv *Nufer*, S. 134–146.
31 Sehr detailliert hierzu *Johnson*, Ambush Marketing, Rn. 1–18 mit zahlreichen Beispielen; vgl. auch *Fehrmann*, S. 41 ff.; *Furth*, S. 4 ff.; *Jaeschke*, S. 6 ff.; *Mestre*, S. 90; *Noth*, S. 45 ff. Zuletzt hat *Nufer*, S. 52 ff. ein Strukturierungsmodell mit „*mit insgesamt 18 differenzierten Fällen*" präsentiert – trotz (oder wegen?) dieser Ausdifferenzierung sollen aber Überschneidungen einzelner Fallgruppen nicht auszuschließen sein, vgl. *ders.*, S. 65.
32 *Garrigues*, E.I.P.R. 2002, 505, 505 f.; *Bean*, 75 B.U. L. Rev. 1995, 1099, 1126 f.
33 Vgl. unten VI. 1.-6. (S. 116 ff.).

zen.³⁴ Zumeist vermeiden die assoziativ werbenden Unternehmen gerade die unmittelbare Übernahme etwa der als eingetragene Marken geschützten Bezeichnungen.³⁵ Eine Ausnahme gilt freilich beispielsweise, wenn der Werbende die Rechtsauffassung vertritt, die verwendeten Bezeichnungen seien zu Unrecht als (Gemeinschafts-)Marken eingetragen worden.

Eine solche Ausgangslage war in einem Fall gegeben, der in Deutschland im Vorfeld der der Fußball-Weltmeisterschaft 2006 Judikatur und Schrifttum gleichermaßen beschäftigte. Der Lebensmittelproduzent Ferrero hatte seinen Produkten „*Hanuta*" und „*Duplo*" kleine Bilder mit Fotos jeweils eines deutschen Fußballnationalspielers beifügen wollen. Die Bildchen sollten die Aufschrift „*Fußball WM 2006*" oder „*WM 2006*" tragen. Da diese beiden Bezeichnungen in Deutschland als Marken und letztgenannte Bezeichnung zugleich auf europäischer Ebene als Gemeinschaftsmarke zugunsten des Weltfußballverbandes eingetragen worden waren,³⁶ untersagte dieser die Werbemaßnahme. Daraufhin erwähnte der Lebensmittelhersteller auf den Bildchen lediglich die Jahreszahl „*2006*" zusammen mit der Abbildung einer stilisierten Nationalfahne nebst Fußball:³⁷

Quelle: http://cgi.ebay.de/ws/eBayISAPI.dll?VISuperSize&item=400136985778 (abgerufen am 19. 01. 2011)

---

34 Siehe hierzu *Furth*, S. 5; vgl. auch *Fehrmann*, S. 43; aus praktischer Sicht ausführlich zum Einsatz von Marken und anderen Immaterialgüterrechten durch Veranstalter von Sport(groß)ereignissen *Johnson*, Ambush Marketing, Rn. 2–01 ff. und Rn. 3–01 ff.

35 So auch *J. Müller*, SpuRt 2006, 101, 102. Allerdings kam es nach Angaben der FIFA anlässlich der Fußball-Weltmeisterschaft 1998 in Frankreich in 47 Ländern zu insgesamt 773 Fällen von Verletzungen von FIFA-Marken, anlässlich der Fußball-Weltmeisterschaft 2002 in Korea/Japan gab es 1.884 solcher Fälle in insgesamt 94 Ländern, anlässlich der Fußball-Weltmeisterschaft 2006 in Deutschland wurden rund 3.300 Verletzungen in 84 Ländern festgestellt; vgl. http://de.fifa.com/aboutfifa/marketing/marketing/rightsprotection/index.html (zuletzt abgerufen am 05. 11. 2010).

36 In Übereinstimmung mit den Rechtschreibungsregeln der Schweiz war jedoch die Marke „*Fussball WM 2006*" zugunsten des ein der Schweiz ansässigen Weltfußballverbandes eingetragen worden.

37 Ausführlich hierzu stellvertretend *Heermann*, ZEuP 2007, 535, 536 ff.; *ders.*, FS Klippel, S. 179, 180 ff., jeweils m. w. N.

III. Erscheinungsformen des Ambush Marketings

Zumeist werden so genannte *Ambusher* aber geschützte Bezeichnungen und Embleme einer Sportveranstaltung nicht unmittelbar übernehmen (wollen), sondern sie beschränken sich in ihren Werbemaßnahmen auf mehr oder weniger subtile Anspielungen. So verwendete ein neuseeländisches Telekommunikationsunternehmen wenige Monate vor den Olympischen Sommerspielen 1996 in Atlanta in seiner Werbung fünffach das Wort „*ring*", wobei die fünf Worte in der gleichen Weise und mit identischer Farbgebung wie die Olympischen Ringe angeordnet waren:[38]

ring   ring   ring

ring   ring

Nicht nur durch Wortspiele, sondern auch durch die sonstige graphische Gestaltung kann man sich in Werbemaßnahmen an die Olympischen Ringe anlehnen, wie folgende Werbung eines Zigarettenherstellers im Vorfeld der Olympischen Sommerspiele 2004 in Athen belegt:[39]

Quelle: http://www.shopblogger.de/blog/uploads/februar_05/luckystrikeplakat.jpg

---

38 Vgl. hierzu *Gil-Roble*, E.I.P.R. 2005, 27(3), 93, 93 f.; *Vassallo/Blemaster/Werner*, 95 Trademark Rep. 2005, 1338, 1347 f.; *Furth*, S. 5; *Noth*, S. 47.
39 Vgl. hierzu LG Darmstadt, CaS 2006, 278 ff. mit Anmerkung *Heermann*.

2. Assoziationswerbung durch sprachliche oder räumliche Bezugnahme auf den Durchführungsort einer Sportveranstaltung

Für eine zweite Kategorie der Assoziationswerbung ist charakteristisch, dass Unternehmen, die nicht zum Kreis der offiziellen Sponsoren eines Sportevents zählen, in ihrer Werbung auf den Veranstaltungsort sprachlich oder räumlich Bezug nehmen.[40] Hinsichtlich der sprachlichen Bezugnahme wird auf das letzte Beispiel des vorangehenden Abschnitts verwiesen („*Die Ringe sind schon in Athen*"). Räumliche Bezugnahmen erfolgen regelmäßig durch Werbung der so genannten *Ambusher* unmittelbar am Veranstaltungsort. Insoweit sind der Fantasie der Werbenden keine Grenzen gesetzt, wie zwei Beispiele anlässlich der Olympischen Sommerspiele 2008 in Peking belegen mögen. Zum Kreis der branchenexklusiven offiziellen Sponsoren zählte der Sportartikelhersteller adidas. Unvergessen sind jedoch die Bilder, auf denen der Jamaikaner Usain Bolt nach seinen Fabelweltrekordzeiten auf den Sprintstrecken sein goldfarbenes Schuhwerk des Sportartikelherstellers Puma werbewirksam in die Kameras hielt:

Quelle: http://cache.deadspin.com/assets/images/deadspin/2008/09/UsainBoltWears PrettyShoes.jpg

Nicht minder war – zumindest in China – der Aufmerksamkeitswert, den Li Ning anlässlich der Eröffnungsfeier, als Überraschungsgast an einem Stahlseil hängend, beim Entzünden des olympischen Feuers erregte. Der frühere chinesische Turner hatte einerseits bei den Olympischen Sommerspielen

---

40 *Bean*, 75 B.U. L. Rev. 1995, 1099, 1104 f. mit Beispielen; *Furth*, S. 5 ff.; *Fehrmann*, S. 44 f.

1984 in Los Angeles zahlreiche Medaillen gewonnen, was ihn sicherlich für die ruhmreiche Aufgabe qualifizierte. Zugleich hatte er aber im Jahr 1990 einen nach ihm benannten und in China überaus populären Sportartikelhersteller gegründet – Li Ning als Verkörperung der eigenen Marke vor einem Milliardenpublikum:

Quelle: http://www.welt.de/multimedia/archive/00630/lining1_DW_Sport_BE_630556p.jpg

Aber nicht nur innerhalb des Veranstaltungsortes eröffnen sich so genannten *Ambushern* – wie die beiden vorgenannten Beispiele belegen – Möglichkeiten, die Aufmerksamkeit des Publikums für einen freilich nur begrenzten Zeitraum auf ein Unternehmen zu lenken, das nicht zum Kreis der offiziellen Sponsoren zählt. Das räumliche Umfeld des Veranstaltungsortes eröffnet etwa auch Möglichkeiten zum *Streetbranding* und *Beamvertising*. Beim *Streetbranding* werden mittels einer Schablone und eines Hochdruckreinigers Bilder erstellt, die natürlich auch Werbebotschaften umfassen können und je nach Verschmutzungsgrad und Anlagerung von Kohlenstoffpartikeln für mehrere Wochen sichtbar sein können, sofern keine aktiven Gegenmaßnahmen ergriffen werden.[41] Beim *Beamvertising* handelt es sich um mobile Videoprojektionen, die einen begrenzten technischen Aufwand erfordern und insbesondere in der Dunkelheit auf Gebäudefassaden breite Aufmerksamkeit des Publikums erlangen können.[42]

---

41 Im Internet findet man unter http://www.lasercutit.co.uk/graffiti_stencils.html (zuletzt abgerufen am 17. 08. 2010) Beispiele für *Streetbranding*, u. a. auch einen so genannten Nike-Swoosh anlässlich des Tennisturniers in Wimbledon, bei dem der Sportartikelhersteller aber seinerzeit offizieller Sponsor war, so dass insoweit kein *Ambush Marketing* vorlag.

42 Auf der Website http://www.luminad.ca/what-we-do/ (zuletzt abgerufen am 05. 11. 2010) wirbt ein Unternehmen mit Möglichkeiten des *Beamvertising* und Beispielen (u. a. mit der

3. Assoziationswerbung aufgrund zeitlichen Zusammenhangs mit einer Sportveranstaltung

Auf verschiedene Weise können Werbemaßnahmen allein aufgrund des zeitlichen Zusammenhangs mit einer Sportgroßveranstaltung die durchaus beabsichtigten Assoziationen hierzu hervorrufen.[43] Im Vergleich zu einem Engagement als offizieller Sponsor einer Sportgroßveranstaltung ist es deutlich kostengünstiger, stattdessen die entsprechende Sportübertragung im Fernsehen im Rahmen des Sendungssponsorings (*„Die nachfolgende Sendung wird Ihnen präsentiert von ...";* *„Viel Spaß bei der ersten Halbzeit wünscht Ihnen ..."*) als Werbeplattform zu nutzen.[44] Natürlich können die offiziellen Sponsoren, aber grundsätzlich auch alle anderen Unternehmen Werbezeit vor oder während der Übertragung des Sportereignisses buchen; dabei wird je nach vertraglicher Gestaltung den offiziellen Sponsoren mitunter ein Erstzugriffsrecht eingeräumt. Je näher die Sportgroßveranstaltung rückt, desto mehr wird in Sportsendungen hierüber berichtet werden und desto besser eignen sich Werbemaßnahmen im Umfeld dieser Sendungen, um Assoziationen zu dem bevorstehenden Sportereignis herzustellen. So wurde etwa der entsprechende TV-Spot zu der Werbung für *„Das TEAM Sondermodell Golf"*[45] bereits acht Wochen vor dem Beginn der Fußball-Weltmeisterschaft 2010 in den Werbepausen der samstäglichen ARD-Sportschau präsentiert.

4. Assoziationswerbung durch Verwendung typischer Merkmale einer Sportveranstaltung

Vielerlei Merkmale sind für Sportveranstaltungen je nach Sportart kennzeichnend. Zunehmend verwenden so genannte *Ambusher* im Vorfeld, aber auch während Sportgroßereignissen in ihren Werbekampagnen diese Merkmale und achten dabei darauf, möglichst keine fremden gewerblichen Schutzrechte, Bildrechte oder Persönlichkeitsrechte zu verletzen.[46] So werden mit Fußball-Weltmeisterschaften oder -Europameisterschaften beispielsweise die Nationalflaggen, deren Farben, die traditionellen Trikots, (ehemalige) Nationalspieler, Fußbälle, Torgehäuse, aber auch Begrifflich-

---

springenden Raubkatze eines Sportartikelherstellers). Unter http://www.youtube.com/watch?v=mU_6IlvjkjM&feature=related (zuletzt abgerufen am 05. 11. 2010) ist ein Videoclip eingestellt, der die Einsatzmöglichkeiten des *Beamvertising* eindrucksvoll wiedergibt. Bei allen Beispielen handelt es sich – soweit ersichtlich – nicht um konkrete Beispiele von *Ambush Marketing*, sondern um bloße Einsatzmöglichkeiten dieser neuartigen Werbeformen.

43 Vgl. hierzu *Bean*, 75 B.U. L. Rev. 1995, 1099, 1103 f. mit Beispielen; siehe auch *Furth*, S. 10.
44 Vgl. zum Programmsponsoring auch *Nufer*, S. 44 f.
45 Siehe hierzu sogleich III. 4. (S. 29 f.).
46 Vgl. zu dieser Kategorie auch *Furth*, S. 8.

keiten wie „*Team*", „*Teamgeist*" oder „*Fan*" in Verbindung gebracht. Verschiedene der vorgenannten Elemente integrierte im Vorfeld und auch während der Fußball-Weltmeisterschaft 2010 in Südafrika der Autohersteller Volkswagen in seine Print-, aber auch Fernsehwerbung für „*Das TEAM Sondermodell Golf*":

Quelle: FAZ, 03. 04. 2010, S. 15

5. Assoziationswerbung durch Einsatz von mit der Sportveranstaltungsserie verbundenen Mannschaften, Athleten und sonstigen Personen

Zunehmender Beliebtheit erfreuen sich auch assoziative Werbemaßnahmen so genannter *Ambusher*, die Mannschaften, Athleten oder sonstige Personen (frühere Teilnehmer, Trainer etc.) präsentieren, welche seitens der Werbeadressaten mit aktuellen oder auch früheren Sportveranstaltungen der betreffenden Wettkampfserie in Verbindung gebracht werden.[47] Insoweit bestehen Überschneidungen zur Assoziationswerbung durch Verwendung typischer Merkmale einer Veranstaltung. Beispielhaft kann auf die im vorangehenden Abschnitt dargestellte Werbemaßnahme Bezug genommen werden. Die in alten Originalaufnahmen abgebildeten ehemaligen Fußnationalballspieler errangen einst bei Fußball-Weltmeisterschaften den Titel, einer von ihnen war später auch als Nationaltrainer des deutschen

---

[47] Vgl. hierzu *Bean*, 75 B.U. L. Rev. 1995, 1099, 1105 mit Beispielen; *Furth*, S. 9f.; *Leone*, ISLJ 2008, 75; *Moss*, Ent. L.R. 2004, 237, 240; allgemein zum Phänomen kollidierender Sponsorengruppen, die einerseits ein Sportevent und andererseits teilnehmende Teams oder Einzelsportler unterstützen, siehe *Nufer*, S. 15 f.

Teams erfolgreich. Durch diese personelle Verknüpfung wurden in den Monaten vor, aber auch während der Fußball-Weltmeisterschaft 2010 in entsprechenden Werbemaßnahmen natürlich die gewünschten Assoziationen hergestellt, ohne dass das werbende Unternehmen zu diesem Zweck offizieller Sponsor der betreffenden Veranstaltung sein musste.

Ähnliche Effekte lassen sich erzielen, wenn ein Unternehmen zwar nicht ein bestimmtes Sportgroßereignis als offizieller Sponsor unterstützt, sondern „nur" ein teilnehmendes Team, dessen Trainer oder einzelne Spieler. Auf den Status als offizieller Sponsor einer Nationalmannschaft darf im zeitlichen Zusammenhang mit dem Sportgroßereignis grundsätzlich hingewiesen werden, selbst wenn ein Konkurrenzunternehmen offizieller branchenexklusiver Sponsor der Veranstaltung sein sollte.

6. Assoziationswerbung mit sonstigen Produkten mit Bezug zu einer Sportveranstaltung

Wie bereits die vorangehende Gruppe weist auch diese Kategorie der Assoziationswerbung gewisse Überschneidungen mit der Assoziationswerbung durch Verwendung typischer Merkmale einer Sportveranstaltung auf. Hierbei stellen Unternehmen, die nicht zum Kreis der offiziellen Sponsoren gehören, durch die Auslobung beispielsweise von Tickets, Trikots oder

Quelle: http://www.topgewinnspiele.de/gewinnspiel/wp-content/uploads/2010/03/mars-gewinnspiel.gif

Spielbällen im Rahmen von Gewinnspielen einen Bezug zur Sportgroßveranstaltung her.[48] Denkbar ist auch die Durchführung von Verkaufsförderungsmaßnahmen, bei denen der Verbraucher für den Erwerb einer bestimmten Ware (z. B. Bier) in einem vorgegebenen Mindestumfang mit einem eigens gestalteten Fan-Trikot „*belohnt*" wird. Wiederum ist kennzeichnend, dass die ausgelobten Produkte möglichst keine fremden gewerblichen Schutzrechte, Bildrechte oder Persönlichkeitsrechte verletzen.

---

48 *Bean*, 75 B.U. L. Rev. 1995, 1099, 1105 ff. mit Beispielen; *Furth*, S. 11; *Johnson*, Ambush Marketing, Rn. 8–01 ff.; zu einem Ticket-Gewinnspiel in Indien siehe *Tulzapurkar*, I.S.L.R. 2004, Heft 3, 69, 69 ff. m. w. N.

IV.
Ambush Marketing im Lichte von Wirtschaft und Wettbewerbsfreiheit

1. Vorüberlegungen

Die Analysen in den vorangehenden Abschnitten haben gezeigt, wie Unternehmen ohne eigenen unmittelbaren finanziellen Beitrag zu einer Sportgroßveranstaltung in ihren Werbemaßnahmen in verschiedener Weise Assoziationen zu dem Event herstellen können. Seitens der veranstaltenden Sportverbände und der offiziellen Sponsoren werden derartige Werbemethoden – wie bereits dargelegt[49] – mit verschiedenen pejorativen Begrifflichkeiten umschrieben. Diese verfehlen nicht ihren Zweck. Die Aktivitäten so genannter *Ambusher* werden dadurch gleichsam verbal stigmatisiert und vielfach als illegal, unfair und unmoralisch eingestuft: Darauf weisen nicht nur Sportverbände und große Unternehmen hin, die als offizielle Sponsoren im Sportbereich auftreten,[50] sondern inzwischen auch für die Problematik sensibilisierte Politiker. Es ist bereits die folgende, nicht unrealistische Prognose gewagt worden: *„Ask a legislator if he is in favour of competition and you will elicit the answer 'yes'. Ask him whether he believes that it is right to ambush others and he may well give quite the opposite answer."*[51]

Bereits dieses Zitat deutet an, dass die Bewertung des Marketingphänomens komplizierter und komplexer ist, als es auf den ersten Blick scheint. Denn *Ambush Marketing* ist Teil des Wettbewerbs und dabei eines Wettbewerbsprozesses, an dem – wie zu zeigen sein wird[52] – nicht nur die Sportverbände als Veranstalter, die offiziellen Sponsoren und die assoziativ werbenden Unternehmen teilnehmen. Letztlich ist die zitierte Einschätzung dem Umstand geschuldet, dass es bislang den von *Ambush Marketing*-Maßnahmen unmittelbar betroffenen Unternehmen am besten gelungen ist, die öffentliche Meinung für die eigenen Interessen zu gewinnen.

Durch die nachfolgenden Erwägungen soll hier nicht zugunsten der strikten Gegner oder glühenden Verfechter des *Ambush Marketings* Partei ergriffen werden. Vielmehr soll die bislang eher einseitig geführte Diskussion um vernachlässigte Ansätze erweitert werden. Die komplexen Zusammenhänge, in denen assoziative Werbung im Sportsektor angesiedelt ist, sind näm-

---
49 Siehe oben II. 2. (S. 20).
50 Vgl. stellvertretend die *Anti-Ambush*-Anzeige des IOC anlässlich der Olympischen Winterspiele 2006 in Turin, abgedruckt bei *Nufer*, S. 90.
51 *Phillips*, J.I.P.L.P. 2005, 79.
52 Vgl. insbesondere nachfolgend IV. 6. (S. 45 ff.).

lich weniger simpel, als dies in wissenschaftlichen Stellungnahmen zum *Ambush Marketing* mitunter zum Ausdruck kommt. Es mutet eben allenfalls *prima facie* logisch an, dass ein Sportverband durch den Abschluss exklusiver Sponsoringvereinbarungen bei gleichzeitigen Werbebeschränkungen für Sportler und Vereine und damit durch Beschränkung der verfügbaren Werbemöglichkeiten seine Erlöse optimieren kann.[53] Tatsächlich bestehen beim so genannten *Ambush Marketing* verschiedenartige Interdependenzen, die nachfolgend herausgearbeitet werden sollen. Dabei sind nicht nur die Interessen der Sportverbände und Veranstalter von Sportereignissen, ihrer offiziellen Sponsoren und der so genannten *Ambusher* zu berücksichtigen; vielmehr sind auch die wirtschaftlichen Interessen und rechtlichen Positionen anderer – insbesondere kleinerer und mittlerer – Unternehmen, der die Sportereignisse übertragenden und der hierüber berichtenden Medien und nicht zuletzt auch der Öffentlichkeit in die Überlegungen mit einzubeziehen.[54]

2. Auswirkungen des Ambush Marketings auf die Sponsoringerlöse der Veranstalter

Das Bestreben der Veranstalter und Sportverbände nach weitgehender Ausschaltung des so genannten *Ambush Marketings* wird oftmals mit den negativen Auswirkungen dieser Form der assoziativen Werbung auf die von den offiziellen Sponsoren erzielbaren Erlöse gerechtfertigt.[55] Es lässt sich jedoch weder abstrakt noch im konkreten Fall genau ermitteln, wie sich so genanntes *Ambush Marketing* auf die Sponsoringerlöse der Veranstalter auswirkt. Allerdings lassen sich insoweit einige Grundaussagen treffen:
– Im eigenen wirtschaftlichen Interesse an Sponsoringerlösen, nicht zuletzt aber auch zur Wahrung der den offiziellen Sponsoren vertraglich übertragenen exklusiven Lizenzrechte muss seitens des Veranstalters zunächst sichergestellt werden, dass die als Marken eingetragenen Bezeichnungen, Logos des Sportereignisses etc. in geeigneter Weise geschützt werden.[56]

---

53 Siehe stellvertretend für eine solche Sichtweise *Fehrmann*, S. 224.
54 *Johnson*, I.S.L.R. 2008, 24, 28.
55 Vgl. stellvertretend *Berberich*, SpuRt 2006, 181; *Dore*, I.S.L.R. 2006, Heft 1, 40; *Engel*, CaS 2004, 277, 277 f.; *Furth*, S. 12; *Hippner/Berg/Hampel*, WISU 2010, 351, 355; *Jaeschke*, S. 1, 13, 72; *Mestre*, S. 89 f.; auch *Melwitz*, S. 137, 139, 140, 148 und *Nufer*, S. 30, 35, 67–70, 95, 296 gehen davon aus, dass *Ambush Marketing* den Wert des offiziellen Sponsorings schmälert; in diese Richtung tendiert auch *Thaler*, CaS 2008, 160, 172 („*Erfolgreiches, jedoch für einen Sportevent schädliches Ambush Marketing ...*"); zurückhaltender *Heermann*, GRUR 2006, 359, 360 („*auf Seiten der offiziellen Sponsoren droht eine Schwächung der kommunikativen Wirkung ihrer Werbung.*"); die Frage offen lassend *J. Müller*, SpuRt 2006, 101, 102.
56 So auch im Hinblick auf die olympische Bewegung *Michalos*, I.S.L.R. 2006, Heft 3, 64.

2. Auswirkungen des Ambush Marketings auf die Sponsoringerlöse der Veranstalter

– Die Exklusivität der den offiziellen Sponsoren übertragenen Rechtspositionen lässt sich vom Vertragspartner umso effektiver gewährleisten, je weiter die Möglichkeiten zur Vermeidung assoziativer Werbung anderer Unternehmen in seine Einflusssphäre – wie etwa unmittelbar am Ort des Sportevents – fallen. Je umfassender also die Möglichkeiten assoziativer Werbung derjenigen Unternehmen, die nicht zu den offiziellen Sponsoren gehören, direkt während des Sportereignisses in der Sportstätte und in deren Umfeld unterbunden werden können, umso attraktiver werden die dortigen Werbemöglichkeiten der offiziellen Sponsoren.[57] Aber auch diese Maßnahme dient letztlich primär dem Schutz derjenigen Rechtspositionen, die der Veranstalter seinen offiziellen Sponsoren vertraglich eingeräumt hat. Ob diese Ansätze zugleich zu einer Gewinnmaximierung führen, bleibt jedoch offen.

– Der Wert der den offiziellen Sponsoren vom Veranstalter übertragenen Rechtspositionen bemisst sich nicht allein nach dem Ausmaß der Exklusivität der Rechte, sondern natürlich auch nach Reichweite, Aufmerksamkeitswert, Popularität und Prestige der Veranstaltung. Insoweit tragen neben den eigenen Anstrengungen der Veranstalter aber oftmals auch Maßnahmen der assoziativen Werbung zur Steigerung der Bekanntheit und Attraktivität einer Großveranstaltung bei.[58] Insoweit sei an die Wochen in Deutschland vor der letzten Fußball-Weltmeisterschaft 2010 erinnert, in denen neben den wenigen offiziellen Sponsoren auch zahlreiche so genannte *Ambusher* in sämtlichen Medien und damit nahezu unausweichlich Groß und Klein unabhängig vom Grad des eigenen Fußballinteresses auf das Event aufmerksam machten. Einige Beispiele, die auch nicht ansatzweise den Anspruch auf Vollständigkeit erheben können, mögen dies veranschaulichen:

So warben etwa bereits Wochen vor Turnierbeginn ein Reiseveranstalter sowie der Hersteller einer Hautpflegeserie für ihre Produkte mit dem Trainer der deutschen Fußballnationalmannschaft. Der damalige Kapitän des Teams, der aufgrund einer schweren Fußverletzung kurzfristig seine Turnierteilnahme hatte absagen müssen, sprintete gleichwohl in der Werbung für den Produzenten eines Deodorants durch eine Flughafenabfertigung oder übte sich im Auftrag der Deutschen Bahn auf einem Bahnsteig zusammen mit einer bekannten deutschen Fußballnationalspielerin im gezielten Passspiel. Verschiedene Brauerein lockten beim Kauf ihrer Produkte mit kostenlosen Fan-Shirts in den Farben der Nationaltrikots. Allgegenwärtige Gewinnspiele steigerten mit fußballbezogenen Gewinnen (etwa Originaltrikots des Nationalteams, Fußbällen etc.)

---

57 So etwa im Hinblick auf Olympische Spiele *Moss*, Ent. L.R. 2004, 237, 238; vgl. auch *Phillips*, J.I.P.L.P. 2005, 79: „*The more you pay, the more protection you need; the more protection you get, the more you pay.*".
58 So auch *Furth*, S. 2; *Weber/Jonas/Hackbarth/Donle*, GRUR Int. 2009, 839, 847.

die Vorfreude auf das Turnier. Kinder animierten zunächst ihre Eltern (diese in Einzelfällen später den weiteren Familien-, Kollegen- und Bekanntenkreis) zum Kauf in einer bestimmten Supermarktkette, damit der fußballinteressierte Nachwuchs endlich die Sammlung mit Bildchen 23 deutscher Elitekicker (von denen dann später rund ein Drittel gar nicht an der Weltmeisterschaft teilnahm) komplettieren konnte, die beim Einkauf von Waren im Wert von mindestens 10,- € als kostenlose Zugabe abgegeben wurden. Ähnlich begehrt bei großen und kleinen Fußballfans waren käuflich zu erwerbende Sammelbildchen der Spieler und Trainer sämtlicher an der WM 2010 teilnehmenden Nationalmannschaften oder aber Sammelbilder deutscher Spieler, die ein Lebensmittelhersteller einzelnen seiner Süßwarenprodukte beigefügt hatte.

Bereits diese exemplarisch ausgewählten Werbemaßnahmen im Vorfeld der Fußball-Weltmeisterschaft 2010 zeigen deutlich, dass so genannte *Ambusher* vereinzelt den Aufmerksamkeitswert des sportlichen Großereignisses etwa bei der Jugend oder bei Werbeadressaten, die über ein unterdurchschnittliches Fußballinteresse verfügen, über die Aktivitäten des Weltfußballverbandes und seiner offiziellen Sponsoren hinaus in einem erheblichen Maß steigern konnten.

Den vorgenannten Aspekten ist bei der Bemessung der vielfach behaupteten negativen Auswirkungen des so genannten *Ambush Marketings* auf die Sponsoringerlöse der Veranstalter Rechnung zu tragen. Ob sodann die ökonomischen Konsequenzen noch immer derart gravierend sind, wie vielfach behauptet wird,[59] hängt von den gesamten Umständen des Einzelfalls ab.

Zurückhaltung ist insoweit hinsichtlich der regelmäßig apodiktisch vorgetragenen Behauptung geboten, so genanntes *Ambush Marketing* führe zu einer Schwächung der Kommunikationswirkung insbesondere der in demselben Geschäftsfeld tätigen Konkurrenten.[60] Es ist zwar nicht auszuschließen, dass so genannte *Ambusher* mit ihren eigenen assoziativ beworbenen Produkten letztlich Kaufkraft der potentiellen Nachfrager abschöpfen. Dies entspricht freilich im Grundsatz dem Wesen des Wettbewerbs.[61] Ein solches Vorgehen ist solange rechtlich unbedenklich, wie Rechtspositionen der Sportveranstalter und ihrer offiziellen Sponsoren nicht verletzt werden.[62] Und schließlich ist die behauptete Kausalität zwischen *Ambush Marketing*-Maßnahmen und einer Schwächung der Kommunikationswirkung der offiziellen Sponsoren keineswegs zwangsläufig, sondern bedarf des Nachweises. Die Stellung als offizieller Sponsor verleiht diesem keineswegs eine

---

59 Vorsichtig zweifelnd *Garrigues*, E.I.P.R., 2002, 505, 507.
60 Vgl. die Nachweise in Fußn. 52.
61 Näher dazu nachfolgend IV. 6. (S. 45 ff.).
62 So i. E. auch *Nufer*, S. 95.

unangreifbare Kommunikationswirkung, sie hat sich vielmehr im Wettbewerb zu bewähren und herauszubilden. Nicht nur theoretisch kann die einem offiziellen Sponsor zukommende Kommunikationswirkung auch durch äußerst effektive, aber auf jegliche Assoziationen zum Sportevent verzichtende Werbemaßnahmen eines Konkurrenten beeinträchtigt werden. Zudem hängt die Kommunikationswirkung in erheblichem Maße von Qualität und Umfang der Marketingaktivitäten ab, mit denen offizielle Sponsoren die begrenzte Kommunikationskraft des reinen Sponsorships zu steigern suchen (z. B. Hinweise auf Sponsorenstellung in der Medienwerbung und auf der eigenen Website, veranstaltungsbezogene Verkaufsförderungs- oder Hospitalitymaßnahmen). So ist es nicht unüblich, dass offizielle Sponsoren für die begleitenden kommunikativen Maßnahmen mindestens nochmals den gleichen Betrag wie für die Sponsoringvereinbarung aufwenden, soweit sie hierzu aus unternehmenspolitischen Erwägungen bereit und zudem wirtschaftlich in der Lage sind.[63] Wenn offizielle Sponsoren insoweit zurückhaltender agieren und nach dem Sportevent letztlich geringere Erinnerungswerte als manch ein geschickt werbender *Ambusher* erzielen, so muss dies keineswegs zwangsläufig und allein auf *Ambush Marketing*, sondern kann auch auf eine unzureichende eigene Marketingstrategie des betroffenen offiziellen Sponsors zurückzuführen sein.

3. Auswirkungen des Ambush Marketings auf die sonstigen Aktivitäten der Veranstalter

Wiederholt ist bereits darauf hingewiesen worden, so genanntes *Ambush Marketing* gefährde letztlich ernsthaft die Finanzierbarkeit von Sport-(groß)veranstaltungen.[64] Vereinzelt sieht man die Nachwuchsförderung

---

[63] *Nufer*, S. 91, 92 f.; vgl. in diesem Zusammenhang auch *Leone*, ISLJ 2008, 75, 77.
[64] Vgl. stellvertretend *Bean*, 75 B.U. L. Rev. 1099, 1100 f. (1995); *Berberich*, SpuRt 2006, 181; *Noth*, Sport und Recht, 3. Tagungsband, S. 19, 30; *Hippner/Berg/Hampel*, WISU 2010, 351, 355; *Nufer*, S. 69–71; *Wahrenberger*, Sport und Recht, 2. Tagungsband, S. 147, 165; *Wittneben/Soldner*, WRP 2006, 1175, 1178. Aufschlussreich sind in diesem Zusammenhang auch die offiziellen Mitteilungen der FIFA zum „*Schutz der Rechte*", abrufbar unter http://de.fifa.com/aboutfifa/marketing/rightsprotection/index.html (zuletzt abgerufen am 05. 11. 2010): „... führt auch zu so genannten 'Ambush Marketing'-Aktivitäten von Firmen, die sich auf illegale Weise ein Stück vom Kuchen sichern wollen, ohne dafür jedoch ihrerseits finanzielle Unterstützung zu leisten, und die so die Lebensfähigkeit der FIFA Fussball-Weltmeisterschaft ™ gefährden ..." Dabei stuft die FIFA als 'Ambush Marketing'-Aktivitäten indes nur folgende Maßnahmen ein: Verletzungen der Urheber- und Markenrechte des Weltverbandes; „*die freie Verteilung von Werbematerialien mit schrillen, ins Auge fallenden Firmenlogos oder ähnlichen Symbolen an Fussballfans auf dem Weg zu Sportereignissen, mit dem Ziel, sie als menschliche Werbeflächen zu missbrauchen*"; das nicht gestattete Verschenken von Tickets für die FIFA Fussball-Weltmeisterschaft ™ im Rahmen von Preisausschreiben oder ähnlichen Aktionen.

und die Zukunft des Sports als gefährdet an.[65] Diese regelmäßig pauschalen Behauptungen begegnen verschiedenen Zweifeln.

Sollten tatsächlich die wirtschaftlichen Anreize zur Investition in Sport(groß)veranstaltungen fehlen, so wäre dies nicht nur aus sportpolitischer, sondern auch wettbewerbspolitischer und -rechtlicher Perspektive sehr bedenklich. Indes scheinen auch die dargestellten Erscheinungsformen des so genannten *Ambush Marketings* sowie die – bislang – nur begrenzten Möglichkeiten, diese Werbemethoden auf rechtlichem oder tatsächlichem Weg einzuschränken,[66] Sportveranstalter noch nicht veranlasst zu haben, die Durchführung von bestehenden Sport(groß)veranstaltungsreihen einzustellen.[67] Wenn in jüngster Vergangenheit Sportligen – wie im Jahr 2009 die Champions Hockey League nach nur einer Spielzeit wegen Abspringens des Investors und ausbleibender Sponsorengelder[68] – ihren Spielbetrieb wieder einstellen mussten, so war dies anderen Umständen wie etwa der weltweiten Finanzmarktkrise und/oder dem unzureichenden Konzept des Sportwettbewerbs geschuldet.

Außerdem ist zu berücksichtigen, dass die Finanzierung von Sportveranstaltungen im Wesentlichen auf drei Säulen ruht: den Erlösen aus der Veräußerung der Medienrechte, den Erlösen aus dem Absatz von Eintrittskarten sowie schließlich den Erlösen in den Bereichen Merchandising und Sponsoring. Wenn nunmehr – bildlich gesprochen – die Tragkraft der letztgenannten Säule aufgrund *Ambush Marketings* tatsächlich in einem bestimmten Umfang abnehmen sollte, so muss damit nicht zwangsläufig die Statik des gesamten Finanzierungsgebäudes gefährdet sein.[69] Zudem ist festzustellen, dass Sportgroßereignisse wie Olympische Spiele oder Fußball-Weltmeisterschaften seit dem Aufkommen der verschiedenen Formen des *Ambush Marketings* nicht spürbaren Einbußen bei den Sponsoringerlö-

---

65 *Wall*, 12 Marquette Sports Law Review, 557, 581 (2001–2002); *Wittneben/Soldner*, WRP 2006, 1175, 1178, 1181.
66 Siehe nachfolgend V. und VI. (S. 53 ff., 116 ff.).
67 Ebenso *Hilty/Henning-Bodewig*, S. 82; *Furth*, S. 507 f. Anders wird sich die Situation möglicherweise bei kleineren Sport- oder Kulturveranstaltungen mit regionalem oder gar nur lokalem Zuschnitt darstellen, die in stärkerem Maße vom langfristigen Engagement bestimmter Sponsoren abhängig sind, welche bei einem Ausscheiden – anders als bei Sportgroßveranstaltungen – nicht ohne weiteres oder vielleicht auch gar nicht durch andere Sponsoren ersetzt werden können. Wenn aber das Interesse der Sponsoren bei derartigen Veranstaltungen begrenzt ist, werden sie für sog. *Ambusher* auch kaum als Anknüpfungspunkt für assoziative Werbemaßnahmen in Betracht kommen.
68 Vgl. http://de.wikipedia.org/wiki/Champions_Hockey_League (zuletzt abgerufen am 05.11.2010).
69 In diesem Sinne auch *Furth*, S. 11 f. *Leone*, ISLJ 2008, 75, 76 weist darauf hin, dass das Budget der Olympischen Sommerspiele 2012 in London nur zu 10 % von den offiziellen Sponsoren getragen wird.

sen ausgesetzt waren – eher im Gegenteil![70] Allerdings sollte der Blick insoweit nicht nur auf derartige Sportveranstaltungen mit erhöhtem weltweitem Aufmerksamkeitswert gerichtet werden, sondern auch auf weniger medienwirksame Sportevents, die ihrerseits freilich nicht gleichermaßen Ziel von *Ambush Marketing*-Maßnahmen sind. Letztlich ist zweifelhaft, ob sich etwaige zurückgehende Sponsoringerlöse solcher Veranstalter nachweislich kausal auf *Ambush Marketing*-Maßnahmen und nicht auf andere Gründe zurückführen lassen.

4. Investitionsschutz für Veranstalter und offizielle Sponsoren?

Die offiziellen Sponsoren von Sportgroßveranstaltungen lassen sich ihren (branchen-)exklusiven Status mitunter viel Geld kosten. Bei Olympischen Spielen oder Fußball-Weltmeisterschaften müssen die Sponsoren dem IOC oder der FIFA bzw. ihren jeweiligen nachgeschalteten Organisationen hierfür zweistellige Millionenbeträge zahlen.[71] Allein der Status als offizieller Sponsor des Veranstalters erzielt aber eine lediglich suboptimale Werbewirkung, wenn er nicht in ein möglichst cross-mediales Werbekonzept eingebunden wird,[72] das weitere erhebliche Kosten verursacht. Natürlich versuchen Ökonomen, später etwa mit gestützten oder ungestützten Erinnerungstests die Wirkung der von offiziellen Sponsoren, aber auch von so genannten *Ambushern* anlässlich der Sportveranstaltung entfalteten Marketingaktivitäten zu ermitteln. Nicht selten ergibt sich dabei, dass die von Nichtsponsoren erzielte Werbewirkung diejenige zumindest einzelner offizieller Sponsoren übertrifft.[73]

---

70 Ähnlich *Melwitz*, S. 215. So gab FIFA-Generalsekretär Jérôme Valcke anlässlich des 60. Kongresses des Internationalen Fußballverbandes am 10. 06. 2010 mit Blick auf die Geschäftsbilanz 2009 folgende Zahlen bekannt: Zu dem auf die Rekordhöhe von über 1 Mill. $ gewachsenen Eigenkapital hätte bei Ausgaben von 863 Mio. $ und Einnahmen von 1,059 Mill. $ ein Jahresüberschuss von 196 Mio. $ beigetragen. 73 Prozent der Einnahmen seien direkt in den Fußball zurückgeflossen, teils in die FIFA-Wettbewerbe, teils in die sozialen FIFA-Projekte; vgl. FAZ vom 11. 06. 2010, S. 34 („*Wer hat, der gibt: Und die Fifa hat reichlich*"). Zu den Finanzberichten der FIFA seit dem Jahr 2004 siehe http://de.fifa.com/aboutfifa/marketing/factsfigures/financialreport.html (zuletzt abgerufen am 05. 11. 2010).

71 Vgl. zur Entwicklung der Einnahmen aus dem Sponsoring anlässlich der Fußball-Weltmeisterschaften 2006 in Deutschland und 2010 in Südafrika *Wittneben*, GRUR Int. 2010, 287, 287 f. m. w. N.

72 So auch jüngst *Nufer*, S. 299 auf der Basis einer Studie zu den ökonomischen Wirkungen des *Ambush Marketings* im Sport.

73 Grundlegend zuletzt *Nufer*, S. 175 ff. mit umfassendem empirischem Material, welches anlässlich der Fußball-Weltmeisterschaft 2006 in Deutschland erhoben wurde; vgl. auch *Vassallo/Blemaster/Werner*, 95 Trademark Rep. 2005, 1338, 1340; *Melwitz*, S. 144 f. und S. 146 f. mit Beispielen und weiteren Nachweisen.

Aus diesem Umstand sind wiederholt weit reichende Postulate im Hinblick auf so genannte *Ambusher* abgeleitet worden. Stellvertretend sei eine Einschätzung im Vorfeld der Olympischen Sommerspiele 2012 in London herausgegriffen: *„Companies investing millions of pounds to help support the planning, staging and organisation of the Games in an official capacity must be assured that others will not obtain the same benefits for free, by engaging in ambush marketing [or producing counterfeit goods]."*[74] In dieser Äußerung klingen drei Aspekte hinsichtlich des so genannten *Ambush Marketings* an, die teilweise weit verbreitete Fehleinschätzungen widerspiegeln:

— erstens wird ein reiner Investitionsschutz postuliert und als sachgerecht erachtet;
— zweitens wird unterstellt, dass so genannte *Ambusher* ihre Werbewirkung kostenlos erlangen; und
— drittens wird damit – vorliegend nicht ausdrücklich angesprochen – davon ausgegangen, dass neben den Inhabern der Medienrechte und den Erwerbern der Eintrittskarten im Wesentlichen die Sponsoren die finanzielle Durchführung der Sportveranstaltung allein gewährleisten.[75]

Es ist zunächst Ausfluss des Grundsatzes der Wettbewerbsfreiheit, dass jeder Teilnehmer am wirtschaftlichen Wettbewerb selbst die damit verbundenen Chancen und natürlich auch Risiken trägt. Das Risiko, ob oder in welchem Umfang unter den gegebenen rechtlichen und tatsächlichen Marktbedingungen (etwa hinsichtlich rechtlich zulässiger *Ambush Marketing*-Maßnahmen) eine Amortisierung der vielfach erheblichen Investitionen des Veranstalters eines Sportevents oder auch der offiziellen Sponsoren überhaupt möglich ist, müssen die betroffenen Marktteilnehmer selbst einschätzen und in letzter Konsequenz tragen.[76] So haben auch Hilty und Henning-Bodewig ebenso zutreffend wie deutlich darauf hingewiesen, der Umstand, dass die Veranstaltung von Sportereignissen regelmäßig nicht ohne erhebliche Investitionen (Geld, Organisation etc.) möglich ist, sei als

---

[74] *Miller*, I.S.L.R. 2008, Heft 4, 44, 46; ähnlich etwa *Nufer*, S. 94 f.; *Pechtl*, Trittbrettfahren, S. 59; *Wittneben/Soldner*, WRP 2006, 1175, 1184; *Jaeschke*, S. 4 f. („... entspricht es dem allgemeinen Gerechtigkeitsempfinden, dass auch nur derjenige wirtschaftlich von einer Veranstaltung profitiert, der sie durch seine beträchtlichen Sponsoringleistungen überhaupt erst ermöglicht hat.") sowie hernach S. 60.

[75] Der Fußball-Weltverband bezeichnet die von ihm veranstaltete FIFA Fussball-Weltmeisterschaft ™ als *„ein rein privat finanziertes Sportereignis von weltweitem Interesse"*, vgl. http://de.fifa.com/aboutfifa/marketing/marketing/rightsprotection/index.html (zuletzt abgerufen am 05. 11. 2010).

[76] So bereits *Welsh*, Ambush Marketing, S. 2 f.; vgl. auch *Melwitz*, S. 217, nach dessen Auffassung das Bedürfnis der Veranstalter nach umfassendem Investitionsschutz aus dem UWG eher einem Wunsch nach Gewinnmaximierung entspringe denn einer realen wirtschaftlichen Notwendigkeit.

solcher rechtlich irrelevant.[77] Hinsichtlich der offiziellen Sponsoren ist zudem zu berücksichtigen, dass das aus ihren Engagements resultierende Marketingpotenzial, das den damit erzielbaren Goodwill und die langfristigen Gewinne eines Unternehmens umfasst, wenn es ein Sportevent in seine Marketingstrategie einfügt, schwierig oder kaum zu quantifizieren ist.[78] Insoweit sind aber offensichtlich zumindest die sich als offizielle Sponsoren von Sportveranstaltungen engagierenden Unternehmen davon überzeugt, dass Investitionen im Sportsponsoring eine höhere Rendite abwerfen als alternative Marketingstrategien.

Natürlich sind die Werbekampagnen so genannter *Ambusher* für diese nicht kostenlos. Je ausgefeilter und subtiler eine assoziative Werbemaßnahme, desto größer ist die Wahrscheinlichkeit, dass ihre Konzeption und Durchführung nicht unerhebliche Geldsummen verschlungen haben. Soweit dabei Zahlungen an die Erwerber der Medienrechte an der Sportübertragung erfolgen, um etwa zeitnah zum Sportereignis Fernsehwerbespots schalten zu können, kommen diese Beträge zumindest teilweise und mittelbar wieder den Veranstaltern des Sportereignisses zugute. Zudem wird durch Unterstützungsleistungen, die Sponsoren an teilnehmende Mannschaften oder Einzelsportler erbringen, letztlich mittelbar auch die Durchführung der Sportveranstaltung gefördert; denn die Teilnahme der von dritter Seite geförderten Athleten trägt zumindest indirekt zum Marketingpotenzial des Sportevents bei.[79] Insbesondere wenn nicht Spitzenathleten betroffen sind, wird manchen Sportlern erst durch ihre persönlichen Sponsoren die Teilnahme an Sportgroßveranstaltungen ermöglicht;[80] dies gilt freilich teilweise auch für derart gezielt eingesetzte finanzielle Unterstützungsleistungen der Sportveranstalter. Festzuhalten bleibt jedoch zum einen, dass je nach den Umständen des Einzelfalls so genannte *Ambusher* mit geringerem finanziellem Aufwand als offizielle Sponsoren mitunter eine durchaus vergleichbare Werbewirkung erzielen können. Dabei darf aber zum anderen nicht vernachlässigt werden, dass die Kommunikationseffekte, die von den offiziellen Sponsoren erzielt werden, vielfach deutlich höher als die der *Ambusher* sind. Jene haben über ihre Exklusivrechte hinsichtlich der erzielbaren Werbewirkung zunächst einen Startvorteil, der freilich weiterer wirtschaftlicher Anstrengungen des betreffenden offiziellen Sponsors bedarf, um diesen Vorsprung letztlich auch ins Ziel zu retten.

---

77 *Hilty/Henning-Bodewig*, S. 73.
78 So *Nufer*, S. 14.
79 So auch *Leone*, ISLJ 2008, 75, 76. In diesem Kontext hält es *Nufer*, S. 16 für schwierig zu determinieren, ob derartige Sponsoringaktivitäten eine Unterstützungsleistung zur Durchführung der Veranstaltung darstellen.
80 *Nufer*, S. 81.

Die dritte Fehleinschätzung betrifft folgende Frage: Wer trägt wirtschaftlich zur Durchführbarkeit des Sportereignisses bei, an das sich so genannte *Ambusher* in ihren Werbekampagnen assoziativ anlehnen? Dies betrifft komplexe Fragen der volkswirtschaftlichen Wertschöpfung, die hier nicht abschließend geklärt werden können und sollen. Allerdings kann an dieser Stelle festgestellt werden, dass keineswegs nur die aus den Vertragsabschlüssen mit den offiziellen Sponsoren und den Erwerbern der Medienrechte sowie der Eintrittskarten resultierenden Erlöse in wirtschaftlicher Hinsicht die Realisierung des Sportereignisses gewährleisten. Insoweit haben Hilty und Henning-Bodewig[81] der Diskussion wichtige Impulse gegeben: Danach setze die Veranstaltung sportlicher Wettkämpfe Leistungen von erheblichem wirtschaftlichem Wert voraus; diese beständen etwa in finanziellen Investitionen, in Organisationsleistungen, im Zur-Verfügung-Stellen von Fachkräften, ehrenamtlichen Helfern und Know-how; diese Leistungen würden von Vereinen, von Verbänden, von Sportlern, von ehrenamtlichen Helfern, professionellen Dienstleistungsunternehmen und Anbietern erbracht; in nicht wenigen Fällen seien bei der Leistungserbringung auch private Mäzene und Sponsoren sowie staatliche Einrichtungen (Bund, Länder, Gemeinden, Polizei, Bundeswehr) involviert. Gerade die Leistungen des Staates sind nicht zu vernachlässigen. Diese beschränken sich nicht auf die staatliche Förderung des Leistungs- und Breitensports durch die Bundesländer.[82] So stellen etwa auch der aus staatlichen Steuereinnahmen zumindest teilfinanzierte oder subventionierte Sportstättenbau, gezielte staatliche Infrastrukturmaßnahmen (etwa zur Anbindung einer Sportstätte an das bestehende Verkehrsnetz) oder staatliche Maßnahmen zur Gewährleistung von Sicherheit und Ordnung (Polizeieinsätze in und an der Sportstätte, aber auch regional übergreifende Sicherheitskonzepte bei internationalen Großveranstaltungen) Leistungen dar, ohne die viele Sportveranstaltungen nicht realisierbar wären.[83] Der Staat repräsentiert insoweit die Gesamtheit der Steuerzahler, zu denen neben den assoziativ werbenden Unternehmen[84] freilich wiederum auch der Sportveranstalter zählen kann.

Damit kann zumindest die Aussage als widerlegt gelten, dass so genannte *Ambusher* grundsätzlich keinerlei finanziellen Beitrag zu der werbemäßig in Bezug genommenen Sportveranstaltung leisten.[85] Hier ist zu differenzieren: Zwar erfolgen die Zahlungen der so genannten *Ambusher* nicht unmittelbar an die Sportveranstalter, so aber doch vereinzelt mittelbar etwa über

---

81 *Hilty/Henning-Bodewig*, S. 77.
82 Diese Förderungsleistung betonend *Hilty/Henning-Bodewig*, S. 79.
83 Ähnlich *Melwitz*, S. 206 f., 214.
84 Diesen Aspekt betonend *Melwitz*, S. 206 f.; gleichfalls den Beitrag der Steuerzahler hervorhebend *Leone*, ISLJ 2008, 75, 76.
85 So etwa *Garrigues*, E.I.P.R. 2002, 505, 507.

die Leistungen für die Platzierung von Werbespots während der medialen Übertragung des Sportereignisses, wodurch die Inhaber der Übertragungsrechte ihre den Sportveranstaltern zugeflossenen erheblichen Investitionen zu amortisieren suchen. Auch durch das Sponsoring teilnehmender Athleten oder Mannschaften fördern die *Ambusher* indirekt das Sportereignis. Und soweit sie in Deutschland steuerpflichtig sind, sind sie – wenn auch jeweils nur zu einem verschwindend geringen Anteil – an denjenigen Leistungen des Staates beteiligt, die der Durchführbarkeit der Sportveranstaltung unmittelbar oder mittelbar zugute kommen.

5. Bedingt eine Monopolstellung der Veranstalter auch eine Monopolisierung der Vermarktung?

In ihrem Rechtsgutachten zur Frage des Leistungsschutzes von Sportveranstaltern werfen Hilty und Henning-Bodewig[86] die Frage auf, ob durch ein eigenes Leistungsschutzrecht für Sportveranstalter eine eventuell bereits gegebene faktische „*Monopolstellung*" rechtlich noch verstärkt würde. Eine Stärkung der wirtschaftlichen Position auf diesem Markt für Vermarktungsrechte könne in bestimmten Konstellationen kartellrechtlich bedenklich sein. Andererseits beständen diese Bedenken auch und gerade bei einer unkontrollierten Ausdehnung des Rechtsschutzes in einem bestimmten Bereich, z. B. bei Einführung einer speziellen gesetzlichen Regelung zur weitgehenden Eindämmung des *Ambush Marketings*.

Auch ohne ein gesetzliches Leistungsschutzrecht für Sportveranstalter oder einen speziellen lauterkeitsrechtlichen Tatbestand, der sich gegen so genanntes *Ambush Marketing* richtet, gibt die Situation bereits jetzt zu kartellrechtlichen Bedenken Anlass. Zunächst ist zu fragen, auf welchen relevanten Markt sich die vielfach undifferenziert behauptete faktische Monopolstellung von Sportverbänden und/oder Sportveranstaltern überhaupt erstreckt. Sportdachverbände werden auf dem sachlich relevanten Markt für die Organisation und Durchführung sportartspezifischer Veranstaltungen regelmäßig eine Monopolstellung innehaben. Das bedeutet indes nicht automatisch, dass die betreffenden Sportverbände als Veranstalter von Sportwettkämpfen auch den nachgelagerten Markt für Vermarktungsrechte monopolisieren.[87] Insoweit ist vielmehr zu fragen, ob – wie dies nicht selten der Fall sein wird – dieser Markt aus Sicht der Marktgegenseite, d. h. insbesondere der potentiellen Sponsoren, hinsichtlich seiner Eigenschaften, seines Verwendungszwecks und seines Preises als austauschbar angesehen wird.[88] Wer etwa das offizielle Sponsoring einer Handball-Europa-

---

86 *Hilty/Henning-Bodewig*, S. 85.
87 Ausführlich hierzu *Heermann*, ZWeR 2009, 472, 477–479.
88 Vgl. hierzu *Heermann*, WRP 2009, 285, 291 f. m. w. N.

meisterschaft in Betracht zieht, wird möglicherweise ein entsprechendes Engagement bei einer Basketball-Europameisterschaft als adäquates Substitut ansehen. Damit könnten die jeweiligen Veranstalter auf dem Markt für die entsprechenden Vermarktungsrechte nicht als Monopolisten eingestuft werden. Indes können bestimmte Sportveranstaltungen – insbesondere Olympische Sommer- und Winterspiele oder Fußball-Weltmeisterschaften – durchaus solche Alleinstellungsmerkmale aufweisen, dass von vornherein eine Austauschbarkeit mit anderen Sportereignissen ausgeschlossen ist.[89] Insoweit kommen zudem Sportereignisse von lediglich nationaler oder gar nur regionaler Wahrnehmung in dem betreffenden Land oder Gebiet in Betracht, wenn diesen eine solche Bedeutung zukommt, dass für Sponsoren, die nicht weltweit oder grenzüberschreitend tätig sind und die sich gleichwohl im Sportsponsoring engagieren wollen, keine zumutbaren Ausweichmöglichkeiten bestehen.

Unabhängig von einer Monopolstellung auf dem Markt für Vermarktungsrechte beschränken die Veranstalter von Sport(groß)ereignissen den Wettbewerb regelmäßig dadurch, dass den offiziellen Sponsoren Vermarktungsrechte (branchen)exklusiv übertragen werden. Allerdings ist diese vertragstypische Gestaltung als vertragsimmanente Nebenabrede, soweit sie erforderlich und verhältnismäßig ist, grundsätzlich mit dem Kartellrecht vereinbar.[90] Darüber hinaus werden die Möglichkeiten der übrigen Unternehmen, in ihren Werbemaßnahmen Assoziationen zu der betreffenden Sportveranstaltung herzustellen, bereits jetzt durch das Immaterialgüter- und Lauterkeitsrecht, mitunter durch Sondergesetze sowie regelmäßig durch umfassende Abwehrstrategien der Veranstalter spürbar eingeschränkt.

Die vorangehenden Erwägungen zeigen, dass die Monopolstellung eines Sport(dach)verbandes auf dem Markt für die Organisation und Durchführung bestimmter Sportveranstaltungen eine gleichzeitige Monopolstellung auf dem Markt für die Vermarktung dieser Sportveranstaltungen weder bedingt noch automatisch bewirkt. Zwar führen die Exklusivitätsklauseln in den Verträgen, die die Veranstalter mit den offiziellen Sponsoren schließen, im Zusammenspiel mit gesetzlichen und tatsächlichen Schranken, die so genannten *Ambushern* gesetzt werden, zu einer starken Position der Veranstalter auch auf dem nachgelagerten Markt für Vermarktungsrechte. Es sind aber gerade die so genannten *Ambusher*, die durch gezieltes Assoziationsmarketing die von Gesetz, Hausrecht oder sonstigen Abwehrmaßnahmen ungeschützten Vermarktungsfelder in legaler Weise ausnutzen und dadurch den Wettbewerb beleben.

---

89 In diesem Sinne etwa *Berrisch*, SpuRt 1997, 153, 155; *Hannamann*, S. 322; *Heermann*, CaS 2008, 111, 117; *Heinemann*, ZEuP 2006, 337, 347f.; *Lange*, EWS 1998, 189, 192; ausführlich *Grätz*, S. 222 ff.
90 Ausführlich hierzu *Heermann*, CaS 2009, 226 ff.; *Bergmann*, SpuRt 2009, 102, 104 f.

Die sich durch diese Schutzlücken hinsichtlich der Vermarktung einer Sportveranstaltung eröffnenden Werbemöglichkeiten und die seitens der Veranstalter den offiziellen Sponsoren angebotenen Vermarktungsrechte gehören unter bestimmten Umständen zum gleichen relevanten Produktmarkt. Dies sei am Beispiel der Vermarktung einer Fußball-Weltmeisterschaft veranschaulicht: Der Weltfußballverband und der eine Fußball-Weltmeisterschaft vor Ort organisierende nationale Verband haben internationale oder nationale Sponsoringpartner, was zunächst zu unterschiedlichen Sponsoringmärkten führt. Es wird unterstellt, dass hinsichtlich der Vermarktungsfähigkeit kein Substitut zu diesem Sportgroßereignis besteht. Den Ausgangspunkt bildet das Bedarfsmarktkonzept. Demzufolge erfasst der sachlich relevante Markt sämtliche Erzeugnisse bzw. Dienstleistungen, die von der Marktgegenseite hinsichtlich ihrer Eigenschaften, ihres Verwendungszwecks und des Preises als austauschbar angesehen werden können.

Auf dieser Basis können nun bestimmte (potentielle offizielle) Sponsoren auf beiden Märkten tätig werden. Der durchschnittliche nationale Sponsoringpartner wird regelmäßig ein Engagement als internationaler Sponsoringpartner nicht als Substitut betrachten. Hingegen werden internationale Sponsoringpartner Sponsoringverträge zumindest in ausgewählten Ländern als Substitut in Betracht ziehen. Je nach den Umständen des Einzelfalls sind nun noch die Vermarktungsaktivitäten der so genannten *Ambusher* diesen beiden Sponsoringmärkten zuzuordnen, soweit die betreffenden Unternehmen die ihnen anlässlich dieses Sportereignisses zur Verfügung stehenden Vermarktungsmöglichkeiten hinsichtlich ihrer Eigenschaften, ihres Verwendungszwecks und des Preises als austauschbar ansehen. Bei den so genannten *Ambushern* kann es sich nun wiederum um potentielle offizielle Sponsoren handeln, aber auch um solche Unternehmen, die an dem Status als offizieller Sponsor aus unterschiedlichen Gründen kein Interesse haben. Soweit so genannte *Ambusher* auf den betreffenden Märkten in rechtlich zulässiger Weise praktisch tätig werden, werden zumindest einige diese Form der Assoziationswerbung als Substitut gegenüber einem offiziellen Sponsoringengagement betrachten, weil sie sich hiervon eine vergleichbare, wenngleich kostengünstigere Werbewirkung erhoffen.

6. Auswirkungen einer möglichst umfassenden Beschränkung von Ambush Marketing-Maßnahmen auf den Wettbewerb

a) Entwicklung der Bestrebungen zur Beschränkung von Ambush Marketing-Maßnahmen

Je höher die finanziellen Leistungen der offiziellen Sponsoren von Sportgroßveranstaltungen im Laufe der vergangenen Jahrzehnte geworden sind, desto aufwändiger, umfassender und effektiver sind die Gegenmaßnahmen der Veranstalter zur Einschränkung des so genannten *Ambush Marketings* gestaltet worden. Vielerorts sind speziell zu diesem Zweck Sondergesetze erlassen worden, wie etwa in Südafrika[91] oder in Großbritannien aus Anlass der bevorstehenden Olympischen Sommerspiele 2012 in London.[92] Hierdurch werden assoziative Bezugnahmen auf die in den Anwendungsbereich fallenden Sportgroßereignisse zu kommerziellen Zwecken in einem bislang unbekannten, letztlich schon erstaunlich hohen Ausmaß untersagt. Diese Entwicklung wird dadurch begünstigt, dass Sportverbände im Zusammenspiel mit den lokalen Veranstaltern von regelmäßig stattfindenden Sportgroßereignissen das Niveau der Abwehrmaßnahmen gegenüber so genanntem *Ambush Marketing* im Vergleich zur zeitlich vorangehenden Veranstaltung jeweils zu erhöhen versuchen.[93] Dieses Phänomen ist anschaulich als „*Race to the Highest Protection*"[94] umschrieben worden. Dabei kann aber der Umstand, dass die vorangehende Veranstaltung eines Sportgroßereignisses in Land A ein bestimmtes Niveau des Schutzes gegen *Ambush Marketing*-Maßnahmen bot, nicht als Rechtfertigung dafür dienen, dass nachfolgend die Veranstaltung des Events in Land B ein mindestens ebenso hohes, möglichst gar höheres Schutzniveau bieten muss.[95] Letztlich ist diese Entwicklung Ausdruck der beachtlichen Verhandlungsmacht, mit der Sportdachverbände bei der Vergabe von prestigeträchtigen Sportevents die lokalen Veranstalter, die Gastgeberstädte und mitunter sogar die nationalen Gesetzgeber zur Sicherung der Veranstaltung gegen nicht genehmigte kommerzielle Ausbeutung – etwa aufgrund entsprechender vertraglicher Verpflichtungen in einem so genannten *Host City Contract* – veranlassen.[96] Und schließlich gilt es aufgrund internationaler Erfahrungen einen weiteren Punkt zu berücksichtigen: Ist in einem Land erst einmal ein hohes Schutzniveau erreicht, so wird dieses selbst dann tendenziell eher nicht reduziert, wenn es sich zwischenzeitlich als zu weit gehend oder ineffektiv erwiesen haben sollte.[97]

Im Gegenzug ist zu konstatieren, dass bislang geschickt agierende *Ambusher* noch stets Wege gefunden haben, trotz der bestehenden gesetzli-

---

91 Vgl. hierzu ausführlich *Blackshaw*, ISLJ 2010, 32, 32 f., 35 ff.; *Wittneben*, GRUR Int. 2010, 287, 290 ff.; siehe auch *Jaeschke*, S. 69 f.; *Johnson*, I.S.L.R. 2008, Heft 2/3, 24, 26; *ders.*, Ambush Marketing, Rn. 5–33 f.; *Dore*, I.S.L.R. 2006, Heft 1, 40, 41 f.; *dies.*, Ent. L.R. 2006, 17(3), 96; *Vassallo/Blemaster/Werner*, 95 Trademark Rep. 2005, 1338, 1348 ff.; *Fehrmann*, S. 226.
92 Siehe hierzu nachfolgend ausführlich VII. 6. (S. 147 ff.) m. w. N.
93 Eingehend hierzu *Johnson*, I.S.L.R. 2008, Heft 2/3, 24, 27 f. mit Beispielen und weiteren Nachweisen.
94 *Furth*, S. 509.
95 *Phillips*, J.I.P.L.P. 2005, 79.
96 *Johnson*, I.S.L.R. 2008, Heft 2/3, 24, 26.
97 *Johnson*, I.S.L.R. 2008, Heft 2/3, 24, 28 f.

chen und vertraglichen Beschränkungen des *Ambush Marketings* rechtlich nicht angreifbare, effektive Werbemaßnahmen mit assoziativen Bezügen zu einem Sport(groß)ereignis durchzuführen. Nufer zieht insoweit anschaulich einen Vergleich zu einem „*Hase-Igel-Rennen*", bei dem der Sportveranstalter die Rolle des Hasen einnehme.[98] Es ist zwar davon auszugehen, dass der sich *Ambushern* eröffnende gemeinfreie Spielraum im Laufe der Zeit spürbar eingeschränkt worden ist. Ob dadurch deren Marketingaktivitäten in einer nunmehr unverhältnismäßigen Weise begrenzt werden, kann an dieser Stelle indes nicht pauschal beurteilt werden.

b) Wettbewerbspolitische Bewertung

Nach dieser kurzen Analyse der Entwicklung der in den letzten Jahrzehnten zur Eindämmung von so genanntem *Ambush Marketing* eingeleiteten Maßnahmen sollen nunmehr die damit verbundenen Auswirkungen auf den Wettbewerb in den Blick genommen werden.[99]

aa) Auswirkungen auf Aufmerksamkeitswert und Bekanntheit der Sportveranstaltung

Wenn sämtlichen Unternehmen, die nicht zum Kreis der offiziellen Sponsoren gehören, die derzeit noch bestehenden Möglichkeiten rechtlich zulässiger Assoziationswerbung umfassend beschnitten würden, hätte dies vermutlich weitere erhebliche Auswirkungen auf den Wettbewerb. Wenn man davon ausgeht, dass auch so genannte *Ambusher*, die zeitlich im Vorfeld Assoziationswerbung betreiben, den Aufmerksamkeitswert und die Bekanntheit der betreffenden Sportveranstaltung steigern,[100] so könnte bei einer weitgehenden Ausschaltung assoziativer Werbemaßnahmen trotz der damit verbundenen zusätzlichen Absicherung der den offiziellen Sponsoren zustehenden Exklusivrechte der Werbewert eines einzelnen Sponsoringengagements durchaus sinken. Daher sollte das Potential so genannter *Ambusher* zur Steigerung des Aufmerksamkeits- und Werbewerts der Veranstaltung nicht vernachlässigt werden.

bb) Auswirkungen auf die offiziellen Sponsoren

Letztlich sind es die so genannten *Ambusher*, die mit ihrer Ausnutzung des gemeinfreien Kommerzialisierungspotentials einer Sportgroßveranstaltung den offiziellen Sponsoren überhaupt erst ermöglichen oder sie veranlassen, den tatsächlichen Marktwert ihres Marketingengagements zu ermitteln.[101] Die Assoziationswerbung der *Ambusher* setzt für die offiziellen Sponsoren

---

98 *Nufer*, S. 98.
99 Zu den widerstreitenden Interessen der Sportveranstalter auf der einen und der *Ambusher* auf der anderen Seite vgl. stellvertretend *Nufer*, S. 94–100, 298.
100 Ausführlich hierzu mit Beispielen anlässlich der Fußball-Weltmeisterschaft 2010 in Deutschland oben IV. 6. b) aa) (S. 47).
101 So zuerst *Welsh*, Ambush Marketing, S. 3; in diesem Sinne auch *Furth*, S. 515; *Nufer*, S. 99.

darüber hinaus Anreize, die eigene Marketingstrategie effektiver zu gestalten.[102]

cc) **Auswirkungen auf kleine und mittlere Konkurrenzunternehmen der offiziellen Sponsoren sowie auf die übrigen Unternehmen**

Den Ausgangspunkt bildet nicht nur hierzulande die Wettbewerbsfreiheit, die die zentrale Voraussetzung privater unternehmerischer Aktivitäten darstellt.[103] Der Versuch einer weitgehenden Monopolisierung der Bezugnahme auf aktuelle Themen und Anlässe wie etwa Sportgroßveranstaltungen[104] wirft nicht nur – hier nicht zu vertiefende – verfassungsrechtliche Probleme auf.[105] Vielmehr würde durch diese Entwicklung in letzter Konsequenz bewirkt, dass nur noch die offiziellen Sponsoren zu kommerziellen Zwecken auf das finanziell unterstützte Sportereignis Bezug nehmen könnten. Als offizielle Sponsoren von Sportgroßveranstaltungen mit erhöhtem Aufmerksamkeitswert kommen indes nur große, zumeist international tätige Unternehmen und Konzerne in Betracht. Hingegen würde zumindest kleinen und mittelständischen Unternehmen die Möglichkeit genommen, sich als offizielle Sponsoren einer Großveranstaltung zu präsentieren oder in den eigenen Absatzbemühungen auch nur Assoziationen hierzu herzustellen.[106] Ob eine den betroffenen Unternehmen zur Verfügung stehende Möglichkeit, Werbelizenzen für einzelne Produkte zu erlangen und auf diese Weise gleichfalls als Förderer der Veranstaltung zu fungieren, einen zumutbaren Ausweg darstellt, kann nur anhand der Umstände des Einzelfalls bewertet werden. In jedem Fall würde ein Verbot der kommerziellen Verwendung von Assoziationen zu einer Sportgroßveranstaltung durch Unternehmen, die nicht zum Kreis der offiziellen Sponsoren und Förderer gehören, schließlich auch die Frage nach der Verhältnismäßigkeit einer solchen Beschränkung der Werbe- und Wettbewerbsfreiheit aufwerfen.[107]

Letztlich würde nicht nur den Konkurrenten der offiziellen Sponsoren, sondern auch allen übrigen Unternehmen die Möglichkeit genommen, die

---

102 Nach *Nufer*, S. 22 soll *Ambush Marketing* das traditionelle Marketing nicht obsolet machen, sondern punktuell unterstützend wirken und dem Marketing-Mix, hauptsächlich dem Kommunikations-Mix, zu einem neuen innovativen Anstrich verhelfen; vgl. auch *ders.*, S. 98 f.

103 So im Rahmen der Diskussion zur Eindämmung des *Ambush Marketings* in der Schweiz *Hilty/Thouvenin*, plädoyer 7/06, 20, 22:.

104 *Hilty/Thouvenin*, plädoyer 7/06, 20, 22 sprechen insoweit anschaulich von einer „*kommunikatorischen essential facility*".

105 Vgl. in diesem Zusammenhang auch *Melwitz*, S. 217 mit der Feststellung: „*Der Sport an sich und mit ihm die einzelnen Sportarten sind Allgemeingut. Kein Marktteilnehmer kann das alleinige Recht an einer Sportart für sich beanspruchen.*".

106 *Furth*, S. 3; *Nufer*; S. 80; *Leone*, ISLJ 2008, 75, 76; *Pechtl*, Ambush Marketing, S. 71 f.; *Wittneben/Soldner*, WRP 2006, 1175, 1180.

107 Vgl. auch *Melwitz*, S. 218 f., der – ausgehend von der lauterkeitsrechtlichen Generalklausel – im Rahmen einer Interessenabwägung insoweit eine Unverhältnismäßigkeit annimmt.

eigenen Absatzchancen durch attraktive Assoziationswerbung zu erhöhen, wodurch eine Intensivierung des Wettbewerbs gerade verhindert würde.[108] Denn selbst bei Bereitschaft zur Zahlung eines Entgelts wären die betroffenen Unternehmen wegen der Branchenexklusivität der offiziellen Sponsoren oder wegen der Unerschwinglichkeit eines solchen Sponsoringengagements nicht mehr in der Lage, sich als Sponsoren das medienwirksame Recht zur Bezugnahme auf den Anlass zu verschaffen.

dd) Auswirkungen auf die so genannten Ambusher

Die Möglichkeit, in der eigenen Werbung in den Bereich der Gemeinfreiheit fallende assoziative Bezugnahmen auf ein Sportereignis herzustellen, bietet *Ambushern* den Anreiz, im Rahmen des rechtlich Möglichen die eigenen Werbeaktivitäten (noch) kreativer zu gestalten und zu optimieren. Das sich daraus vielfach ergebende – bereits erwähnte[109] – „*Hase-Igel-Rennen*" zwischen dem Sportveranstalter einerseits und den so genannten *Ambushern* andererseits kann durchaus als Zeichen eines funktionierenden Wettbewerbs bewertet werden, bei dem jeder der beteiligten Akteure seine spezifischen „*Waffen*" einsetzt (offizielle Sponsorships versus Kreativität).[110]

Nicht nachvollziehbar ist die Befürchtung, für *Ambusher* könne sich *Ambush Marketing* mitunter auch als eine gefährliche Wettbewerbsstrategie darstellen:[111] Während sie allein mit den Waffen des Marketings kämpfen könnten, seien die Veranstalter und Sponsoren/Lizenznehmer in der Lage, den Kampf um das Marketingpotenzial eines Sportevents darüber hinaus mit ihren Rechtspositionen – und damit mit einem zusätzlichen Instrumentarium – auszutragen; dies könne Investitionen in *Ambush Marketing* auf gerichtlichem Weg zu „*sunk costs*" für den *Ambusher* machen.[112] Zunächst ist festzustellen, dass jegliche Marketing-Maßnahmen und nicht nur solche des so genannten *Ambush Marketings* zu „*sunk costs*" führen können, wenn die bestehenden rechtlichen Grenzen überschritten werden. Zudem zeigt die rechtliche Auseinandersetzung zwischen dem Lebensmittelhersteller Ferrero auf Klägerseite und dem Weltfußballverband FIFA auf der Beklagtenseite hinsichtlich der Eventbezeichnungen „*FUSSBALL WM 2006*" und „*WM 2006*" eindrucksvoll, dass so genannten *Ambushern* natürlich auch die Waffen des Gesetzes zur Verfügung stehen.[113] Allerdings bilden die vielfach ungleichen finanziellen Möglichkeiten, die zum einen gro-

---

108 Vgl. zu diesem Aspekt *Hilty/von der Crone/Weber*, sic! 2006, 702, 704; *Leone*, ISLJ 2008, 75, 76.
109 Vgl. zuvor IV. 6. a) am Ende (S. 46 f.).
110 So *Nufer*, S. 98 f.
111 Vgl. hierzu *Nufer*, S. 98.
112 So *Nufer*, S. 98 unter Bezugnahme auf *Pechtl*, Trittbrettfahren, S. 61.
113 BGHZ 167, 278 = GRUR 2006, 850 = WRP 2006, 1121– *FUSSBALL WM 2006* und BGH, BeckRS 2006, 09470 – *WM 2006*; vgl. hierzu nachfolgend ausführlich V. 1. c) und d) (S. 56 ff., 71 ff.).

IV. Ambush Marketing im Lichte von Wirtschaft und Wettbewerbsfreiheit

ßen internationalen Sportveranstaltern und zum anderen kleineren werbenden Unternehmen zur Verfügung stehen, bei der Rechtsverfolgung bzw. Rechtsverteidigung für vermeintliche *Ambusher* eine nicht unerhebliche Hürde.

ee) Auswirkungen auf die Werbeadressaten

Es sind auch die Interessen der Adressaten sämtlicher Vermarktungsaktivitäten im Umfeld von Sportgroßveranstaltungen angemessen zu berücksichtigen.[114] Werbung will und soll die Aufmerksamkeit potentieller Kunden auf eine Ware oder Dienstleistung lenken und mitunter Produktinformationen zur Verfügung stellen. Es kann nicht im Interesse der Endverbraucher liegen, wenn aus Anlass eines Sportevents etwa nur Sportartikel eines bestimmten Herstellers beworben werden dürften.

Letztlich sollten in diesem Zusammenhang die selbstregulierenden Kräfte funktionierenden Wettbewerbs nicht vernachlässigt werden. Die bereits existierenden rechtlichen und tatsächlichen Möglichkeiten zur Eindämmung der Assoziationswerbung[115] wirken der Gefahr entgegen, dass eine übermäßige Kommerzialisierung von Sportgroßveranstaltungen bei den Endverbrauchern auf Ablehnung stößt und den Werbewert insgesamt dauerhaft schädigt.

ff) Unterschiedliche Möglichkeiten assoziativer Werbemaßnahmen für die verschiedenen Interessengruppen

Generell sollte auch die werbemäßige Kommunikation über aktuelle und prestigeträchtige Sportgroßveranstaltungen nicht einer kleinen Gruppe von zahlungskräftigen Unternehmen vorbehalten bleiben. Selbst wenn diese mit erheblichen Investitionen zur Realisierbarkeit des Sportereignisses beigetragen haben, so tragen doch – wie bereits dargelegt[116] – auch andere Interessengruppen wie die Erwerber der Medienrechte oder der Staat als Repräsentant sämtlicher Steuerpflichtigen mit ihren Leistungen zur Durchführung der Veranstaltung bei. Dem Umfang des jeweiligen Beitrags im Verhältnis zu den erforderlichen Gesamtinvestitionen kann eventuell bei der Bemessung des Umfangs, in dem der jeweilige Investor Assoziationen zu dem Ereignis zu eigenen kommerziellen Zwecken nutzen darf, Rechnung getragen werden.

Offizielle Sponsoren erwerben ein Rechtepaket, das im Rahmen zusätzlicher eigener Werbemaßnahmen ein stärkeres Maß an Assoziationen zulässt, als es den so genannten *Ambushern* bei Ausnutzung der verbliebenen Schutzlücken in rechtlich zulässiger Weise möglich ist. So sollen auf der Basis einer aktuellen Studie zu den Wirkungen des *Ambush Marketings*

---

114 In diese Richtung zielen auch Erwägungen von *Phillips*, J.I.P.L.P. 2005, 79.
115 Ausführlich hierzu nachfolgend V. 1.-4. (S. 53 ff.).
116 Vgl. oben IV. 4. (S. 39 ff.).

im Sport diejenigen offiziellen Sponsoren sportlicher Großereignisse die besten Erinnerungswerte erzielen können, die sich in ihren Marketingaktivitäten nicht auf ihr jeweiliges Sponsorship beschränken, sondern auf eine integrierte Kommunikationspolitik setzen und die kommunikative Nutzung eines Sportevents durch flankierende Maßnahmen verstärken.[117]

gg) Gefahr der Monopolisierung eines nachgelagerten Marktes

Wenn Sportverbände nicht nur auf dem Markt für die Organisation und Durchführung von Sportveranstaltungen eine letztlich aufgrund des anerkannten Ein-Verband-Prinzips kaum vermeidbare Monopolstellung innehätten, sondern auch auf dem grundsätzlich zunächst allen Wettbewerbern offen stehenden Markt für die Vermarktung der Sportveranstaltungen, würde dies zu weiteren wettbewerbspolitisch bedenklichen Konsequenzen führen: eine bestehende Monopolstellung der Veranstalter würde zusätzlich gestärkt, ein nachgelagerter Markt würde monopolisiert und bei einer derart gefestigten Marktmacht könnte der Monopolist eine ungerechtfertigt erhöhte Monopolrente abschöpfen.[118]

7. Stellungnahme

Die vorangehenden Erwägungen zum *Ambush Marketing* im Lichte von Wirtschaft und Wettbewerbsfreiheit haben dreierlei gezeigt:
– Erstens sind von diesem Marketingphänomen nicht nur die Interessen der Sportverbände und Veranstalter von Sportereignissen, ihrer offiziellen Sponsoren und der so genannten *Ambusher* betroffen; vielmehr sind auch die wirtschaftlichen Interessen und rechtlichen Positionen der übrigen – insbesondere kleinerer und mittlerer – Unternehmen, der die Sportereignisse übertragenden und der hierüber berichtenden Medien sowie nicht zuletzt auch der Öffentlichkeit in die Überlegungen mit einzubeziehen.
– Zudem hat sich, zweitens, herausgestellt, dass die negativen Effekte, die bislang seitens der Sportveranstalter und offiziellen Sponsoren dem so genannten *Ambush Marketing* wiederholt zugeschrieben worden sind, sowie die daraus gezogenen Folgerungen durchweg Anlass zu Zweifeln bieten. Ein Rückgang der Sponsoringerlöse ist nicht notwendigerweise auf *Ambush Marketing*-Maßnahmen zurückzuführen. Es sind bislang keine Anzeichen dafür erkennbar, dass die Gefahr assoziativer Werbemaßnahmen zum Wegfall oder zu erheblichen Beeinträchtigungen der wirtschaftlichen Anreize zur Investition in Sport(groß)veranstaltungen geführt hätte. Als unzutreffend hat sich die weit verbreitete These erwiesen, es bedürfe eines Investitionsschutzes für Sportveranstalter und

---
117 *Nufer*, S. 299.
118 *Hilty/von der Crone/Weber*, sic! 2006, 702, 704 f.

deren offizielle Sponsoren, weil nur diese Beteiligten zur wirtschaftlichen Realisierbarkeit von Sport(groß)veranstaltungen beitrügen. Gleichfalls unbegründet ist die Forderung, die oftmals faktische Monopolstellung der Veranstalter auf dem Markt für die Organisation und Durchführung von Sportveranstaltungen bedinge zwangsläufig auch eine Monopolisierung der Vermarktung der betreffenden Veranstaltungen.
– Schließlich hätte, drittens, eine möglichst umfassende Beschränkung von *Ambush Marketing*-Maßnahmen negative Auswirkungen auf den Wettbewerb, insbesondere auf die die nicht zu den offiziellen Sponsoren zählenden kleinen und mittleren Unternehmen, die Werbung betreiben, möglicherweise auf den Aufmerksamkeitswert und die Bekanntheit der betroffenen Sportveranstaltung, auf die offiziellen Sponsoren und die so genannten *Ambusher*, auf die Werbeadressaten und nicht zuletzt auch auf die Marktstrukturen durch Monopolisierung eines nachgelagerten Marktes.

V. Grenzen des Ambush Marketings und Abwehrstrategien der Veranstalter sowie der offiziellen Sponsoren

1. Immaterialgüterrechtliche Grenzen

a) Urheberrecht[119]

Sportliche Großveranstaltungen sind nach vorherrschender Auffassung als solche urheberrechtlich nicht geschützt.[120] Die Veranstalterleistung, an deren guten Ruf sich die subtilen Formen des so genannten *Ambush Marketings* anlehnen, besteht im Wesentlichen in der Organisation des Sportereignisses und der Übernahme des finanziellen Risikos. Diese Leistungen stellen indes kein urheberrechtlich zu schützendes Werk i. S. d. § 2 UrhG dar, weil die Organisationsleistung keine kreative Leistung mit geistig-ästhetischer Wirkung darstellt, sondern bloß praktisch-nützlicher Art ist.[121] Vor allem aber mangelt es der Organisationsleistung an einer über den bloßen Organisationsaufwand hinausgehenden Aussage, so dass es an einer schöpferischen Individualität fehlt und damit keine persönliche geistige Schöpfung i. S. d. § 2 Abs. 2 UrhG vorliegt.[122] Ein Veranstalterschutz in unmittelbarer bzw. analoger Anwendung des § 81 UrhG scheitert an der fehlenden Tatbestandsmäßigkeit – vorausgesetzt wird eine Darbietung ausübender Künstler – bzw. dem abschließenden Charakter der Regelung sowie mangels vergleichbarer Sach- und Interessenlage.[123]

Allerdings können einzelne Elemente eines Sportgroßereignisses urheberrechtlichen Schutz genießen. Insoweit sind aber zunächst die Kurzbezeichnungen der Großveranstaltungen wie z. B. „EURO 2008" nicht als selbständige urheberrechtliche Werke schutzfähig, da es wiederum an der hinreichenden Individualität und schöpferischen Eigenart fehlt und sie daher keine persönlichen geistigen Schöpfungen gem. § 2 Abs. 2 UrhG sind.[124] Hingegen kann für Embleme, Maskottchen, Eventsongs und Eventmelodien urheberrechtlicher Schutz bestehen, soweit sie die Anforderun-

---

119 *Furth*, S. 27 ff.; *Jaeschke*, S. 54 f.; zur Rechtslage in der Schweiz vgl. *Noth*, S. 71 ff.; *Thaler*, CaS 2008, 160, 165; aus internationaler Perspektive siehe *Engel*, CaS 2004, 277, 282 f., 286.
120 Vgl. stellvertretend *Lochmann*, S. 117 ff. m. w. N.
121 *Strauß*, S. 56.
122 *Strauß*, S. 56; *Furth*, S. 28.
123 So etwa *Lochmann*, S. 118 ff. m. w. N.; *Strauß*, S. 65 ff.; *Furth*, S. 38 f. Zum Leistungsschutzrecht für kulturelle Veranstaltungen siehe *Glimski*, *passim*.
124 *Furth*, S. 29.

gen an die erforderliche Schöpfungshöhe erfüllen.[125] Andernfalls kommt ein Schutz als nichteingetragenes oder eingetragenes Geschmacksmuster bzw. auf europäischer Ebene als Gemeinschaftsgeschmacksmuster in Betracht.[126] Demgegenüber ist der urheberrechtliche Schutz von Werbeslogans sehr begrenzt.[127]

Ob Programmhefte, die nicht unmittelbar vom Veranstalter erstellt werden, als Datenbanken i. S. d. §§ 87a ff. UrhG geschützt werden können, hängt von den Umständen des Einzelfalls ab. Programmhefte sind jedenfalls gewöhnlich nicht als Datenbankwerk gem. § 4 Abs. 1, 2 UrhG geschützt, da es insoweit wieder am Vorliegen einer schöpferischen Leistung gem. § 2 Abs. 2 UrhG fehlt.[128] Die zuletzt wiederholt diskutierte Frage des datenbankrechtlichen Schutzes der von Sportveranstaltern erstellten Spielpläne (z. B. eines Fußball- oder Tennisturniers), die sodann Sportwettenanbieter ohne eigenen unmittelbaren finanziellen Beitrag zum betreffenden Sportereignis für eigene kommerzielle Zwecke nutzen, stellt ein besonderes Geschäftsmodell, aber weniger eine *Marketing*aktivität in einer der klassischen Formen des *Ambush Marketings* dar. Daher soll diese Problematik hier nicht vertieft, sondern nur im Überblick dargestellt werden.[129] Soweit es um Spielpläne etwa für Sportwettbewerbe geht, ist unter Zugrundelegung der Vorgaben des Europäischen Gerichtshofs,[130] denen sich der BGH[131] und zuletzt auch der High Court of Justice[132] sowie die im Schrifttum vorherrschende Auffassung[133] angeschlossen haben, davon auszugehen, dass diese Pläne zwar Datenbankwerke im urheberrechtlichen Sinne darstellen; ihr denkbarer urheberrechtlicher Schutz als Datenbank nach den §§ 87a ff. UrhG setzt jedoch tatbestandlich eine – regelmäßig nicht nachweisbare – „*nach Art und Umfang wesentliche Investition*" gerade in diese Datenbanken – genauer: in die Beschaffung, Überprüfung oder Darstellung der zugrunde liegenden Daten – voraus.

---

125 *Furth*, S. 30 f.
126 Siehe hierzu nachfolgend V. 1. b) (S. 55 f.).
127 Siehe hierzu etwa *Heermann*, WRP 2004, 263, 264 f. m. w. N.
128 *Furth*, S. 34 f.
129 Ausführlich hierzu zuletzt *Heermann*, CaS 2010, 227 ff. m. w. N.
130 EuGH, Slg. 2004, I-10415, Rn. 30, 31, 42 – *British Horseracing Board./. William Hill*; EuGH, Slg. 2004, I-10497, Rn. 37 – *Fixtures Marketing./. Svenska Spel*.
131 BGH, GRUR 2005, 857 ff. – *HIT BILANZ*; BGH, GRUR 2005, 940, 941 f. – *Marktstudien*; BGH, GRUR 2007, 688, Rn. 14 – *Gedichttitelliste II*.
132 High Court of Justice, Entsch. vom 23. April 2010, [2010] EWHC 841 (Ch.), Rn. 92 – *Football Dataco Ltd. et al. v. Brittens Pools Ltd. et al.*.
133 *Benecke*, CR 2004, 608, 610; *Grützmacher*, CR 2006, 14, 15; *Koch*, § 10, Rn. 105; *Kraus*, SpuRt 2005, 66, 67; *Leistner*, JZ 2005, 408, 409; *Röhl*, S. 27, 45–47; a. A. *Cherkeh/Urdze*, CaS 2009, 127, 128 ff.; *Sendrwoski*, GRUR 2005, 369, 371 f.; *Summerer/Blask*, SpuRt 2005, 50; *Wiebe*, CR 2005, 169, 171.

Letztlich genießen freilich die TV-Aufzeichnungen der Großveranstaltungen urheberrechtlichen Schutz im Sinne eines verwandten Schutzrechts als Laufbild gem. § 95 UrhG.[134] Sofern allerdings eine Live-Übertragung der Sportveranstaltung gesendet wird und es somit an der Erstfixierung der Übertragung mangelt, steht den Sendeunternehmen nur ein Leistungsschutzrecht nach § 87 UrhG zu.[135]

b) Geschmacksmusterrecht[136]

Als Geschmacksmuster können gem. § 2 Abs. 1 GeschmMG Muster geschützt werden, die neu sind und Eigenart besitzen. Als Muster kommen gem. § 1 Nr. 1 GeschmMG nur zwei- oder dreidimensionale Erscheinungsformen eines Erzeugnisses in Frage. Eigenart besitzen Muster dann, wenn sie gem. § 2 Abs. 3 GeschmMG einen Gesamteindruck beim informierten Benutzer hervorrufen, der sich von dem Gesamteindruck unterscheidet, den ein prioritätsälteres Muster beim Benutzer hervorruft. Das Muster muss vor allem auf den Formen- und Farbensinn einwirken und einen ästhetischen Eindruck beim Benutzer hinterlassen.[137]

Damit ist klar, dass die Sportveranstaltung selbst in ihrer konkreten Durchführung nicht als Geschmacksmuster schutzfähig ist, da sie jedenfalls nicht hinsichtlich aller Komponenten – vor allem hinsichtlich der organisatorischen Leistungen – visuell wahrnehmbar ist.[138] Die bloße aus Buchstaben und Zahlen bestehende Bezeichnung einer Sportveranstaltung („*Fußball WM 2006*") scheidet ebenfalls als schützenswertes Geschmacksmuster aus, da es insoweit an einer hinreichenden Eigenart gem. § 2 Abs. 3 GeschmMG fehlt. Die Veranstaltungsbezeichnungen geben zumeist kurz den Inhalt der Veranstaltung verbunden mit einer Jahreszahl wieder und gehen nicht über den bereits bekannten Formenschatz hinaus, so dass es bereits an einem ästhetischen Gehalt der Kurzbezeichnung mangelt.[139] In Ausnahmefällen, in denen eine besonders ansprechende typografische Gestaltung der Kurzbezeichnung gewählt wurde, kommt möglicherweise geschmacksmusterrechtlicher Schutz in Betracht. Allerdings wird in solchen Fällen die Kurzbezeichnung aufgrund der grafisch aufwändigen Gestaltung begrifflich eher als Logo einzuordnen sein.

Ästhetischer Gehalt könnte aber vor allem den Emblemen, Maskottchen und Logos der Sportveranstaltung aufgrund ihrer zumeist innovativen gestalterischen Eigenart zukommen. Sofern die Schutzvoraussetzungen des § 2 GeschmMG erfüllt sind, können Embleme, Maskottchen und Logos

---

134 Wandtke/Bullinger/*Manegold*, § 95 UrhG Rn. 7.
135 *Jungheim*, SpuRt 2008, 89, 91.
136 *Furth*, S. 49 ff.; zur Rechtslage in der Schweiz vgl. *Noth*, S. 73 f.; *Thaler*, CaS 2008, 160, 165.
137 *Rehmann*, S. 4, 10.
138 *Furth*, S. 50.
139 *Furth*, S. 51.

einer Sportveranstaltung mithin als Geschmacksmuster geschützt werden, wenn sie gem. §§ 27 Abs. 1, 19 Abs. 2 GeschmMG in das Register eingetragen wurden. Sofern Geschmacksmusterrechte bestehen, kann der Sportveranstalter gegen *Ambusher*, die die Geschmacksmuster verletzen, Beseitigungs-, Unterlassungs- und Schadensersatzansprüche gem. § 42 GeschmMG geltend machen.

Darüber hinaus kommt ein Schutz der Embleme, Maskottchen und Logos der Sportveranstaltung nach der Gemeinschaftsgeschmacksmusterverordnung Nr. 6/2002 in Betracht, wobei auf gemeinschaftsrechtlicher Ebene neben dem eingetragenen Gemeinschaftsgeschmacksmuster auch ein Geschmacksmusterschutz für drei Jahre ohne Eintragung in Betracht kommt gem. Art. 11 Abs. 1 GGVO.[140]

c) Markenrecht

aa) Allgemeines

Der Schutz der Bezeichnungen von Sportgroßveranstaltungen nach dem deutschen Markengesetz (MarkenG) und nach der Verordnung Nr. 40/94 über die Gemeinschaftsmarke (GMV) ist zuletzt wiederholt Gegenstand ausführlicher monographischer Abhandlungen gewesen.[141] Im Folgenden soll diese Diskussion nicht im Detail nachgezeichnet und analysiert werden. Vielmehr sollen unter Berücksichtigung der deutschen Judikatur sowie der Entscheidungspraxis der Beschwerdekammern des Harmonisierungsamts für den Binnenmarkt (HABM) mit Sitz in Alicante die rechtlichen Aspekte beleuchtet und gewürdigt werden, die bislang vielfach der Entstehung oder der Durchsetzung markenrechtlichen Schutzes zugunsten Bezeichnungen von Sportgroßveranstaltungen entgegengestanden haben. Sämtliche Gesichtspunkte berühren komplexe Fragen, bei denen die Interessen der Sportveranstalter und ihrer offiziellen Sponsoren an einem möglichst umfassenden markenrechtlichen Schutz einerseits mit den berechtigten Freihaltungsinteressen der übrigen Unternehmen und der Allgemeinheit andererseits abzuwägen sind.

Die Eintragungspraxis hinsichtlich Bezeichnungen für Sportgroßveranstaltungen ist uneinheitlich, was die Rechtssicherheit für alle Beteiligten beeinträchtigt. So ist etwa Bezeichnungen, die sich aus dem Veranstaltungsort und der betreffenden Jahreszahl zusammensetzen, teils markenrechtlicher (und auch kennzeichenrechtlicher[142]) Schutz versagt, teils indes auch rechtskräftig zuerkannt worden. In letztgenanntem Fall bedeutet

---

140 Siehe dazu *Furth*, S. 51 ff.
141 Vgl. insbesondere *Fehrmann*, S. 52 ff.; *Furth*, S. 69 ff.; *Jaeschke*, S. 14 ff.; *Melwitz*, S. 25 ff.; zur Rechtslage in der Schweiz siehe *Noth*, S. 56 ff.; *Thaler*, CaS 2008, 160, 164 f.; aus internationaler Perspektive siehe etwa *Engel*, CaS 2004, 277, 279 f., 283 ff.
142 Vgl. dazu nachfolgend V. 1. d) (S. 71 ff.).

dies indes nicht zwangläufig, dass Sportveranstalter erfolgreich gegen ähnliche und identische Bezeichnungen vorgehen können, die von so genannten *Ambushern* im Geschäftsverkehr verwendet werden.[143] Vor diesem Hintergrund ist es gerade hinsichtlich der markenrechtlichen Bewertung der Ausgangsproblematik schwierig, allgemeingültige Aussagen zu treffen. Stattdessen sollen die Chancen und Risiken, die für Sportveranstalter und ihre offiziellen Sponsoren mit dem angestrebten markenrechtlichen Schutz der Veranstaltungsbezeichnungen verbunden sind, offengelegt und bewertet werden.

bb) Konkrete Unterscheidungskraft gem. § 8 Abs. 2 Nr. 1 MarkenG und Freihaltungsinteresse gem. § 8 Abs. 2 Nr. 2 MarkenG

(1) Judikatur

Mit zwei Beschlüssen vom 27. 04. 2006 zu den beiden seinerzeit zugunsten des Weltfußballverbandes FIFA eingetragenen Marken „*FUSSBALL WM 2006*" und „*WM 2006*", deren Löschung der Lebensmittelhersteller Ferrero beantragt hatte, setzte der I. Zivilsenat des BGH kurz vor der Fußball-Weltmeisterschaft 2006 in Deutschland erste Orientierungspunkte.[144] Von grundlegender Bedeutung sind die Ausführungen des BGH zu den Eintragungshindernissen des § 8 Abs. 2 Nr. 1 und 2 MarkenG (Art. 3 Abs. 1 lit. b und c MarkenRL). Auch wenn sich die Anwendungsbereiche der Normen überschnitten, seien sie voneinander unabhängig und gesondert zu prüfen, wobei jedes Eintragungshindernis im Lichte des Allgemeininteresses auszulegen sei, das ihm jeweils zugrunde liege.[145] An das Vorliegen der Unterscheidungskraft im Sinne von § 8 Abs. 2 Nr. 1 MarkenG dürften daher nicht wegen eines möglichen Freihaltungsinteresses nach § 8 Abs. 2 Nr. 2 MarkenG erhöhte Anforderungen gestellt werden.[146] Die Unterscheidungskraft einer Marke sei im Hinblick auf jede der Waren oder Dienstleistungen, für die sie eingetragen sei, zu beurteilen, wobei es auf die Anschauung der maßgeblichen Verkehrskreise ankomme.[147] Dabei sei auf die Wahrnehmung eines normal informierten, angemessen aufmerksamen und verständigen

---

143 Vgl. unten V. 1. c) ff) (S. 67 f.).
144 BGHZ 167, 278 = GRUR 2006, 850 = WRP 2006, 1121– *FUSSBALL WM 2006* und BGH, BeckRS 2006, 09470 – *WM 2006*.
145 BGHZ 167, 278, Rn. 17 – *FUSSBALL WM 2006* und BGH, BeckRS 2006, 09470, Rn. 17 – *WM 2006*, jeweils unter Bezugnahme auf EuGH, Slg. 2003, I-3161, Rn. 67 – *Linde, Winward, Rado*; EuGH, Slg. 2004, I-1619, Rn. 67 f. – *Postkantoor*.
146 BGHZ 167, 278, Rn. 17 – *FUSSBALL WM 2006* und BGH, BeckRS 2006, 09470, Rn. 17 – *WM 2006*, jeweils unter Bezugnahme auf BGH, GRUR 2001, 1042, 1043 – *REICH UND SCHOEN*; BGH, GRUR 2001, 1043, 1045 – *Gute Zeiten – Schlechte Zeiten*.
147 BGHZ 167, 278, Rn. 18 – *FUSSBALL WM 2006* und BGH, BeckRS 2006, 09470, Rn. 18 – *WM 2006*, jeweils unter Bezugnahme auf EuGH, Slg. 2004, I-1619, Rn. 73, 75 – *Postkantoor*; EuGH, Slg. 2004, I-9165, Rn. 19 – *Maglite*; EuGH, Slg. 2004, I-8499, Rn. 23 – *Nichols*; EuGH, Slg. 2005, I-6135, Rn. 25 – *Nestlé/Mars*.

Durchschnittsverbrauchers der fraglichen Waren oder Dienstleistungen abzustellen.[148]

Nach Auffassung des BGH ist die Unterscheidungskraft im Sinne von § 8 Abs. 2 Nr. 1 MarkenG (Art. 3 Abs. 1 lit. b MarkenRL) die einem Zeichen innewohnende (konkrete) Eignung, vom Verkehr als Unterscheidungsmittel für die von der Marke erfassten Waren oder Dienstleistungen eines Unternehmens gegenüber solchen anderer Unternehmen aufgefasst zu werden,[149] die die in Rede stehenden Waren oder Dienstleistungen als von einem bestimmten Unternehmen stammend kennzeichne und diese Waren oder Dienstleistungen somit von denjenigen anderer Unternehmen unterscheide.[150] Die Hauptfunktion der Marke bestehe darin, die Ursprungsidentität der gekennzeichneten Waren oder Dienstleistungen zu gewährleisten.[151] Da allein das Fehlen jeglicher Unterscheidungskraft ein Eintragungshindernis begründe, sei ein großzügiger Maßstab zugrunde zu legen, so dass jede auch noch so geringe Unterscheidungskraft genüge, um das Schutzhindernis zu überwinden. Für die Beurteilung der Schutzhindernisse nach § 8 Abs. 1 Nr. 1 und 2 MarkenG sei unerheblich, wer die Marke angemeldet habe.[152]

Zu den nicht unterscheidungskräftigen Bezeichnungen rechnet der BGH[153] die sprachübliche Bezeichnung von Ereignissen, und zwar nicht nur für das Ereignis selbst, sondern auch für Waren und Dienstleistungen, die vom Verkehr mit dem jeweiligen Ereignis in Zusammenhang gebracht werden, sei es als Sonderanfertigung, als Sonderangebot oder als notwendige oder zusätzliche Leistung aus Anlass dieses Ereignisses. Die Gemeinfreiheit der den Anlass beschreibenden Angabe stehe deren herkunftshinweisenden Zuordnung zu einem bestimmten Unternehmen entgegen. Das aktuelle Ereignis mache dessen umgangssprachliche Benennung nicht zur Marke.

Im Ergebnis misst der BGH schließlich der Bezeichnung „*FUSSBALL WM 2006*", die der Verkehr nicht als Hinweis auf den Veranstalter verstehe,

---

148 BGHZ 167, 278, Rn. 18 – *FUSSBALL WM 2006* und BGH, BeckRS 2006, 09470, Rn. 18 – *WM 2006*, jeweils unter Bezugnahme auf EuGH, Slg. 2004, I-8317, Rn. 24 – *SAT 2*; EuGH, Slg. 2004, I-9165, Rn. 19 – *Maglite*.
149 St. Rspr.; BGH, GRUR 1995, 408, 409 – *PROTECH*; BGH, GRUR 2001, 161 – *Buchstabe K*; BGH, GRUR 2002, 1070, 1071 – *Bar jeder Vernunft*.
150 BGHZ 167, 278, Rn. 18 – *FUSSBALL WM 2006* und BGH, BeckRS 2006, 09470, Rn. 18 – *WM 2006*, jeweils unter Bezugnahme auf EuGH, Slg. 2004, I-9165, Rn. 29 – *Maglite*; BGHZ 159, 57, 62 – *Farbige Arzneimittelkapsel*; BGH, GRUR 2005, 417, 418 – *BerlinCard*.
151 BGHZ 167, 278, Rn. 18, 22 – *FUSSBALL WM 2006*; BGH, BeckRS 2006, 09470, Rn. 18, 22 – *WM 2006*.
152 BGHZ 167, 278, Rn. 18 – *FUSSBALL WM 2006* und BGH, BeckRS 2006, 09470, Rn. 18 – *WM 2006*, jeweils unter Bezugnahme auf BGH, WRP 2006, 475 – *Casino Bremen*.
153 BGHZ 167, 278, Rn. 20 – *FUSSBALL WM 2006*; BGH, BeckRS 2006, 09470, Rn. 20 – *WM 2006*.

einen rein beschreibenden Charakter bei.[154] Demgegenüber differenziert der I. Zivilsenat hinsichtlich der Bezeichnung „WM 2006".[155] Anders als im Parallelverfahren zur eingetragenen Marke „FUSSBALL WM 2006" könne nicht davon ausgegangen werden, die angegriffene Marke „WM 2006" werde vom Verkehr stets als glatt beschreibende Sachangabe für das weltweit wichtigste Sportereignis im Jahr 2006 aufgefasst. Insbesondere bestehe kein Erfahrungssatz dahingehend, dass „WM 2006" schon Anfang des Jahres 2003 vom Verkehr stets und für alle Waren und Dienstleistungen nur als beschreibende Angabe für die im Jahr 2006 stattfindende Fußball-Weltmeisterschaft oder für eine andere Weltmeisterschaft verstanden worden sei. Die angedeutete Differenzierung im Hinblick auf die Eintragungsfähigkeit der Bezeichnung „WM 2006" als Marke konkretisierend, stellt der BGH fest,[156] es bedürfe hinsichtlich jeder einzelnen der in Rede stehenden Waren und Dienstleistungen der konkreten Feststellung, ob der normal informierte, angemessen aufmerksame und verständige Durchschnittsverbraucher der Ware oder Dienstleistung die Bezeichnung „WM 2006", wenn sie für die betreffenden Waren oder Dienstleistungen verwendet werde, als ein Unterscheidungsmittel auffasse, das die Ware oder Dienstleistung als von einem bestimmten Unternehmen stammend kennzeichne und somit von denjenigen anderer Unternehmen unterscheide. Hernach stellt der BGH klar, dass die Bezeichnung „WM 2006" nicht notwendigerweise nur auf den Weltfußballverband, sondern durchaus auch auf ein anderes Unternehmen hinweisen kann.[157]

Im Hinblick auf die Verkehrsauffassung, die für die Unterscheidungskraft einer Buchstaben- und Zahlenkombination von maßgeblicher Bedeutung ist, nimmt der BGH abschließend eine gewisse Konkretisierung vor.[158] Bei der Ermittlung der Verkehrsauffassung könnten insbesondere die Kennzeichnungsgewohnheiten auf dem betreffenden Warengebiet und der Grad der Nähe oder Ferne der Ware oder Dienstleistung zur Durchführung von Sportveranstaltungen einschließlich des damit verbundenen Sponsorings von Bedeutung sein.

In seinem „WM-Marken"-Urteil vom 12. 11. 2009 konnte der BGH zum zweiten Mal (und wiederum kurz vor einer Fußball-Weltmeisterschaft) in einem Rechtsstreit zwischen dem dieses Mal klagenden Weltfußballver-

---

154 BGHZ 167, 278, Rn. 24, 29, 45 – *FUSSBALL WM 2006*.
155 BGH, BeckRS 2006, 09470, Rn. 46 – *WM 2006* (vgl. auch Rn. 43 mit entsprechenden Ausführungen im Lichte des § 8 Abs. 2 Nr. 2 MarkenG; im Anschluss daran hat das BPatG zuletzt auch den Bezeichnungen „EM 2012" und „WM 2010" die für eine Markeneintragung erforderliche Unterscheidungskraft abgesprochen, vgl. BPatG, SpuRt 2010, 205 f. – *EM 2012*; BPatG, SpuRt 2010, 206 f. – *WM 2010*.
156 BGH, BeckRS 2006, 09470, Rn. 48 – *WM 2006*.
157 BGH, BeckRS 2006, 09470, Rn. 49 – *WM 2006*.
158 BGH, BeckRS 2006, 09470, Rn. 49 – *WM 2006*.

band FIFA und dem beklagten Lebensmittelhersteller Ferrero zur markenrechtlichen Problematik von Veranstaltungsbezeichnungen Stellung beziehen.[159] Die Klägerin hatte Ansprüche auf Rücknahme der seitens der Beklagten erfolgten Markenanmeldung „*Südafrika 2010*" wegen Verletzung der IR-Marke „*SOUTH AFRICA 2010*" sowie der Markenanmeldung „*Deutschland 2006*" wegen Verletzung der Gemeinschaftsmarke „*GERMANY 2006*" geltend gemacht, die der BGH indes als unbegründet erachtete.[160]

Im Anschluss an die Vorinstanz verneint der I. Zivilsenat[161] eine Verwechslungsgefahr zwischen der Klagemarke „*SOUTH AFRICA 2010*" und der seitens der Beklagten angemeldeten Marke „*Südafrika 2010*" (§ 9 Abs. 1 Nr. 2 MarkenG).[162] Die Klagemarke sei eng an eine beschreibende Angabe angelehnt und verfüge deshalb nur über eine schwache Kennzeichnungskraft und einen engen Schutzbereich. Die Zeichenähnlichkeit zwischen den beiden Wortmarken sei als leicht unterdurchschnittlich zu erachten. Zwar erkenne der Verkehr die übereinstimmende Bedeutung, die unterschiedlichen Sprachfassungen würden aber einen deutlichen Unterschied der Zeichen bewirken. Aufgrund der schwachen Kennzeichnungskraft der Klagemarke erachtet der BGH trotz der vorliegenden Waren- und Dienstleistungsidentität die bestehende Zeichenähnlichkeit nicht als ausreichend, um eine Verwechslungsgefahr zu begründen. Zu den nicht unterscheidungskräftigen Bezeichnungen würden auch sprachübliche Bezeichnungen von Ereignissen rechnen, und zwar nicht nur für das Ereignis selbst, sondern auch für Waren und Dienstleistungen, die vom Verkehr mit diesem Ereignis in Zusammenhang gebracht würden.

Die Erste Beschwerdekammer des HABM traf am 30. 06. 2008 Entscheidungen zu den zugunsten des Weltfußballverbandes eingetragenen Gemeinschaftsmarken „*GERMANY 2006*",[163] „*WORLD CUP 2006*",[164]

---

159 BGH, GRUR 2010, 642 = CaS 2010, 127 – *WM-Marken*.
160 BGH, GRUR 2010, 642, Rn. 24–26 = CaS 2010, 127 – *WM-Marken*.
161 BGH, GRUR 2010, 642, Rn. 27–29 = CaS 2010, 127 – *WM-Marken*.
162 Nur wenige Tage später hat des OLG München, CaS 2010, 137, 140 ff. – *Meisterschale* eine Verwechslungsgefahr zwischen verschiedenen für die klagende Deutsche Fußball Liga eingetragenen Wort-/Bildmarken mit der Meisterschale und einer für das beklagte Versicherungsunternehmen eingetragenen Wortmarke „*Riestermeister*", eingesetzt auf der „*Riester-Meister*"-Schale mit dem zusätzlichen Aufdruck „*Hanse Merkur*", mit ähnlicher Begründung verneint.
163 Im Internet abrufbar unter http://oami.europa.eu/LegalDocs/BoA/2005/en/R1467²005–1.pdf (zuletzt abgerufen am 05. 11. 2010).
164 Im Internet abrufbar unter http://oami.europa.eu/LegalDocs/BoA/2005/en/R1466²005–1.pdf (zuletzt abgerufen am 05. 11. 2010).

„WORLD CUP 2006 GERMANY",[165] „WM 2006"[166] und „WORLD CUP GERMANY".[167] In sämtlichen Fällen handele es sich um beschreibende Angaben im Sinne des Art. 7 Abs. 1 lit. c GMV. Zudem fehle den betreffenden Marken die erforderliche konkrete Unterscheidungskraft gemäß Art. 7 Abs. 1 lit. b GMV.[168] Gegen die genannten Entscheidungen sind seitens des Weltfußballverbandes Rechtsmittel zum Gericht der Europäischen Union (EuG) eingelegt worden.

(2) Schrifttum
Die referierten Ausführungen des BGH sowie der Ersten Beschwerdekammer des HABM zur konkreten Unterscheidungskraft von Veranstaltungsbezeichnungen und zum Freihaltungsinteresse haben im wissenschaftlichen Schrifttum breite Zustimmung gefunden.[169] Verschiedentlich sind hinsichtlich der für einen markenrechtlichen Schutz erforderlichen konkreten Unterscheidungskraft Differenzierungen nach den von den Sportveranstaltern verwendeten Bezeichnungen sowie nach den beanspruchten Waren und Dienstleistungen vorgeschlagen worden.[170] Die Judikatur hat bislang keines dieser Konzepte ausdrücklich aufgegriffen.

(3) Stellungnahme
(a) Unterscheidungskraft
Im Anschluss an die in der Judikatur vorherrschende Auffassung[171] ist zumindest *de lege lata* an der Herkunftsfunktion der Marke als einer ihrer Hauptfunktionen festzuhalten. Danach hat eine Marke dem Verbraucher

---

165 Im Internet abrufbar unter http://oami.europa.eu/LegalDocs/BoA/2005/en/R1469²005–1.pdf (zuletzt abgerufen am 05. 11. 2010).
166 Im Internet abrufbar unter http://oami.europa.eu/LegalDocs/BoA/2005/en/R1468²005–1.pdf (zuletzt abgerufen am 05. 11. 2010).
167 Im Internet abrufbar unter http://oami.europa.eu/LegalDocs/BoA/2005/en/R1469²005–1.pdf (zuletzt abgerufen am 05. 11. 2010).
168 Vgl. zu diesen Entscheidungen vertiefend *Lerach*, MarkenR 2008, 461 ff.; *Soldner/Rottstegge*, K&R 2010, 389 ff.
169 Vgl. zu den *FUSSBALL WM 2006-* und *WM 2006*-Entscheidungen des BGH stellvertretend *Fehrmann*, S. 68 ff.; *Melwitz*, S. 45 f., 66; *Heermann*, ZEuP 2007, 535, 545 ff.; vgl. zur *WM-Marken*-Entscheidung des BGH *Berlit*, LMK 2010, 304268; *Heermann*, CaS 2010, 134 ff.; siehe zu den Entscheidungen der Ersten Beschwerdekammer des HABM stellvertretend *Lerach*, 2008, 461, 462 ff.; zur Gegenauffassung, die für so genannte Eventmarken modifizierte, im Ergebnis weniger strenge Eintragungsvoraussetzungen postuliert, siehe sogleich V. 1. c) cc) (S. 64 f.); zuvor hatte indes *Hamacher*, SpuRt 2005, 55, 57 f. vor einer zurückhaltenden Definition des Schutzbereichs typischer Eventbezeichnungen gewarnt, weil andernfalls große Sportveranstalter markenrechtlich „*weitestgehend schutzlos*" gestellt würden.
170 Zu den verschiedenen Ansätzen vgl. etwa *Ströbele/Hacker*, § 8 Rn. 161; *Fehrmann*, S. 70; *Melwitz*, S. 51 f.; *Heermann*, ZEuP 2007, 535, 545 ff.; *Jaeschke*, S. 35 ff.; *ders.*, MarkenR 2008, 141, 145.
171 Vgl. EuGH, Slg. 2002, I-5475, Rn. 30 – *Philips/Remington*; EuGH, Slg. 2002, I-10273, Rn. 48 – *Arsenal FC*; BGHZ 167, 278, Rn. 22 – *FUSSBALL WM 2006* und BGH, BeckRS 2006, 09470, Rn. 22 – *WM 2006*.

oder Endabnehmer die Ursprungsidentität der durch die Marke gekennzeichneten Ware oder Dienstleistung zu garantieren, indem sie ihm ermöglicht, diese Ware oder Dienstleistung ohne Verwechslungsgefahr von Waren und Dienstleistungen anderer Herkunft zu unterscheiden. Zugleich muss die Marke die Gewähr bieten, dass alle Waren oder Dienstleistungen, die sie kennzeichnet, unter der Kontrolle eines bestimmten Unternehmens hergestellt oder erbracht worden sind, das für ihre Qualität verantwortlich gemacht werden kann.

Vor diesem Hintergrund können im Hinblick auf die für einen markenrechtlichen Schutz erforderliche konkrete Unterscheidungskraft von Bezeichnungen für Sportereignisse keine minder strengen Schutzvoraussetzungen gelten. Indes sollten im konkreten Fall bei der Prüfung, ob hinsichtlich bestimmter Bezeichnungen sportlicher Großveranstaltungen die erforderliche konkrete Unterscheidungskraft vorliegt, zunächst die folgenden beiden Kriterien bestimmt werden: erstens die Art der Bezeichnung für eine sportliche Großveranstaltung (etwa Abkürzungen mit oder ohne Jahresangabe, Ortsangabe, Erwähnung der betreffenden Sportart oder Benennung des Veranstalters) und zweitens die verschiedenen Kategorien von Waren und Dienstleistungen, für die die jeweilige Bezeichnung im Einzelfall verwendet werden soll (etwa Waren und/oder Dienstleistungen mit Bezug zur Organisation und Veranstaltung, mit unmittelbarem Bezug zum jeweiligen Sportereignis wie Fanausstattung oder typische Merchandisingartikel oder ohne jeglichen Bezug zum Sportereignis oder zum Sport im Allgemeinen). Diese beiden Kriterien müssen im Einzelfall in Beziehung zueinander gesetzt und schließlich in der Zusammenschau bewertet werden.

Einheitliche Standards lassen sich trotz verschiedener Systematisierungsversuche in der Praxis kaum durchsetzen. Zu beachten ist indes, dass selbst bei erfolgter Markeneintragung von Veranstaltungsbezeichnungen so genannte *Ambusher* sogar bei Waren- und Dienstleistungsidentität durch geringfügige Abweichungen von den geschützten Marken der Sportveranstalter, wofür unter Umständen sogar einfache Übersetzungen in eine andere Sprache ausreichen, die eigenen Bezeichnungen erfolgreich als Marken anmelden und registrieren lassen können.[172] Das eröffnet assoziativ werbenden Unternehmen gestalterische Spielräume, während zugleich die Vermarktungsmöglichkeiten, die Sportveranstalter ihren offiziellen Sponsoren und Förderern exklusiv zur Verfügung stellen können, beschnitten werden. Zwar könnten Sportveranstalter versuchen, durch frühzeitige Registrierungen noch umfangreicherer Markenportfolios diese Beschränkungen der Exklusivrechte zu verhindern. Allerdings dürften derartige Strategien aufgrund des unerschöpflichen Ideen- und Einfallsreichtums der so genannten *Ambusher* von vornherein zum Scheitern verurteilt sein.

---

172 Vgl. nachfolgend (cc) (S. 64 f.) sowie V. 1. c) ff) (S. 67 f.).

(b) Verwechslungsgefahr

Sofern zugunsten verschiedener Bezeichnungen einer Sportveranstaltung markenrechtlicher Schutz angenommen werden kann, müssen die von den so genannten *Ambushern* verwendeten Bezeichnungen vergleichbar sein, andernfalls besteht keine Verwechslungsgefahr. Dabei besteht eine Wechselwirkung zwischen den insoweit in Betracht zu ziehenden Faktoren, insbesondere der Ähnlichkeit der Zeichen und der Ähnlichkeit der mit ihnen gekennzeichneten Waren oder Dienstleistungen sowie der Kennzeichnungskraft der älteren Marke. Dabei kann ein geringerer Grad der Ähnlichkeit der Waren oder Dienstleistungen durch einen höheren Grad der Ähnlichkeit der Zeichen oder durch eine erhöhte Kennzeichnungskraft der älteren Marke ausgeglichen werden. Umgekehrt kann ein geringerer Grad der Ähnlichkeit der Zeichen durch einen höheren Grad der Ähnlichkeit der Waren oder Dienstleistungen ausgeglichen werden.[173]

(c) Auswirkungen auf Assoziationswerbung hinsichtlich Sportveranstaltungen

Die um einen möglichst umfassenden markenrechtlichen Schutz der Veranstaltungsbezeichnungen und damit zugleich um möglichst umfassende, auf offizielle Sponsoren übertragbare Exklusivrechte bemühten Sportveranstalter befinden sich letztlich in einem kaum auflösbaren Dilemma: Griffige und einprägsame Veranstaltungsbezeichnungen sind regelmäßig vorrangig beschreibender Natur und damit gemeinfrei. Derartige Bezeichnungen werden vom normal informierten, angemessen aufmerksamen und verständigen Durchschnittsverbraucher der Ware oder Dienstleistung nicht unmittelbar dem Sportveranstalter, sondern dem Event zugeordnet. Und sollte doch einmal aufgrund der tendenziell geringen Anforderungen an die konkrete Unterscheidungskraft ein markenrechtlicher Schutz von Veranstaltungsbezeichnungen angenommen werden, so wird vielfach eine schwache Kennzeichnungskraft der Bezeichnungen zu einem nur sehr begrenzten Schutzbereich führen. Je schwächer indes die Kennzeichnungskraft der Veranstaltungsbezeichnungen ist, desto leichter wird es so genannten *Ambushern* fallen, sich von den geschützten Veranstaltungsmarken durch sprachliche Modifikationen (etwa durch Übersetzung in eine andere Sprache) und/oder durch Einbindung der Bezeichnung in eine eigene Wort-/Bildmarke abzugrenzen, so dass selbst bei Identität mit den Waren und Dienstleistungen der offiziellen Sponsoren die Verwechslungsgefahr gering ist. Die Frage, ob diese für Sportveranstalter missliche Situation ein Einschreiten des Gesetzgebers rechtfertigt, kann nur unter ange-

---

173 St. Rspr.; EuGH, Slg. 2006, I-643, Rn. 18 – *Picaro/Picasso*; EuGH, Slg. 2006, I-2717, Rn. 17 – *ZIRH/SIR*; EuGH, Urt. v. 03. 09. 2009, Rs. C-498/07 P, GRUR Int. 2010, 129, Rn. 38 – *La Espagnola*; BGHZ 167, 322, Rn. 16 – *Malteserkreuz*; BGH, GRUR 2008, 1002, Rn. 23 – *Schuhpark*; BGH, GRUR 2009, 484, Rn. 23 – *Metrobus*.

messener Berücksichtigung der Erkenntnisse, die vorangehend aus den Betrachtungen zum *Ambush Marketing* im Lichte von Wirtschaft und Wettbewerbsfreiheit gewonnen worden sind, beantwortet werden.[174]

cc) Eventmarke

Wie im vorangehenden Abschnitt dargelegt, setzt die vorherrschende Auffassung durch das Festhalten an der traditionellen Funktionenlehre im Markenrecht und insbesondere an der Herkunftsfunktion der Marke der Eintragungsfähigkeit von Veranstaltungsmarken kaum überwindbare Grenzen. Diese versucht Fezer mit einer neuen Markenform, der so genannten Eventmarke, zu überwinden.[175] Auf diesem Weg will er gleichsam ein neues Immaterialgüterrecht schaffen, das einen umfassenden Schutz sämtlicher Merchandising-Aktivitäten eines Veranstalters unabhängig von der Unterscheidungskraft des Veranstaltungskennzeichens schafft.

In den Beschlüssen zu den markenrechtlichen Verfahren zwischen der FIFA und dem Lebensmittelproduzenten Ferrero um die Eintragungsfähigkeit der Bezeichnungen „*FUSSBALL WM 2006*" sowie „*WM 2006*" äußert sich der BGH[176] lediglich mit knappen Worten zur Rechtsfigur der Eventmarke, die den zentralen Gegenstand eines von der FIFA vorgelegten Rechtsgutachtens gebildet hatte. Eine begriffliche Kategorisierung sprachüblicher Bezeichnungen von Ereignissen als Ereignismarken oder Eventmarken sei insoweit bedeutungslos; sie könne insbesondere nicht zu geringeren Anforderungen an die Schutzvoraussetzungen derartiger Bezeichnungen führen. Auch eine Ereignismarke könne nur dann als Marke eingetragen werden, wenn sie die Eintragungsvoraussetzungen erfülle, also insbesondere (auch) über hinreichende Unterscheidungskraft verfüge. In vergleichbarer Weise ist der neue Ansatz im wissenschaftlichen Schrifttum kritisiert worden.[177]

Dem von Fezer verfolgten Konzept der Eventmarke steht *de lege lata* entgegen, dass sich den Gesetzgebungsmaterialien und insbesondere auch der Judikatur des EuGH sowie des BGH keine Anzeichen dafür entnehmen lassen, dass die zentrale Markenfunktion, d. h. die Herkunfts- und Identifizierungsfunktion einer Marke, durch andere Markenfunktionen ersetzt werden soll oder kann. So können die Qualitäts- und Werbefunktion lediglich *neben* die Herkunftsfunktion treten, diese aber nicht gänzlich zum Fortfall bringen. Die zentrale Markenfunktion erfordert damit nach wie vor irgend-

---

174 Vgl. hierzu oben IV. (S. 33 ff.).
175 Grundlegend *Fezer*, FS Tilmann, 2003, S. 321 ff.; *ders.*, Mitt. 2007, 193 ff.; zustimmend *Gaedertz*, WRP 2006, 526 ff.; ebenso auf der Basis der Rechtslage in der Schweiz *Noth*, S. 19, 32 f.
176 BGHZ 167, 278, Rn. 20, 22 – *FUSSBALL WM 2006*; BGH, BeckRS 2006, 09470, Rn. 20, 22 – *WM 2006*.
177 Vgl. etwa *Fehrmann*, S. 71 ff.; *Furth*, S. 69 ff.; *Jaeschke*, S. 44 ff.; *Melwitz*, S. 38 ff.; *Rieken*, S. 70 ff.; *Heermann*, ZEuP 2007, 535, 550–560; *ders.*, FS Klippel, S. 179 ff.

eine gedankliche Verbindung zwischen dem Markeninhaber und den unter der Marke angebotenen Waren oder Dienstleistungen. Daraus folgt, dass Eventmarken nur dann als Marke eingetragen werden können, wenn sie die Eintragungsvoraussetzungen erfüllen und insbesondere auch über hinreichende Unterscheidungskraft im Sinne von § 8 Abs. 2 Nr. 1 MarkenG verfügen.

dd) Keine Sonderbehandlung aufgrund der Einzigartigkeit des Sportereignisses

Olympische Sommer- und Winterspiele, Fußball-Weltmeisterschaften oder -Europameisterschaften sind nicht nur hierzulande, sondern auch in der Mehrzahl der teilnehmenden Nationen sicherlich einzigartige Sportereignisse. Dies mag ebenfalls für andere zeitlich begrenzte Sportevents mit einem international hohen Prestigewert gelten wie z. B. Grand Slam Tennisturniere, Weltmeisterschaften im Basketball, Handball, Eishockey, Rugby, Kricket etc. Demgegenüber kommt nationalen Ligawettbewerben, die sich über eine mehrmonatige Spielzeit hinziehen, allenfalls in dem betreffenden Land Einzigartigkeit zu.

Wer im unmittelbaren zeitlichen Zusammenhang etwa mit einer Fußball-Weltmeisterschaft von „*der WM*" spricht, wird bei seinem Gegenüber hierzulande regelmäßig keine Zweifel am tatsächlich Gemeinten hervorrufen. Ob diese Einzigartigkeit noch in gleichem Maße für „*die Bundesliga*" gilt, mag angesichts der hierzulande bestehenden Bundesligen in verschiedenen Sportarten sowie der Dauer dieser Ligaveranstaltungen bezweifelt werden. Kann nunmehr eine unterstellte Einzigartigkeit des betreffenden Sportevents bei der markenrechtlichen Bewertung der Veranstaltungsbezeichnungen Modifikationen rechtfertigen? Insoweit bestehen Zweifel. Denn wenn der normal informierte, angemessen aufmerksame und verständige Durchschnittsverbraucher auch die Abkürzung „*WM*" problemlos mit der Veranstaltung einer Fußball-Weltmeisterschaft in Verbindung zu bringen vermag, so wird er doch regelmäßig keine unmittelbare Verbindung zwischen der Veranstaltungsbezeichnung und dem (den) veranstaltenden Sportverband (Sportverbänden) herstellen.

So hat denn auch der BGH in seinem „*FUSSBALL WM 2006*"-Beschluss aus der Einzigartigkeit der FIFA Fußball-Weltmeisterschaft 2006 in Deutschland keine Besonderheiten bezüglich der markenrechtlichen Bewertung der Veranstaltungsbezeichnungen abgeleitet.[178] Biete lediglich ein einziger Anbieter aufgrund einer Monopolstellung eine bestimmte Leistung an, so führe dies nicht ohne weiteres dazu, dass der Verkehr eine von Haus aus beschreibende Angabe – wie „*FUSSBALL WM 2006*" – deshalb als Hin-

---

[178] BGHZ 167, 278, Rn. 26, 35 – *FUSSBALL WM 2006* unter Bezugnahme auf BGHZ 30, 357, 365 – *Nährbier* und BGH, WRP 2006, 1130, Rn. 18 – *LOTTO*.

weis auf die betriebliche Herkunft der angebotenen Leistung verstehe. Vielmehr liege es nahe, dass der Verkehr die betreffende Angabe mit diesem Anbieter in Verbindung bringe, ohne darin zwingend einen Herkunftshinweis zu erblicken.

ee) Bösgläubigkeit der Markenanmeldung gem. § 8 Abs. 2 Nr. 10 MarkenG

Es entspricht der Markenstrategie zahlreicher Sportveranstalter, im Vorfeld des Events, oftmals viele Jahre im Voraus verschiedene Bezeichnungen, die typischerweise für das Sportereignis verwendet werden können oder in sonstiger Weise Assoziationen hierzu herzustellen vermögen, als Marken anzumelden und registrieren zu lassen.[179] Entsprechenden Anmeldungen kann unter bestimmten Umständen der als Eintragungshindernis konzipierte Einwand der bösgläubigen Markenanmeldung im Sinne des § 8 Abs. 2 Nr. 10 MarkenG entgegengesetzt werden.[180]

In den verschiedenen markenrechtlichen Verfahren zwischen dem Weltfußballverband und dem Lebensmittelhersteller Ferrero, die bislang vom BGH entschieden worden sind, ist zwar regelmäßig der Einwand der bösgläubigen Markenanmeldung gegen die FIFA erhoben worden – indes jeweils ohne Erfolg. So hatte der Verband schon lange vor der Fußball WM 2006 zahlreiche Wort-/Buchstaben- und Zahlenkombinationen mit Bezug zum Event – u. a. auch „*FUSSBALL WM 2006*" und „*WM 2006*" – als Marken registrieren und eintragen lassen. Aber erst im Jahr 2005, d. h. vier Jahre nach der Anmeldung und drei Jahre nach der Eintragung der streitgegenständlichen Marken, gab die FIFA „*Richtlinien zur Verwendung der FIFA Fußball-Weltmeisterschaft 2006-Marken*" heraus und verwendete in der Folge im Zusammenhang mit der von ihr veranstalteten Fußball-Weltmeisterschaft ausschließlich Angaben mit dem Zusatz „*FIFA*". Dieser Umstand lässt nach Auffassung des BGH[181] aber nicht den Rückschluss zu, die Markeninhaberin habe im Zeitpunkt der Eintragung der Streitmarken[182] keinen ernsthaften Benutzungswillen gehabt und die Marken nur zur Verfolgung sittenwidriger Behinderungszwecke angemeldet. Demgemäß hat der BGH den auf § 8 Abs. 2 Nr. 10 MarkenG gestützten Einwand des Lebensmittelherstellers zurückgewiesen. In der „*WM-Marken*"-Entschei-

---

179 Vgl. hierzu noch nachfolgend V. 3. a) (S. 103 ff.).
180 Vgl. hierzu mit Bezug zum so genannten *Ambush Marketing Fehrmann*, S. 59 ff.; *Furth*, S. 102 ff.
181 BGHZ 167, 278, Rn. 42 – *FUSSBALL WM 2006*; vgl. auch *Ingerl/Rohnke*, Vor §§ 14–19d Rn. 351.
182 Nach dem Wortlaut der Vorschrift muss die Bösgläubigkeit zum Zeitpunkt der Anmeldung vorliegen. Soweit der BGH stattdessen auf den Zeitpunkt der Eintragung abstellt, erfolgt dies nur in Abgrenzung zu solchen veränderten Umständen, die erst nach der Eintragung und nicht etwa zwischen Anmeldung und Eintragung stattfinden; so *Ingerl/Rohnke*, § 8 Rn. 312.

dung lehnt der I. Zivilsenat[183] die Voraussetzungen eines außermarkenrechtlichen Löschungsanspruchs ab, welcher wegen bösgläubiger Markenanmeldung auf § 4 Nr. 10 UWG gestützt worden war.[184]

Da der Benutzungswille des Markeninhabers grundsätzlich für die ersten fünf Jahre nach Eintragung vermutet wird,[185] lässt sich der Nachweis einer bösgläubigen Markenanmeldung in der Praxis nur in Ausnahmefällen führen. Erforderlich ist der Nachweis des Fehlens eines Benutzungswillens in Verbindung mit konkreten Unlauterkeitsmerkmalen. Hierzu zählt insbesondere eine Markenanmeldung mit Sperrabsicht, wenn also Kennzeichen nicht zum Zwecke des Herkunftsnachweises einer Ware oder Dienstleistung, sondern primär und zweckfremd mit dem Ziel eingesetzt werden, andere Wettbewerber von der Benutzung der Zeichen auszuschließen. Beim fehlenden Benutzungswillen und der Sperrabsicht handelt es sich freilich um innere Tatsachen, deren Nachweis mit erheblichen Beweisproblemen behaftet ist.

ff) Umfang des Schutzbereichs bei bestehendem markenrechtlichem Schutz

Angesichts des Umstandes, dass eine geringe Unterscheidungskraft zur Überwindung des Eintragungshindernisses gem. § 8 Abs. 2 Nr. 1 MarkenG ausreicht, sind in der Vergangenheit zahlreiche Bezeichnungen für verschiedene Sportevents als Marken zugunsten der jeweiligen Veranstalter eingetragen worden. Selbst wenn diese registrierten Marken nicht von anderen Unternehmen angegriffen werden, bedeutet dies nicht zwangsläufig, dass der Markeninhaber erfolgreich gegen ähnliche Marken vorgehen kann.

Dies musste der Weltfußballverband erfahren, als der BGH[186] trotz vorliegender Waren- und Dienstleistungsidentität eine Verwechslungsgefahr zwischen der Klagemarke „SOUTH AFRICA 2010" und der vom beklagten Lebensmittelhersteller Ferrero angemeldeten Marke „Südafrika 2010" ablehnte. Unter Verweis auf seine frühere Rechtsprechung[187] macht der I. Zivilsenat[188] deutlich, dass zu den nicht unterscheidungskräftigen Bezeichnungen auch sprachübliche Bezeichnungen von Ereignissen rechnen, und zwar nicht nur für das Ereignis selbst, sondern auch für Waren und Dienstleistungen, die vom Verkehr mit diesem Ereignis in Zusammenhang gebracht werden. Unausgesprochen klingen hierbei Zweifel des Senats an der konkreten Unterscheidungskraft der Klagemarke an, die

---

183 BGH, GRUR 2010, 642, Rn. 51 f. = CaS 2010, 127 – *WM-Marken*.
184 Siehe hierzu näher nachfolgend V. 2. c) dd) (S. 86 f.).
185 BGH, GRUR 2001, 242, 245 f. – *Classe E*; Ströbele/Hacker, § 8 Rn. 540.
186 BGH, GRUR 2010, 642, Rn. 27–29 = CaS 2010, 127 – *WM-Marken*.
187 BGHZ 167, 278, Rn. 20 – *FUSSBALL WM 2006*.
188 BGH, GRUR 2010, 642, Rn. 28 = CaS 2010, 127 – *WM-Marken*.

jedoch seitens der Beklagten in dem betreffenden Verfahren nicht angegriffen worden war. Dies hinderte den BGH aber nicht daran, den Schutzbereich der registrierten Marke zu beschneiden.[189] Unter Verweis auf seine frühere Rechtsprechung[190] weist der Senat darauf hin, er habe zwar von der Eintragung der Klagemarke auszugehen und dürfe der Marke in der eingetragenen Form nicht jede Unterscheidungskraft absprechen. Den Schutzumfang der eingetragenen Marke habe das Verletzungsgericht aber selbständig zu bestimmen. Diesen habe das Berufungsgericht im Hinblick auf den beschreibenden Gehalt der Klagemarke zutreffend als sehr eng bemessen. Aufgrund dieses sehr engen Schutzbereichs reichten die nur geringen Abweichungen zwischen den kollidierenden Marken „*SOUTH AFRICA 2010*" und „*Südafrika 2010*" aus, um aus dem Schutzbereich der Klagemarke herauszuführen.

Dieser in der markenrechtlichen Judikatur keineswegs neuartige Ansatz bedeutet eine nicht unerhebliche Gefahr für die Markenstrategie großer Sportveranstalter, die in der Vergangenheit im Vorfeld von Sportevents teils große Markenportfolios aufgebaut haben. Zugleich bietet er so genannten *Ambushern* zahlreiche Möglichkeiten, durch geschickte Gestaltung der eigenen Marken an dem positiven Image einer Sportgroßveranstaltung auch ohne eigenen Status als offizieller Sponsor zu partizipieren. Je deutlicher der beschreibende Charakter einer registrierten Veranstaltungsmarke ist, desto geringer ist die ihr eigene Unterscheidungskraft und desto kleiner ist ihr Schutzbereich. Übersetzungen registrierter Veranstaltungswortmarken, Einbindung derselben in Wort-/Bildmarken, andere vergleichbar geringfügige Abweichungen – der Einfallsreichtum und die Gestaltungsmöglichkeiten der so genannten *Ambusher* sind letztlich derart groß, dass die Veranstalter gegenüber geschickte Assoziationswerbung betreibenden Unternehmen, die Markenverletzungen zu verhindern wissen, vielfach nur zweiter Sieger bleiben werden.

gg) Zulässiger beschreibender Gebrauch gem. § 23 Nr. 2 MarkenG

Wie im vorangehenden Abschnitt erläutert, sind in der Vergangenheit immer wieder zahlreiche Bezeichnungen beschreibenden Charakters für Sportveranstaltungen als Marken registriert worden, weil bereits eine geringe Unterscheidungskraft zur Überwindung des Eintragungshindernisses gem. § 8 Abs. 2 Nr. 1 MarkenG ausreicht. Dies kann – wie gezeigt – einerseits zur Annahme eines sehr engen markenrechtlichen Schutzbereichs seitens der Rechtsprechung führen, eröffnet andererseits aber insbesondere auch so genannten *Ambushern* die Möglichkeit, im Hinblick auf das in § 23 Nr. 2 MarkenG zum Ausdruck kommende Freihaltebedürfnis die Interessen des jeweiligen Veranstalters an einer möglichst umfassenden

---

189 Zum Folgenden BGH, GRUR 2010, 642, Rn. 28 = CaS 2010, 127 – *WM-Marken*.
190 BGHZ 171, 89, Rn. 24 – *Pralinenform*; BGH, GRUR 2008, 909, Rn. 21 – *Pantogast*.

Monopolisierung der als Marken geschützten Veranstaltungsbezeichnungen einzuschränken. Die genannte Vorschrift erlaubt die Verwendung einer markenrechtlich geschützten, indes beschreibenden Angabe durch Dritte, sofern diese Benutzung nicht gegen die guten Sitten verstößt. Dabei kommt § 23 Nr. 2 MarkenG im Grundsatz die gleiche Aufgabe zu wie dem absoluten Schutzhindernis im Sinne des § 8 Abs. 2 Nr. 2 MarkenG als zeitlich vorgelagerter Eintragungshürde. So können sich *Ambusher* zwecks Verteidigung gegen Unterlassungsansprüche eines Markeninhabers auf § 23 Nr. 2 MarkenG berufen, ohne die angeblich verletzte Marke des Veranstalters in einem Löschungsverfahren angreifen zu müssen.

Im Jahr 2004 hat der EuGH entschieden, dass es für eine Anwendung von Art. 6 Abs. 1 lit. b MRRL – diese Regelung wird hierzulande durch § 23 Nr. 2 MarkenG umgesetzt – nicht darauf ankommt, ob eine markenmäßige Benutzung vorliegt.[191] Dieser Rechtsauffassung hat sich der BGH in ständiger Rechtsprechung angeschlossen,[192] zudem hat sie im Schrifttum Zustimmung gefunden.[193] Damit ist § 23 Nr. 2 MarkenG auch in dem Fall anwendbar, dass der Verkehr in der besonderen Art der Verwendung der Veranstaltungsbezeichnung keinen betrieblichen Herkunftshinweis erblickt.

Fraglich ist, wann die Verwendung einer beschreibenden Marke als unlauter einzustufen ist. Dies kann letztlich nur anhand der Umstände des Einzelfalls entschieden werden. Folgende Aspekte können auf eine Unlauterkeit hindeuten:[194] Rufausbeutung; Rufschädigung; Aufmerksamkeitsausbeutung; Verwässerung; eine über die Wiedergabe der beschreibenden Angabe hinausgehende zusätzliche Annäherung durch Übernahme besonderer Gestaltungselemente aus Bildmarken, Logos etc. In der Auseinandersetzung zwischen der FIFA als Antragstellerin und dem Lebensmittelhersteller Ferrero als Antragsgegnerin zur Verwendung der Angabe „*Deutschland 2006*" auf Schokoladenprodukten hat das LG Hamburg[195] insoweit festgestellt, eine beschreibende Sachangabe benötige keine Signalfarben, keine Bildelemente und keine einprägsame graphische Gestaltung und trete dem Verkehr auch nicht als Emblem oder Logo entgegen; die dem Verkehr vermittelte Zielrichtung der Bezeichnung diene allein dazu, eine Verbindung zu dem Sportereignis und dem Veranstalter für die Produkte der Antragsgegnerin, deren Waren mit Fußball nicht das Geringste

---

191 EuGH, Slg. 2004, I-710, Rn. 15 – *Gerolsteiner/Putsch*.
192 BGH, GRUR 2004, 600, 602 – *d.c.fix/CD-FIX*; BGH, GRUR 2004, 712 – *PEE-WEE*; BGH, GRUR 2004, 949, 950 – *RegioPost/RegionalPost*.
193 *Fehrmann*, S. 109 f.; einschränkend *Ströbele/Hacker*, § 23 Rn. 52 und *Rieken*, S. 110 f., nach deren Auffassung § 23 MarkenG überhaupt nur zur Anwendung kommt, wenn zuvor eine markenmäßige Benutzung festgestellt wurde.
194 *Ingerl/Rohnke*, § 23 Rn. 61.
195 LG Hamburg, NJOZ 2006, 1498, 1505 – *Deutschland 2006*.

zu tun haben, gedanklich zu vermitteln, um sich deutlich und für den Verkehr identifizierbar von anderen Schokoladen-Produkten zu unterscheiden.

Fehrmann[196] hat in diesem Zusammenhang zutreffend darauf hingewiesen, der Wunsch eines Nichtsponsors, die mit einer Sportveranstaltung verbundene Aufmerksamkeit bestmöglich auszunutzen, könne nicht *per se* als unlauter betrachtet werden. Vielmehr müsse dem Nichtsponsor der Wille unterstellt werden, dass er sich grundsätzlich nur im rechtlich zulässigen Rahmen an die beschreibenden Begriffe annähern möchte. Eine insoweit strengere Auslegung von § 23 Nr. 2 MarkenG ist abzulehnen, weil damit das Schrankenprivileg in systemwidriger Weise den so genannten *Ambushern* unlautere Zielsetzungen unterstellen und zugleich dem berechtigten Freihaltungsinteresse hinsichtlich beschreibender Angaben nur unzureichend Rechnung tragen würde.

hh) Fazit

Das Markenrecht bietet zumindest in Deutschland Sportveranstaltern und ihren jeweiligen offiziellen Sponsoren selbst hinsichtlich eingetragener Veranstaltungsmarken einen geringeren Schutz, als die Beteiligten sich bei der frühzeitigen Einrichtung umfangreicher Markenportfolios erhofft haben mögen. Grund hierfür ist zunächst der Umstand, dass die Judikatur im Ausgangspunkt sachlich zutreffend eine Wechselwirkung zwischen dem Ausmaß des beschreibenden Charakters einer eingetragenen Marke und ihrem jeweiligen Schutzumfang annimmt. Wann eine eingetragene Marke eine schwache Kennzeichnungskraft aufweist und unter welchen Voraussetzungen etwaige Abweichungen der von *Ambushern* verwendeten Bezeichnungen von den eingetragenen Veranstaltungsmarken einen deutlichen Unterschied der Zeichen bewirken, kann jeweils nur anhand der Umstände des Einzelfalls beurteilt werden. Zudem lehnt die Rechtsprechung eine Sonderbehandlung, gestützt entweder auf die Rechtsfigur der so genannten Eventmarke oder auf die Einzigartigkeit der betroffenen Sport(groß)veranstaltungen, *de lege lata* mit überzeugenden Gründen ab. Schließlich wird dem Freihaltungsinteresse der Allgemeinheit durch den – in seinen Anwendungsvoraussetzungen recht abstrakten – zulässigen beschreibenden Gebrauch gem. § 23 Nr. 2 MarkenG Rechnung getragen.

Gleichwohl sollte die Effektivität der von Veranstaltern großer sportlicher Events verfolgten Markenstrategie, die auf der frühzeitigen Einrichtung sowie der nachfolgenden Verteidigung und Durchsetzung umfangreicher Markenportfolios aufbaut, nicht unterschätzt werden. Denn hiervon geht in jedem Fall ein erheblicher, wenngleich nicht zuverlässig messbarer Abschreckungseffekt aus, der der Assoziationswerbung durch Verwendung

---

196 *Fehrmann*, S. 111.

der Bezeichnungen und Kennzeichen einer Sportveranstaltung oder Anlehnung hieran natürliche Grenzen setzt.

d) Kennzeichenrecht

aa) Allgemeines[197]

Neben etwaigen Marken können den Veranstaltern einer Sportveranstaltung auch geschäftliche Bezeichnungen hinsichtlich der Veranstaltung gem. § 5 Abs. 1 MarkenG zustehen.[198] Als geschäftliche Bezeichnung können gem. § 5 Abs. 1 MarkenG Unternehmenskennzeichen und Werktitel[199] geschützt werden. Unternehmenskennzeichen sind gem. § 5 Abs. 2 Satz 1 MarkenG Zeichen, die im geschäftlichen Verkehr als Name, als Firma oder als besondere Bezeichnung eines Geschäftsbetriebs oder eines Unternehmens benutzt werden. Diesen Unternehmenskennzeichen mit Namensfunktion[200] gleichgestellt werden in § 5 Abs. 2 Satz 2 MarkenG solche Geschäftsabzeichen und sonstige zur Unterscheidung des Geschäftsbetriebs von anderen Geschäftsbetrieben bestimmte Zeichen, die innerhalb beteiligter Verkehrskreise als Kennzeichen des Geschäftsbetriebs gelten, die ihrer Art nach aber nicht als Name aufgefasst werden.[201] Unabhängig von der Frage, ob es sich bei Sportveranstaltungen um ein Unternehmen oder einen abgrenzbaren Teil eines Unternehmens handelt, scheidet ein Schutz nach § 5 Abs. 2 Satz 1 MarkenG aus, da es insoweit an der Namensfunktion der Bezeichnung der Sportveranstaltung fehlt. Die zur Individualisierung einer Sportveranstaltung benutzten Kennzeichen müssten nämlich gem. § 5 Abs. 2 Satz 1 MarkenG unterscheidungskräftig sein, mithin müsste der Verkehr die Bezeichnung als einen Hinweis auf ein bestimmtes Unternehmen verstehen und es so namensmäßig von anderen unterscheiden können.[202] Daran scheitert es aber, sofern es sich bei den Bezeichnungen um rein beschreibende Angaben handelt.[203] Da die Bezeichnungen von Sportveranstaltungen häufig nur beschreibenden Charakter haben, scheidet diesbezüglich ein Schutz über § 5 Abs. 2 Satz 1 MarkenG in der Regel aus.[204]

---

[197] *Furth*, S. 135 ff.; zur Rechtslage in der Schweiz vgl. *Noth*, S. 66 ff., 74 f.; *Thaler*, CaS 2008, 160, 165.
[198] *Furth*, S. 135 ff.
[199] Zum Werktitelschutz siehe V. 1. d) cc) (S. 73 ff.).
[200] *Ströbele/Hacker*, § 5 Rn. 6.
[201] *Ströbele/Hacker*, § 5 Rn. 6.
[202] *Ströbele/Hacker*, § 5 Rn. 29.
[203] *Ströbele/Hacker*, § 5 Rn. 34.
[204] *Furth*, S. 138.

bb) Besondere Geschäftsbezeichnung gem. § 5 Abs. 2 Satz 2 MarkenG

Im wissenschaftlichen Schrifttum sind wiederholt die Voraussetzungen analysiert worden, unter denen Bezeichnungen für Sportveranstaltungen als besondere Geschäftsbezeichnungen im Sinne des § 5 Abs. 2 MarkenG geschützt werden können.[205] Nach § 5 Abs. 2 Satz 2 MarkenG können auch von Haus aus nicht unterscheidungskräftige Bezeichnungen kraft Verkehrsdurchsetzung als besondere Geschäftsbezeichnungen zu Kennzeichen werden. Insoweit waren im Jahr 2005 durch eine im Rahmen eines Verfügungsverfahrens ergangene Entscheidung des OLG Hamburg[206] hohe Erwartungen der Sportveranstalter geweckt worden. So sollte nach Auffassung des befassten 3. Zivilsenats dem Weltfußballverband FIFA an der Bezeichnung „*WM 2006*" für die im Jahr 2006 in Deutschland veranstaltete Fußball-Weltmeisterschaft der Schutz als besondere Geschäftsbezeichnung (§§ 5 Abs. 2, 15 Abs. 2 MarkenG) zustehen. Diese Entscheidung war überraschend, weil das OLG Hamburg seine Rechtsprechung aus dem Jahr 1997 – soweit ersichtlich – kommentarlos aufgegeben zu haben schien, als der Senat für die Bezeichnung „*WM '94*" Kennzeichenschutz als besondere Geschäftsbezeichnung noch abgelehnt hatte.[207] Nicht nur aufgrund dieses Umstandes wurde die „*WM 2006*"-Entscheidung des OLG Hamburg in der Folge kritisiert.[208] Schließlich ist der 3. Zivilsenat[209] mit nachfolgender Billigung durch den BGH[210] zur ursprünglichen Linie des OLG Hamburg zurückgekehrt.

Trotz der beschriebenen Entwicklung der einschlägigen Judikatur können Bezeichnungen für Sportgroßveranstaltungen als besondere geschäftliche Bezeichnungen im Sinne von § 5 Abs. 2 MarkenG eingestuft werden. Hierfür müssen indes die Voraussetzungen der genannten Vorschrift erfüllt sein,[211] d. h. es muss sich um Zeichen handeln, die im geschäftlichen Verkehr als Name, als Firma oder als besondere Bezeichnung eines Geschäftsbetriebs oder eines Unternehmens benutzt werden (§ 5 Abs. 2 Satz 1 MarkenG) oder die innerhalb beteiligter Verkehrskreise als Kennzeichen des Geschäftsbetriebs gelten (§ 5 Abs. 2 Satz 2 MarkenG). Je weniger individualisierende Merkmale die Bezeichnung einer Sportveranstaltung aufweist und je stärker damit ihr beschreibender Charakter ist, desto geringer ist indes die Wahr-

---

205 *Fehrmann*, S. 81 ff.; *Furth*, S. 135 ff.; *Melwitz*, S. 89 ff.; *Heermann*, ZEuP 2007, 535, 560 ff.
206 OLG Hamburg, GRUR-RR 2005, 223 – *WM 2006*; in diesem Sinne auch LG Hamburg, NJOZ 2006, 2792 – *WM 2006 T-Shirt*.
207 OLG Hamburg, GRUR 1997, 297 – *WM '94*.
208 Vgl. stellvertretend *Heermann*, ZEuP 2007, 535, 561 f.; *Fehrmann*, S. 82 ff.; *Jaeschke*, S. 50 f.; *Melwitz*, S. 91 f.
209 OLG Hamburg, GRUR-RR 2008, 50, 51 – *WM-Marken*.
210 BGH, GRUR 2010, 642, Rn. 38 = CaS 2010, 127 – *WM-Marken*.
211 Vgl. oben V. 1. d) aa) (S. 71).

scheinlichkeit, dass die vorgenannten Voraussetzungen für besondere Geschäftsbezeichnungen im Sinne von § 5 Abs. 2 MarkenG erfüllt sein werden. Freilich ist bei derartigen Verallgemeinerungen Zurückhaltung geboten, entscheidend sind stets die konkreten Umstände des Einzelfalls. So erscheint es keineswegs ausgeschlossen, dass eine sich aus der Abkürzung für „*Weltmeisterschaft*" oder „*Europameisterschaft*" und einer Jahreszahl zusammensetzende Bezeichnung im geschäftlichen Verkehr nicht nur als besondere Bezeichnung der für die Organisation der Veranstaltung zuständigen Unterabteilung eines Sportdachverbandes verwendet wird, sondern auch von den Adressaten als solche erkannt und eingestuft wird.

cc) Werktitel gem. § 5 Abs. 3 MarkenG

In Weiterentwicklung der Entscheidungen „*Festival Europäischer Musik*" des BGH[212] sowie „*Paracelsus-Messe*" des LG Düsseldorf[213] ist in den letzten Jahren die Auffassung vertreten worden, für Bezeichnungen von Sportveranstaltungen könne Werktitelschutz im Sinne des § 5 Abs. 1 und 3 Markengesetz bestehen.[214] Verschiedentlich ist dieser Ansatz aber auch abgelehnt worden.[215] Zuletzt hat der BGH[216] in einem markenrechtlichen Verfahren zwischen dem klagenden Weltfußballverband und dem beklagten Lebensmittelhersteller Ferrero prinzipiell anerkannt, dass für die Bezeichnung einer (Sport-)Veranstaltung Werktitelschutz im Sinne von § 5 Abs. 1 und 3 MarkenG bestehen kann.[217] Dabei brauchte der I. Zivilsenat allerdings nicht zu entscheiden, unter welchen besonderen Voraussetzungen die Bezeichnung einer Veranstaltung als sonstiges vergleichbares Werk im Sinne des § 5 Abs. 3 UWG Werktitelschutz erlangen kann;[218] denn bezüg-

---

212 BGH, GRUR 1989, 626, 627 – *Festival Europäischer Musik*.
213 LG Düsseldorf, WRP 1996, 156, 159 – *Paracelsus-Messe*.
214 Ausführlich zur Möglichkeit und zu den Voraussetzungen eines Werktitelschutzes bei Sportveranstaltungen *Heermann*, ZEuP 2007, 535, 563 ff.; ebenso *Baronikians*, Rn. 128; *Fehrmann*, S. 86 ff.; *Jaeschke*, S. 52; *Melwitz*, S. 102, 105; *Rieken*, S. 38 ff. (im Hinblick auf die Olympischen Ringe sowie die olympischen Bezeichnungen); in diesem Sinne auch *Fezer*, § 15 Rn. 265 und *Ingerl/Rohnke*, § 5 Rn. 79, allerdings ohne ausdrücklichen Bezug zu Sportveranstaltungen.
215 *Deutsch/Ellerbrock*, Rn. 48; *Schalk* in: Büscher/Dittmer/Schiwy, § 5 MarkenG Rn. 44; *Jaeschke*, S. 52 f.
216 Vgl. zum Folgenden BGH, GRUR 2010, 642, Rn. 33 ff. = CaS 2010, 127 – *WM-Marken*.
217 Auf die Möglichkeit und die Voraussetzungen eines Werktitelschutzes bei Sportveranstaltungen hat bereits *Heermann*, ZEuP 2007, 535, 563 ff. hingewiesen; ebenso *Fehrmann*, S. 86 ff. sowie im Hinblick auf die Olympischen Ringe sowie die olympischen Bezeichnungen *Rieken*, S. 38 ff.
218 Vgl. hingegen im Hinblick auf den Werktitelschutz bei Sportveranstaltungen zum Merkmal eines vergleichbaren Werkes im Sinne von § 5 Abs. 3 MarkenG stellvertretend *Heermann*, ZEuP 2007, 535, 563 ff. und *Melwitz*, S. 93 ff., jeweils m. w. N. Dabei wird die FIFA Fußball-Weltmeisterschaft als vergleichbares Werk eingestuft, vgl. *Heermann*, ZEuP 2007, 535, 565; *Melwitz*, S. 103 f.

lich der Bezeichnungen „*Germany 2006*" und „*Südafrika 2010*" hatte die Klägerin in den Tatsacheninstanzen die Klage nicht auf Rechte an Werktiteln mit diesen Angaben gestützt. Sodann äußert sich der BGH – gleichsam in einem *obiter dictum* – auf der Basis seiner bisherigen Rechtsprechung aber doch zu einzelnen Voraussetzungen, die für die Annahme eines Werktitelschutzes hinsichtlich Sportveranstaltungsbezeichnungen erfüllt sein müssen.[219] So entstehe der Werktitelschutz grundsätzlich erst mit der Aufnahme der Benutzung eines unterscheidungskräftigen Titels im geschäftlichen Verkehr im Inland. Die Bezeichnung müsse als Werktitel benutzt werden. Der klagenden FIFA ständen die geltend gemachten Ansprüche aus Werktitelrechten an den Bezeichnungen „*WM 2010*", „*Germany 2006*" und „*Südafrika 2010*" nach § 5 Abs. 1 und 3 sowie § 15 Abs. 2 und 4 MarkenG zudem deshalb nicht zu, weil nicht von einer bereits erfolgten oder drohenden rechtsverletzenden Benutzung der Werktitel durch die Registrierung oder Anmeldung der Marken der Beklagten auszugehen sei. Nicht jede Verwendung der Klagetitel oder einer verwechselbaren Bezeichnung stelle eine Rechtsverletzung im Sinne des § 15 Abs. 2 MarkenG dar. Vielmehr müsse eine titelmäßige Verwendung der angegriffenen Bezeichnung – also zur Unterscheidung eines Werks von anderen Werken – vorliegen, wenn sich der Werktitel nicht auch zu einem Hinweis auf die Herkunft des gekennzeichneten Produkts aus einem Unternehmen entwickelt habe.

Im Vergleich zu eintragungsfähigen Marken, bei denen bereits eine geringe Unterscheidungskraft zur Überwindung der Schutzhindernisse aus § 8 Abs. 2 Nr. 1 und 2 MarkenG ausreicht, werden an die Unterscheidungskraft von Werktiteln tendenziell noch geringere, insgesamt also keine allzu hohen Anforderungen gestellt.[220] Insbesondere muss der Werktitel im Gegensatz zu Marken nicht auf eine bestimmte betriebliche Herkunft des bezeichneten Produkts hinweisen, um unterscheidungskräftig zu sein.[221] So ist bei Werktiteln im Sinne von § 5 Abs. 3 MarkenG mangels Herkunftsfunktion nicht einmal ein abstrakter Hinweis auf den Werktitelinhaber erforderlich. Derjenige, der einen Werktitel im geschäftlichen Verkehr benutzt, gilt schließlich grundsätzlich auch als Inhaber des Werktitelschutzes.[222] So fehlt die notwendige Unterscheidungskraft erst, wenn der konkrete Sinngehalt des Titels in Bezug auf das betreffende Werk nach der Verkehrsauffassung dazu führt, dass es sich um eine rein beschreibende Angabe über dieses Werk handelt. Gattungsbezeichnungen und sonstige sich auf Inhaltsbeschreibungen beschränkende Angaben ohne jede Eigenart

---

219 Vgl. zum Folgenden BGH, GRUR 2010, 642, Rn. 36 f. = CaS 2010, 127 – *WM-Marken* m. w. N.
220 BGH, GRUR 2000, 504, 505 – *FACTS*; BGH, GRUR 2001, 1054, 1055 – *Tagesreport*; Kröner, FS Hertin, S. 565, 582; *Deutsch/Ellerbrock*, Rn. 117; Berberich, WRP 2006, 1431, 1438 f.
221 BGH, GRUR 1999, 581, 582 – *Max*; Ströbele/Hacker, § 5 Rn. 69; Kröner, FS Hertin, S. 565, 582; *Deutsch/Ellerbrock*, Rn. 120.
222 BGH, GRUR 2003, 440, 441 – *Winnetous Rückkehr*.

sind von Hause aus nicht geeignet, bei ihrer Benutzung im Verkehr als Kennzeichen des betreffenden Werks zu dienen. Es kommt somit darauf an, dass eine ganz bestimmte Sportveranstaltung individualisiert und nicht lediglich die Werkkategorie selbst bezeichnet wird.

Schließlich können sowohl das Schutzhindernis fehlender Unterscheidungskraft als auch ein bestehendes Freihaltebedürfnis mit Hilfe einer Durchsetzung des Kennzeichens innerhalb der angesprochenen Verkehrskreise überwunden werden.[223] Ein Werktitel, der erst durch den Erwerb von Verkehrsgeltung zu Unterscheidungskraft gelangt, ist demjenigen zuzuordnen, dessen unternehmerische Leistung für diese Verkehrsgeltung verantwortlich ist.[224] Wenn es sich um ein Werk handelt, das im Zusammenwirken vieler Beteiligter unter einheitlicher Leitung entsteht, stehen die Titelrechte dem Inhaber dieser Leitungsmacht zu.[225]

Damit eröffnen sich hierzulande für den zukünftigen kennzeichenrechtlichen Schutz von Bezeichnungen für Sportgroßveranstaltungen neue Perspektiven. Allerdings sollten die Chancen, die ein Werktitelschutz von Veranstaltungsbezeichnungen bietet, nicht überschätzt werden. Zwar sind auf der einen Seite die Schutzvoraussetzungen eines Werktitels weniger strikt als bei eingetragenen Marken. Auf der anderen Seite wirkt sich indes der Grad der Unterscheidungskraft eines Werktitels auf den Umfang seines Schutzbereichs aus. Kurzum: Je geringer die Unterscheidungskraft einer als Werktitel geschützten Veranstaltungsbezeichnung und je stärker ihr beschreibender Charakter, desto leichter können so genannte *Ambusher* eine etwaige Verwechslungsgefahr ausräumen und desto größer ist die Wahrscheinlichkeit, dass sie sich zwecks Verteidigung gegen Unterlassungsansprüche eines Markeninhabers erfolgreich auf § 23 Nr. 2 MarkenG berufen können.[226] Die hierbei bestehenden Wechselwirkungen entsprechen im Grundsatz denjenigen, die bereits im Zusammenhang mit eingetragenen Marken dargestellt worden sind.[227]

dd) Fazit

Inzwischen ist durch den BGH anerkannt, dass ein Schutz von Veranstaltungsbezeichnungen als besondere Geschäftsbezeichnungen gem. § 5 Abs. 2 Satz 2 MarkenG und als Werktitel gem. § 5 Abs. 3 MarkenG denkbar ist. Zwar sind die entsprechenden Schutzvoraussetzungen gegenüber den Voraussetzungen für eine Markeneintragung weniger streng. Dies wirkt sich allerdings im Gegenzug auf den jeweiligen Schutzbereich aus, so dass

---

223 BGH, GRUR 2001, 1050, 1051 – *Tagesschau*; vgl. auch *Ingerl/Rohnke*, § 5 Rn. 101.
224 *Fezer*, § 15 Rn. 167a.
225 *Ingerl/Rohnke*, § 5 Rn. 101.
226 Zum zulässigen beschreibenden Gebrauch im Hinblick auf Werktitel vgl. auch *Heermann*, ZEuP 2007, 535, 568 f.
227 Vgl. oben V. 1. c) ff) und gg) (S. 67 f., 68 ff.).

sich geschickt agierenden so genannten *Ambushern* insoweit begrenzte Möglichkeiten zur zumindest kennzeichenrechtlich nicht angreifbaren assoziativen Anlehnung an Veranstaltungsbezeichnungen eröffnen.

e) Gesetz zum Schutz des olympischen Emblems und der olympischen Bezeichnungen

Das Gesetz zum Schutz des olympischen Emblems und der olympischen Bezeichnungen (OlympSchG) gehört hierzulande, wenngleich unter Beschränkung auf die Olympischen Sommer- und Winterspiele, gleichfalls zu den immaterialgüterrechtlichen Grenzen, die *Ambush Marketing*-Maßnahmen gesetzt sind. Dieses Sondergesetz soll wegen seiner geringen Praxisrelevanz[228] hier nicht im Detail analysiert werden,[229] auch wenn derzeit noch die Möglichkeit besteht, dass die Stadt München als offizielle Kandidatenstadt im Rennen um die Olympischen und Paralympischen Winterspiele 2018 zum Zuge kommen wird.[230]

Für den Fall einer erfolgreichen Bewerbung wird mit Interesse zu beobachten sein, ob dann Nachbesserungen am bestehenden OlympSchG gefordert und durchgeführt werden. Denn der sondergesetzliche Schutz gegen *Ambush Marketing* anlässlich der Olympischen Sommerspiele 2012 in London geht durch Statuierung eines *London Olympics association right* zugunsten der Veranstalter deutlich über die Grenzen des OlympSchG hinaus. Nicht zuletzt deshalb wird der sondergesetzliche Schutz in Großbritannien nachfolgend bei den Erwägungen *de lege ferenda* im Überblick dargestellt werden.[231]

2. Lauterkeitsrechtliche Grenzen

a) Allgemeines

In der wissenschaftlichen Diskussion um die rechtlichen Grenzen der Assoziationswerbung ist in Deutschland das Lauterkeitsrecht im Vorfeld der Fußball-Weltmeisterschaft 2006 erstmalig in den Fokus gerückt.[232] Dieser Ansatz ist in der Folge wiederholt aufgegriffen und vertieft worden,[233]

---

228 Soweit ersichtlich, liegt bislang nur eine Entscheidung zum einem auf das OlympSchG gestützten Unterlassungsanspruch vor, vgl. LG Darmstadt, CaS 2006, 278 ff. mit Anmerkung *Heermann*; i. E. nachfolgend bestätigt durch OLG Frankfurt, Beschl. v. 09. 03. 2006, Az. 6 U 200/05 (zitiert nach Juris).
229 Vgl. stattdessen grundlegend hierzu *Rieken*, S. 136 ff.; siehe zudem *Furth*, S. 54 ff.
230 Zu weiteren Informationen hierzu siehe http://www.muenchen2018.org (zuletzt abgerufen am 05. 11. 2010).
231 Vgl. unten VII. 6. (S. 147 ff.).
232 *Heermann*, GRUR 2006, 359, 362 ff. m. w. N. der Rspr.
233 Vgl. *Fehrmann*, S. 125 ff.; *Furth*, S. 166 ff.; *Melwitz*, S. 125 ff.; zur Rechtslage in der Schweiz vgl. *Noth*, S. 76 ff.; *Thaler*, CaS 2008, 160, 168 f.; aus internationaler Perspektive siehe *Engel*, CaS 2004, 277, 281 f., 285 f.

wobei – wie nachfolgend zu zeigen sein wird – die Ansichten insbesondere hinsichtlich der Frage weit auseinander gehen, ob und in welchem Umfang die lauterkeitsrechtliche Generalklausel des § 3 Abs. 1 UWG zur rechtlichen Eindämmung des so genannten *Ambush Marketings* nutzbar gemacht werden soll.

In diesem Zusammenhang stellt sich aber zunächst die Frage, ob ein Rückgriff auf die lauterkeitsrechtlichen Regelungen durch die immaterialgüterrechtlichen Vorschriften ausgeschlossen ist. Insoweit hat der BGH jüngst in einem markenrechtlichen Verfahren zwischen dem klagenden Weltfußballverband FIFA und dem beklagten Lebensmittelproduzenten Ferrero festgestellt, dass ein Rückgriff auf die wettbewerbsrechtlichen Regelungen nicht durch Vorschriften des Markengesetzes ausgeschlossen ist; die Klägerin habe ihre Ansprüche auf eine Irreführung der angesprochenen Verkehrskreise, eine wettbewerbswidrige Behinderung und eine Ausbeutung ihrer beruflichen Leistungen gestützt, wobei diese Begehren allesamt nicht in den Schutzbereich des Markenrechts fielen.[234] Verallgemeinernd ist festzuhalten, dass lauterkeitsrechtliche Tatbestände nur insoweit anwendbar sind, als sie nicht bereits durch den Schutzbereich vorrangiger immaterialgüterrechtlicher Tatbestände abgedeckt sind. Dies wird bei *Ambush Marketing*-Maßnahmen vielfach nicht der Fall sein, sofern nicht ausnahmsweise der sondergesetzliche Schutz nach dem OlympSchG eingreift. Im Hinblick auf das Markenrecht ist die Auffassung vertreten worden, wenn wegen fehlender Unterscheidungskraft oder eines Freihaltebedürfnisses kein markenrechtlicher Schutz bestehe,[235] müsse diese Wertung auch bei der Anwendung der lauterkeitsrechtlichen Tatbestände angemessen berücksichtigt werden, so dass etwa eine Irreführung nach § 5 Abs. 1 Satz 2 Nr. 4 UWG abzulehnen sei.[236] Hierbei wird allerdings vernachlässigt, dass die betreffenden Angaben auch unabhängig von einem markenrechtlichen Schutz Irreführungen hervorrufen können.

Nachfolgend werden verschiedene lauterkeitsrechtliche Tatbestände beleuchtet, aus denen unter bestimmten Voraussetzungen Unterlassungs- und Schadensersatzansprüche gegen so genannte *Ambusher* hergeleitet werden können. Dabei wird sich zeigen, dass die Anwendung sämtlicher Tatbestände auf die subtilen Werbemethoden des *Ambush Marketings* regelmäßig an bestimmten Umständen scheitert. Diese sollen herausgearbeitet werden, ohne dass eine vollständige Tatbestandsprüfung angestrebt wird.

---

234 BGH, GRUR 2010, 642, Rn. 40 = CaS 2010, 127 – *WM-Marken* unter Bezugnahme auf BGH, GRUR 2008, 793, Rn. 26 – *Rillenkoffer*; GRUR 2009, 685, Rn. 38 – *ahd.de*; BGHZ 181, 77, Rn. 40 – *DAX*.
235 Vgl. etwa BGHZ 167, 278 – *FUSSBALL WM 2006*.
236 In diesem Sinne Piper/Ohly/*Sosnitza*, § 5 Rn. 692.

b) Irreführungstatbestände[237]

aa) § 5 Abs. 1 Satz 2 Nr. 4 UWG und § 5a UWG

Seit der UWG-Reform aus dem Jahr 2008 steht mit § 5 Abs. 1 Satz 2 Nr. 4 UWG ein spezieller Irreführungstatbestand zur Verfügung, der *prima facie* auf assoziative Werbemaßnahmen im Zusammenhang mit Sportgroßveranstaltungen zugeschnitten zu sein scheint. Danach ist eine geschäftliche Handlung irreführend, wenn sie unwahre Angaben oder sonstige zur Täuschung geeignete Angaben über Aussagen oder Symbole enthält, die im Zusammenhang mit direktem oder indirektem Sponsoring stehen oder sich auf eine Zulassung des Unternehmers oder der Waren oder Dienstleistungen beziehen. Der BGH hat in seiner ersten Stellungnahme zu dieser Vorschrift festgestellt, dass das hierin nunmehr ausdrücklich als irreführende geschäftliche Handlung bezeichnete Verhalten vor Geltung des UWG 2008 von § 5 Abs. 1 und 2 Satz 1 UWG 2004 erfasst wurde.[238] Damit ist zunächst festzuhalten, dass die Einführung von § 5 Abs. 1 Satz 2 Nr. 4 UWG inhaltlich zu keinem grundlegenden Wandel des Irreführungstatbestandes geführt hat. Üblicherweise klären anlässlich einer Sportgroßveranstaltung assoziativ werbende Unternehmen nicht darüber auf, dass sie nicht zum Kreis der offiziellen und regelmäßig branchenexklusiven Sponsoren des Sportevents gehören. Insofern rückt auch das in § 5a UWG verankerte Verbot der Irreführung durch Unterlassen ins Blickfeld.

bb) Richtlinienkonforme Auslegung

In einem weiteren Schritt ist zu klären, inwieweit die genannten Tatbestände insbesondere im Hinblick auf die Richtlinie 2005/29/EG vom 11. 05. 2005 über unlautere Geschäftspraktiken im binnenmarktinternen Geschäftsverkehr zwischen Unternehmen und Verbrauchern (im Folgenden: UGP-RL) richtlinienkonform auszulegen sind. In diesem Zusammenhang hat Melwitz[239] die Auffassung vertreten, auf die UGP-RL sei nicht einzugehen, da kein Fall des *Ambush Marketings* in den gegenüber dem UWG erweiterten Anwendungsbereich der Richtlinie falle. Insbesondere sei für eine Anwendung des Art. 6 Abs. 2 lit. a UGP-RL für das Vorliegen einer irreführenden Produktvermarktung eine Verwechslungsgefahr mit einem anderen Produkt, Warenzeichen, Warennamen oder anderen Kennzeichen notwendig, woran es jedoch in allen denkbaren Fällen des *Ambush Marketings* mangele. Einschränkend ist insoweit anzumerken, dass bei der Produktvermarktung durch *Ambusher* eine Verwechslungsgefahr zumindest mit Kennzeichen des Sportveranstalters in Betracht kommen kann. Zudem

---

237 Ausführlich zur Anwendung des Irreführungstatbestands auf Assoziationswerbung *Fehrmann*, S. 155–171; *Furth*, S. 239 ff.; *Heermann*, GRUR 2006, 359, 364 ff.; *Melwitz*, S. 125–136.
238 BGH, GRUR 2010, 642, Rn. 43 = CaS 2010, 127 – *WM-Marken*.
239 *Melwitz*, S. 126.

sind im Hinblick auf eine richtlinienkonforme Auslegung der § 5 Abs. 1 Satz 2 Nr. 4 UWG und § 5a UWG die Regelungen in Art. 6 Abs. 1 lit. f UGP-RL sowie in Art. 7 UGP-RL zu berücksichtigen, sofern überhaupt eine Angabe i. S. d. Art. 6 Abs. 1 UGP-RL vorliegt.

cc) Vorliegen einer zur Täuschung geeigneten Angabe oder Vorenthalten einer für die Entscheidungsfähigkeit von Verbrauchern wesentlichen Information

Eine Irreführung durch aktives Tun seitens der *Ambusher* setzt das Vorliegen einer zur Täuschung geeigneten Angabe, mithin einer Tatsachenbehauptung, voraus. Gerade hieran wird es zumeist bei Werbemaßnahmen im Umfeld von Sportgroßveranstaltungen und insbesondere bei den subtilen Formen des *Ambush Marketings*[240] fehlen, bei denen lediglich Assoziationen mit der Sportveranstaltung ausgelöst werden sollen.[241] Eine Ausnahme soll gelten, wenn ein Unternehmen als Sponsor, Ausrüster etc. bezeichnet wird oder aber Aussagen zum Umfang der Sponsorleistung getroffen werden.[242] Nicht zu den Angaben zählen hingegen bloße Suggestivappelle oder Übertreibungen, sofern sie eines nachprüfbaren Tatsachenkerns entbehren.[243] *Ambusher* verwenden in ihren Werbekampagnen zumeist große Sorgfalt darauf, dass etwaige Angaben gerade nicht zur Täuschung geeignet sind.[244] Sofern auch unter Berücksichtigung des modernen Verbraucherleitbildes ausnahmsweise tatsächlich eine irreführende Angabe vorliegen sollte, müssten für die Annahme einer unlauteren Irreführung schließlich noch die geschäftliche Relevanz der Irreführung nachgewiesen und im Rahmen einer Interessenabwägung eine Verhältnismäßigkeitsprüfung vorgenommen werden.[245] Im Falle einer Irreführung durch Unterlassen im Sinne von § 5a UWG wird – gleichsam spiegelbildlich – das Vorenthalten einer für die Entscheidungsfreiheit von Verbrauchern wesentlichen Information vorausgesetzt.

---

240 Vgl. oben III. 1.-6. (S. 24 ff.).
241 *Fehrmann*, S. 157; a. A. indes *Mestre*, S. 89 auf der Basis einer realitätsfernen Einschätzung der Ziel- und Zwecksetzungen so genannter *Ambusher*: „The main aim of the ambush marketer is not necessarily to display, but to confuse, to create a false perception on the part of the spectator, TV viewer or consumer, suggesting that it is an official sponsor, when actually it is not. The general public tends towards the notion that the official sponsors of the Olympic Games are market leaders and socially responsible, so the commercial benefits to an ambush marketer are obvious: it is an illegitimate but cheap form of misleading advertising, using various methods and indirect techniques.".
242 Piper/Ohly/*Sosnitza*, § 5 Rn. 691; *Fehrmann*, S. 157.
243 *Melwitz*, S. 126.
244 Zu diesem Tatbestandsmerkmal vgl. stellvertretend Köhler/*Bornkamm*, § 5 Rn. 2.64 ff.
245 Hierzu stellvertretend Köhler/*Bornkamm*, § 5 Rn. 2.169 ff. und 2.197 ff.

dd) Würdigung des Meinungsstands in Judikatur und Schrifttum

In einem markenrechtlichen Verfahren zwischen dem klagenden Weltfußballverband FIFA und dem beklagten Lebensmittelproduzenten Ferrero hat der BGH zuletzt festgestellt, dass Werbeangaben im Sinne des § 5 Abs. 1 und 2 Nr. 4 UWG eine Eignung zur Täuschung fehle, wenn der Verkehr nicht bereits aufgrund der Marken der Beklagten zu der unzutreffenden Annahme veranlasst werde, die Beklagte sei Sponsor der Klägerin; darauf, ob die Beklagte die Marken für ihre eigene Absatzwerbung nutzen und den Ruf der von der Klägerin organisierten Fußball-Weltmeisterschaften ausnutzen könne, komme es für die Eignung zur Irreführung nicht an.[246] In dem konkreten Fall nimmt der BGH nur einen sehr engen Schutzbereich der klägerischen Marke „*SOUTH AFRICA 2010*" an, aus dem die eine reine Übersetzung darstellende Marke der Beklagten „*Südafrika 2010*" und auch Wort-/Bildmarken der Beklagten herausführen könnten.[247]

Festzuhalten bleibt, dass der BGH in seinem Urteil „*WM-Marken*" den Marken der Beklagten trotz Ähnlichkeit mit den klägerischen Marken wegen deren engen Schutzbereichs eine Eignung zur Täuschung der Werbeadressaten und damit auch eine lauterkeitsrechtlich relevante Irreführungsgefahr abspricht. Vor diesem Hintergrund liegt die Annahme nahe, dass die Judikatur auch bei Angaben eine Eignung zur Täuschung ablehnen wird, die auf subtile und möglicherweise sogar in sprachlich ähnlicher Weise wie die Angaben des Veranstalters oder seiner offiziellen Sponsoren Assoziationen zu dem Sportevent herstellen (z. B. „*Das ist mein WM-Laden*").

Eine Irreführung wird jedoch insbesondere dann in Betracht zu ziehen sein, wenn die Werbeadressaten annehmen, dass zwischen einem assoziativ werbenden und nicht zum Kreis der offiziellen Sponsoren zählenden Unternehmen und dem Sportveranstalter geschäftliche Beziehungen bestehen, oder wenn die angesprochenen Verkehrskreise das werbende Unternehmen aufgrund seiner Werbemaßnahme sogar für einen offiziellen Sponsor halten.[248] Hiervon ging im Jahr 2005 das LG Berlin[249] in einem Beschluss im einstweiligen Verfügungsverfahren aus. Das Gericht untersagte dem beklagten Unternehmen, im geschäftlichen Verkehr zu Zwecken des Wettbewerbs insbesondere die Bezeichnungen „Koordinierungsbüro

---

246 BGH, GRUR 2010, 642, Rn. 47 = CaS 2010, 127 – *WM-Marken*.
247 BGH, GRUR 2010, 642, Rn. 28 = CaS 2010, 127 – *WM-Marken*.
248 *Fehrmann*, S. 155. auf diese Gefahr weisen auch *Dietl/Franck*, S. 79 hin; allerdings ist ihre Einschätzung, *Ambush Marketing* gefährde die Funktionsweise von Märkten, weil Konsumenten nicht mehr in der Lage seien, zwischen jenen Unternehmen zu unterscheiden, die als Sponsoren auf die Qualität ihrer Produkte „gewettet" hätten, und jenen, die als Trittbrettfahrer eine solche „Wette" nur vortäuschen würden, letztlich zu pauschal und undifferenziert, wie die Erwägungen innerhalb dieses Abschnitts belegen.
249 LG Berlin, Beschl. vom 14. 9. 2005, Az. 103 O 146/05.

Public Viewing zur FIFA WM 2006", „Koordinierungsbüro Public Viewing – WM.on-screen zur FIFA WM 2006" und/oder „WM-Koordinierungsbüro Public Viewing" zur Kennzeichnung von Diensten, insbesondere einer Werbeplattform, für öffentliche Live-Übertragungen von Spielen der FIFA Fußball-Weltmeisterschaft Deutschland 2006 zu verwenden, weil dadurch in irreführender Weise für die angebotenen Dienste geworben werde. Auf eine Auseinandersetzung mit den im konkreten Fall durchaus kritischen Tatbestandsmerkmalen der (Werbe-)Angabe, der Geeignetheit zur Beeinflussung des Verhaltens der maßgeblichen Verkehrskreise (so genannte Relevanz) und der Interessenabwägung verzichtete das LG Berlin.

Auch eine Irreführung durch Unterlassen im Sinne des § 5a UWG ist zumindest vorstellbar. Insoweit hat aber der BGH überzeugend festgestellt, der normal informierte Verbraucher unterscheide zwischen der Werbung eines Sponsors und der sonstigen werblichen Vermarktung der Fußball-Weltmeisterschaft; dem normal informierten Verbraucher sei bekannt, dass der offizielle Ausstatter, Lieferant, Sponsor oder Werbepartner diesen Umstand deutlich herausstellt.[250] Wenn damit die offiziellen Sponsoren bereits im eigenen Interesse ihr besonderes Verhältnis zur Sportveranstaltung und/oder zum Veranstalter in der Werbung besonders hervorheben (oder hierzu zumindest berechtigt sind), kann das Unterlassen einer Aufklärung über die Stellung als Nichtsponsor keine Pflicht zum Tätigwerden begründen.[251]

Vereinzelt ist eine Ausnahme für so genanntes *„Air Ambushing"* angenommen worden, wenn beispielsweise ein Zeppelin während der gesamten Veranstaltung über dem Austragungsort kreise.[252] Aber auch in diesem Zusammenhang ist Zurückhaltung mit pauschalen Bewertungen geboten, vielmehr sind die Umstände des konkreten Einzelfalles entscheidend. Es sei unterstellt, dass ein derartiges Luftschiff zum einen das Hausrecht des Veranstalters nicht verletzt (was im konkreten Fall zweifelhaft sein wird) und zum anderen eine Werbeaufschrift eines Nichtsponsors aufweist. Kann allein das räumliche Näheverhältnis zum Sportevent den normal informierten Verbraucher veranlassen, den *Ambusher* als offiziellen Sponsor einzustufen, selbst wenn ein entsprechender ausdrücklicher Hinweis auf dem Luftschiff fehlt? Wiederum wird man auf die Umstände des kon-

---

250 BGH, GRUR 2010, 642, Rn. 45 = CaS 2010, 127 – *WM-Marken*; ähnlich zuvor *Melwitz*, S. 131; a. A. *Jaeschke*, S. 1, wonach das Verhalten so genannter *Ambusher* oft dazu führen soll, die Bevölkerung glaube, der Trittbrettfahrer sei offizieller Partner einer Großveranstaltung; diese Einschätzung beruht u. a. auf der Fehlannahme – vgl. *Jaeschke*, S. 9 –, subtiles *Ambush Marketing* solle der Öffentlichkeit suggerieren, der *Ambusher* sei offizieller Sponsor einer Veranstaltung; ähnlich *Nufer*, S. 34, 59, 64, 85.
251 *Melwitz*, S. 134; im Ergebnis ebenso *Barber*, WRP 2006, 184, 187; *Heermann*, GRUR 2006, 359, 365.
252 *Barber*, WRP 2006, 184, 188; zustimmend *Melwitz*, S. 131.

kreten Einzelfalls abstellen müssen. Sind etwa die Werbebanden in der Sportstätte allein den offiziellen Sponsoren der jeweiligen Clubs vorbehalten, die unter diesen Umständen aufgrund vertraglicher Vereinbarungen mit dem gesponserten Club mitunter einen Hinweis auf ihre offizielle Sponsorenstellung unterlassen dürfen?[253] Oder dürfen – wie etwa in den Stadien verschiedener Fußball-Bundesligisten – auch nicht zum Kreis der offiziellen Teamsponsoren zählende Unternehmen die Werbebanden für Zwecke der eigenen kommerziellen Kommunikation nutzen?[254] Ergibt sich etwa aus der Werbebotschaft, dass das werbende Unternehmen nicht zum Kreis der offiziellen Sponsoren gehört? Was gilt, wenn sich dieses Unternehmen sachlich zutreffend als *„inoffizieller Partner"* oder aber *„offizieller Sponsor"* eines der teilnehmenden Teams und eben nicht des Sportveranstalters bezeichnet?

Mit den vorangehenden Beispielen ist die allgemeine Frage verbunden, ob Bezeichnungen wie *„offizieller Sponsor/Partner"* von dem Veranstalter gleichsam für seine exklusiven Sponsoringpartner monopolisiert werden können. Insoweit ist die Befürchtung geäußert worden, dass parodistische Formulierungen wie *„offizieller Partner der Fans"* oder gar *„inoffizieller Partner"* beim flüchtigen Verbraucher den Eindruck entstehen lassen könnten, es bestünden geschäftliche Beziehungen zwischen dem Werbenden und dem Veranstalter.[255] Bei der rechtlichen Bewertung ist dem Umstand Rechnung zu tragen, dass nicht nur die Veranstalter eines Sportevents, sondern auch teilnehmende Teams wie etwa Fußballnationalmannschaften ihrerseits offizielle Sponsoren/Partner haben, die mit dem Veranstalter nicht geschäftlich verbunden sein müssen. Etwa im Fußballsport ist es üblich, dass der Welt- oder ein Kontinentalverband einen anderen Sportartikelhersteller als exklusiven Sponsor aufweist als einige der teilnehmenden Nationalverbände. Ob dieses Phänomen des so genannten Multi-Level-

---

253 So weisen nahezu sämtliche Fußball-Bundesligisten einen hierarchisch strukturierten Sponsorenpool (auch Sponsorenpyramide oder Sponsorenbaum genannt) auf. In der Praxis wird Sponsoren bis zu einer bestimmten Hierarchieebene erlaubt, die eigene Marke oder das eigene Logo singulär, d. h. ohne Hinweis auf die Stellung als offizieller Sponsor oder Förderer zu nutzen. Demgegenüber müssen dann die auf nachfolgenden Hierarchieebenen angesiedelten – weniger bekannten – Sponsoren aufgrund vertraglicher Vereinbarungen das eigene Logo zwingend mit dem Hinweis *„offizieller Förderer/Supplier von ..."* mit dem oder ohne das Logo des gesponserten Clubs verwenden. Zu einem Überblick über die Sponsoren der Clubs der Fußball-Bundesliga in der Saison 2010/2011 vgl. *Guthardt*, SPNSOR^S 2010, Heft 10, S. 38 f.
254 So wird in verschiedenen Stadien der Fußball-Bundesligen auf den Werbebanden das Logo des Unternehmens Gorbatschov Wodka KG präsentiert, das indes nicht als offizieller Sponsor oder Förderer eines der Teams fungiert. Dieses Unternehmen verfolgt nicht die für Sponsoren typischen Zielsetzungen, sondern will durch die Präsentation auf den Werbebanden primär eine Steigerung der so genannten *Brand Awareness* erreichen.
255 *Fehrmann*, S. 165 f.

Sponsorings trotz objektiv richtiger Werbeangaben (z. B. „*Unternehmen U – offizieller Sponsor des nationalen Fußballverbandes F*") zu Fehlvorstellungen beim Verkehr führen kann,[256] darf bezweifelt werden. Dem verständigen Durchschnittsverbraucher ist durchaus bekannt, dass der Sportveranstalter sowie die teilnehmenden Teams üblicherweise nicht allesamt vom gleichen Sportartikelhersteller ausgestattet und gesponsert werden, so dass der Hinweis auf eine Sponsorenstellung bei einer mit der Sportveranstaltung verbundenen Mannschaft (z. B. Werbung der Airline Lufthansa anlässlich der Fußball WM 2006 mit dem Hinweis „*Offizieller Sponsor des DFB*") unter Berücksichtigung des modernen Verbraucherleitbilds keine irreführende Angabe darstellt.[257]

c) § 4 Nr. 10 UWG[258]
aa) Ausgangsproblematik

Ein Rückgriff auf den lauterkeitsrechtlichen Behinderungstatbestand wird letztlich nur selten am Fehlen eines konkreten Wettbewerbsverhältnisses im Sinne von § 8 Abs. 3 UWG scheitern, solange die Rechtsprechung – in Übereinstimmung mit der Gesetzesbegründung der Bundesregierung zu § 2 Abs. 1 Nr. 3 UWG[259] – insoweit an ihrer bisherigen extensiven Auslegung dieses Tatbestandsmerkmals festhalten sollte. Danach folgt ein konkretes mittelbares Wettbewerbsverhältnis auch bei branchenverschiedenen Produkten bereits aus dem Umstand, dass sich der Dritte durch die Kennzeichenverwendung als solche in Wettbewerb zu dem Kennzeicheninhaber stellt, indem er das Kennzeichen und seinen Ruf wirtschaftlich auswertet.[260] Damit liegt einerseits zwischen den Veranstaltern und den *Ambushern* sowie andererseits auch zwischen den offiziellen Veranstaltungssponsoren und zumindest einigen *Ambushern* regelmäßig ein konkretes Wettbewerbsverhältnis vor.[261]

Schwieriger gestaltet sich im Hinblick auf den Behinderungstatbestand die weitere Frage, ob assoziative Werbemaßnahmen überhaupt zu einer Behinderung im Sinne des § 4 Nr. 10 UWG führen können. So ist in diesem Zusammenhang bereits darauf hingewiesen worden, durch die Aktivitäten der *Ambusher* werde der Kommunikationserfolg der Werbemaßnahmen der

---

256 So *Fehrmann*, S. 166 f.
257 So auch *Melwitz*, S. 132 f.
258 *Melwitz*, S. 136–153; *Fehrmann*, S. 142–155; *Furth*, S. 221 ff.
259 Bundestags-Drucksache 15/1487, S. 16 unter Bezugnahme auf BGH, GRUR 1972, 553 – *Statt Blumen ONKO-Kaffee*.
260 BGH, GRUR 1999, 161, 163 – *MAC Dog*; BGH, GRUR 1994, 732, 733 – *McLaren*; BGH, GRUR 1994, 808, 810 – *Markenverunglimpfung I (NIVEA)*; BGH, GRUR 1991, 465, 466 f. – *Salomon*; BGH, GRUR 1987, 711, 713 f. – *Camel-Tours*; BGH, GRUR 1985, 550, 552 f. – *DIMPLE*; grundlegend BGH, GRUR 1983, 247, 248 – *Rolls Royce*.
261 *Melwitz*, S. 138; ebenso *Heermann*, ZEuP 2007, 535, 575.

offiziellen Sponsoren geschmälert.[262] Zudem verliere durch das *Ambush Marketing* das Sponsoring an Attraktivität und die Vermarktung des Ereignisses im Wege der Lizenzierung werde erschwert.[263] Wie schon an anderer Stelle im Detail dargelegt,[264] ist bei pauschalen Aussagen zu den Auswirkungen des *Ambush Marketings* auf die Sponsoringerlöse der Veranstalter sowie auf deren sonstige Aktivitäten Zurückhaltung geboten. So kann der Umstand, dass so genannte *Ambusher* nach Sportgroßveranstaltungen mitunter deutlich höhere Wiedererkennungswerte als manch ein offizieller Sponsor verzeichnen konnten und können, etwa auch auf die Effektivität der Assoziationswerbung der nicht zu den offiziellen Sponsoren zählenden Unternehmen zurückzuführen sein. Zudem ist angemessen zu berücksichtigen, dass *Ambusher* aufgrund der Wettbewerbsfreiheit gemeinfreie (Themen-)Bereiche für eigene kommerzielle Zwecke nutzen dürfen. Schließlich binden offizielle Sponsoren ihre Sponsorships mitunter in höchst unterschiedlichem Maße in ihre gesamten Marketingaktivitäten ein. Es liegt auf der Hand, dass neben dem Status als offizieller Sponsor auch Umfang und Qualität der begleitenden Werbemaßnahmen über die Höhe der Wiedererkennungswerte entscheiden. Diese beispielhaft herausgegriffenen Aspekte belegen, dass die seitens der Sportveranstalter vielfach apodiktisch vorgetragene Kausalität zwischen dem *Ambush Marketing* und der Schmälerung des eigenen Kommunikationserfolgs durchaus in Frage gestellt werden kann. Die auf den vorgenannten Aspekten beruhenden Unwägbarkeiten können sich im Einzelfall letztlich auf die Substantiierungslast eines sich auf den Behinderungstatbestand stützenden Sportveranstalters auswirken.

bb) Richtlinienkonforme Auslegung

Der lauterkeitsrechtliche Behinderungstatbestand bezweckt den Schutz vor solchen Behinderungen, die nicht im Bemühen des Handelnden um die Förderung des eigenen Absatzes ihre Rechtfertigung finden.[265] Im Vordergrund steht also der Mitbewerberschutz. Dieser ist bislang nicht Gegenstand gemeinschaftsrechtlicher Harmonisierungsbestrebungen gewesen, sondern wird von der Richtlinie 2006/114/EG über irreführende und vergleichende Werbung vom 12. 12. 2006 allenfalls am Rande berührt. Die UGP-RL schützt – wie in Erwägungsgrund 8 zum Ausdruck kommt – auch mittelbar rechtmäßig handelnde Unternehmen vor Mitbewerbern, die sich nicht an die Regeln dieser Richtlinie halten, ist aber letztlich allein auf eine abschließende Harmonisierung des Verbraucher schützenden Lauterkeitsrechts gerichtet.

---

262 Zu konkreten Beispielen vgl. *Melwitz*, S. 144 f., 146 f. m. w. N.
263 *Melwitz*, S. 140; ähnlich *Fehrmann*, S. 145.
264 Vgl. IV. 2. und 3. (S. 34 ff., 37 ff.).
265 Vgl. stellvertretend Piper/*Ohly*/Sosnitza, § 4 Rn. 10/1.

Damit bedarf es einer richtlinienkonformen Auslegung des § 4 Nr. 10 UWG, soweit die Anwendung der Vorschrift an eine unzulässige Einwirkung auf die Entscheidungsfreiheit der Verbraucher anknüpft. Dies wird im Hinblick auf *Ambush Marketing*-Maßnahmen regelmäßig nicht der Fall sein, die durch eine Anlehnung an das positive Image und den guten Ruf einer Sportveranstaltung geprägt sind, was nach dem ergänzenden wettbewerbsrechtlichen Leistungsschutz im Sinne des § 4 Nr. 9 UWG sowie bei Annahme eines lauterkeitsrechtlichen unmittelbaren Nachahmungsschutzes eventuell nach § 3 Abs. 1 UWG zu beurteilen ist.[266]

cc) Gezielte Behinderung eines Mitbewerbers

Wenn man unterstellt, dass *Ambush Marketing*-Maßnahmen kausal zu Behinderungen auf Seiten der Sportveranstalter führen, so müssen für die Verwirklichung des lauterkeitsrechtlichen Behinderungstatbestandes im Sinne des § 4 Nr. 10 UWG noch weitere qualifizierende Merkmale hinzutreten. Insbesondere bedarf es der *gezielten* Behinderung eines Mitbewerbers. Gerade hieran wird es bei typischen Werbeaktivitäten so genannter *Ambusher* aber regelmäßig mangeln. Diese wollen von der Bekanntheit und dem guten Ruf einer möglichst erfolgreichen Sportveranstaltung profitieren, eine wirtschaftlich existentielle Bedrohung dieser Events liegt weder in der Absicht noch im Interesse der *Ambusher*. Bildlich gesprochen, liegt bei assoziativ werbenden Unternehmen die Vermutung fern, dass sie massiv an dem Ast sägen, auf dem sie sitzen.[267] Vielmehr betreiben sie in gewisser Weise Baumpflege, indem sie dafür sorgen, dass aufgrund des bestehenden Wettbewerbsdrucks die Sportveranstalter zusammen mit ihren offiziellen Sponsoren die eigenen Vermarktungsaktivitäten selbstkritisch analysieren und eventuell (noch) effektiver gestalten. Dabei ist auch zu berücksichtigen, dass für *Ambusher* die in Bezug genommenen Events nicht beliebig austauschbar sind, sondern die Zahl der Sportveranstaltungen mit positivem Image und erhöhtem internationalem oder nationalem Aufmerksamkeitswert begrenzt ist. Soweit also von *Ambush Marketing*-Maßnahmen Behinderungen der Sportveranstalter ausgehen, sind diese regelmäßig nicht als zielgerichtet, sondern allenfalls als mittelbar einzustufen,[268] so dass der Zugang zum lauterkeitsrechtlichen Behinderungstatbestand verschlossen ist.

---

266 Vgl. hierzu V. 2. d) und e) (S. 88 ff., 91 ff.).
267 A. A., wenngleich allgemein in Bezug auf so genannte *Ambusher* und ohne Bezug zum lauterkeitsrechtlichen Behinderungstatbestand *Pechtl*, Trittbrettfahren, S. 20, ders., Ambush Marketing, S. 71; ebenso *Nufer*, S. 191; *Mestre*, S. 89.
268 In diesem Sinne auch *Fehrmann*, S. 145, 155; *Jaeschke*, S. 59 f.; *Melwitz*, S. 148 ff.; *Heermann*, GRUR 2006, 359, 364.

dd) Würdigung des Meinungsstands in der Judikatur

In einem markenrechtlichen Verfahren zwischen dem klagenden Weltfußballverband FIFA und dem beklagten Lebensmittelproduzenten Ferrero hat sich der BGH[269] zuletzt zur Frage geäußert, inwieweit – angeblich – bösgläubige Markenanmeldungen über den lauterkeitsrechtlichen Behinderungstatbestand im Sinne des § 4 Nr. 10 UWG sanktioniert werden können. Nach der Rechtsprechung des I. Zivilsenatsenats handele derjenige, der ein Zeichen als Marke anmelde, nicht schon deshalb unlauter, weil er wisse, dass ein anderer dasselbe oder ein verwechselbares Zeichen für dieselben oder ähnliche Waren benutzt, ohne hierfür einen formalen Kennzeichenschutz erworben zu haben. Etwas anderes könne jedoch gelten, wenn zur Kenntnis von der Benutzung besondere Umstände hinzuträten, die das Verhalten des Anmelders als wettbewerbswidrig erscheinen ließen. Solche besonderen Umstände könnten darin liegen, dass der Zeicheninhaber in Kenntnis eines schutzwürdigen Besitzstandes des Vorbenutzers ohne zureichenden sachlichen Grund für gleiche oder gleichartige Waren oder Dienstleistungen die gleiche oder eine zum Verwechseln ähnliche Bezeichnung mit dem Ziel der Störung des Besitzstandes des Vorbenutzers oder in der Absicht, für diesen den Gebrauch der Bezeichnung zu sperren, als Kennzeichen habe eintragen lassen. Sie könnten aber auch darin liegen, dass der Zeichenanmelder die mit der Eintragung des Zeichens kraft Markenrechts entstehende und wettbewerbsrechtlich an sich unbedenkliche Sperrwirkung zweckfremd als Mittel des Wettbewerbskampfes einsetzt.[270] Diese Voraussetzungen eines außermarkenrechtlichen Löschungsanspruchs wegen bösgläubiger Markenanmeldung lägen im Streitfall nicht vor.[271] Der klagende Weltfußballverband habe für eine Vielzahl von Marken formalen Kennzeichenschutz durch Eintragung erworben. Aus den Klagemarken ergäben sich nur deshalb keine markenrechtlichen Löschungsansprüche, weil die registrierten und angemeldeten Marken der Beklagten den Schutzbereich der Klagemarken nicht verletzten.

Die „*WM-Marken*"-Entscheidung des BGH eröffnet für so genannte *Ambusher* insbesondere bei Assoziationswerbung durch Verwendung identischer oder ähnlicher Bezeichnungen und Kennzeichen einer Sportveranstaltung weit reichende Gestaltungsmöglichkeiten. Denn Marken der Sportveranstalter lehnen sich regelmäßig eng an beschreibende Angaben an und verfügen deshalb nur – wenn überhaupt – über eine schwache Kennzeichnungskraft und einen engen Schutzbereich. So reichen auf Seiten der so genannten *Ambusher* schon geringe Abweichungen (etwa Übersetzungen

---

269 Zum Folgenden vgl. BGH, GRUR 2010, 642, Rn. 51 f. = CaS 2010, 127 – *WM-Marken*.
270 So bereits BGH, GRUR 2008, 621, Rn. 21 – *AKADEMIKS*; BGH, GRUR 2008, 917, Rn. 20 – *EROS*.
271 A. A. *Melwitz*, S. 152 f.

in eine andere Sprache oder Verwendung einer speziellen Wort-/Bildmarke) aus, um aus dem Schutzbereich der Marken des Sportveranstalters herauszuführen. Damit wird selbst bei Waren- und Dienstleistungsidentität die bestehende Zeichenähnlichkeit nicht ausreichen, um eine Verwechslungsgefahr zu begründen.

Darüber hinaus hat der BGH in seiner „*WM-Marken*"-Entscheidung festgestellt,[272] eine gezielte Behinderung eines Mitbewerbers könne weiterhin dann vorliegen, wenn er seine Leistung am Markt durch eigene Anstrengung nicht mehr in angemessener Weise zur Geltung bringen könne. Ob dies der Fall ist, sei aufgrund einer Gesamtwürdigung aller Umstände des Einzelfalls unter Berücksichtigung der Interessen der Mitbewerber, Verbraucher und sonstigen Marktteilnehmer sowie der Allgemeinheit zu prüfen.[273] Im Streitfall beständen aber keine Anhaltspunkte dafür, dass der beklagte Lebensmittelproduzent aus den Marken gegen die klagende FIFA, die selbst über eine Vielzahl von prioritätsälteren Markenrechten mit Bezug zu Fußball-Weltmeisterschaften verfüge, Rechte ableiten und sie in ihrer wirtschaftlichen Entfaltung behindern könne. Dies gelte auch, soweit es um die Vermarktung der Fußball-Weltmeisterschaften durch Einräumung von Lizenzen an Dritte, wie etwa Sponsoren, gehe. Das Berufungsgericht habe nicht festgestellt, dass allein schon die Anmeldung und Registrierung der Marken der Beklagten die Klägerin in der wirtschaftlichen Vermarktung der Fußball-Weltmeisterschaften im dargestellten Sinn behindern kann.

Auch in dieser Passage der Entscheidungsgründe verdeutlicht der I. Zivilsenat, dass er strenge Maßstäbe an die Annahme einer gezielten Behinderung von Mitbewerbern anlegen will. Zudem führen zahlreiche vorsorgliche Markenanmeldungen eines Sportveranstalters für diesen – zumindest hinsichtlich des lauterkeitsrechtlichen Behinderungstatbestandes – in gewisser Weise zu einem Eigentor: Denn je mehr prioritätsältere Marken ein Sportveranstalter hat registrieren lassen, desto ferner liegt die Annahme seiner Behinderung durch so genannte *Ambusher*! Wenn man sich exakt am Wortlaut der Entscheidungsgründe orientiert, müsste ein Sportveranstalter abwarten, bis so genannte *Ambusher* ihre identischen oder ähnlichen Marken *benutzen*, um sodann substantiiert darzulegen, dass er seine Leistung am Markt durch eigene Anstrengung nicht mehr in angemessener Weise zur Geltung bringen kann. Es ist aber zweifelhaft, dass infolge einer Benutzung der entsprechenden Marken durch die *Ambusher* die Sportveranstalter tatsächlich in eine wirtschaftlich bedrohliche Situation versetzt werden (können). Solange Sponsoringeinnahmen zumindest der großen Sportveranstal-

---

[272] Vgl. zum folgenden BGH, GRUR 2010, 642, Rn. 53 = CaS 2010, 127 – *WM-Marken*.
[273] So bereits BGHZ 148, 1, 5 – *Mitwohnzentrale.de*; BGH, GRUR 2009, 685, Rn. 41 – *ahd.de*; *Köhler*/Bornkamm, § 4 Rn. 10.11.

ter tendenziell steigen und/oder sich auf hohem Niveau bewegen, wird eine entsprechende Beweisführung nahezu unmöglich sein.

d) § 4 Nr. 9 UWG[274]

aa) Wettbewerbsrechtlicher Leistungsschutz und Abgrenzung insbesondere zum Markenrecht

Wie zuvor dargelegt,[275] verwenden so genannte *Ambusher* im Rahmen assoziativer Werbemaßnahmen große Sorgfalt darauf, keine Markenrechte der Sportveranstalter zu verletzen. Dabei erfahren sie mittelbar eine Unterstützung seitens der Judikatur dadurch, dass diese insbesondere die Unterscheidungskraft typischer Veranstaltungsbezeichnungen in Frage stellt oder aber, sofern insoweit markenrechtlicher Schutz besteht, nur einen relativ begrenzten Schutzbereich annimmt, den *Ambusher* bei der Verwendung ähnlicher Bezeichnungen oder eigenständig entwickelter Wort/Bild-Marken möglicherweise gleichwohl nicht verletzen. Vor diesem Hintergrund stellt sich die Frage, ob und – falls ja – inwieweit ergänzender wettbewerbsrechtlicher Nachahmungsschutz neben den Regelungen des Markenrechts überhaupt zur Anwendung kommen kann.[276] Die Einzelheiten der Diskussion brauchen hier nicht nachgezeichnet und bewertet zu werden, weil – wie nachfolgend darzulegen sein wird[277] – die subtilen Formen des so genannten *Ambush Marketings* einer für die Anwendung des ergänzenden wettbewerbsrechtlichen Leistungsschutzes erforderlichen Nachahmung von Waren oder Dienstleistungen des Sportveranstalters ermangeln.

bb) Richtlinienkonforme Auslegung

Anders als das Recht des geistigen Eigentums ist die Produktnachahmung außerhalb des Immaterialgüterrechts bislang noch nicht Gegenstand gemeinschaftsrechtlicher Rechtsakte gewesen. Allerdings wirken sich die Regelungen der UGP-RL auch auf die Auslegung und Anwendung von § 4 Nr. 9 UWG aus, selbst wenn der ergänzende wettbewerbsrechtliche Leistungsschutz nicht unmittelbar Gegenstand der genannten Richtlinie ist. So gebietet die UGP-RL, wie Köhler überzeugend herausgearbeitet hat,[278] § 4 Nr. 9 lit. a UWG im Sinne eines Irreführungstatbestands auszulegen, wohingegen die Tatbestände des § 4 Nr. 9 lit. b und c UWG als Tatbestände der

---

274 *Melwitz*, S. 177 ff.; *Fehrmann*, S. 135–142; *Furth*, S. 182 ff.
275 Vgl. V. 1. c) (S. 56 ff.).
276 Mit Bezug zum *Ambush Marketing Fehrmann*, S. 127 ff.; vgl. stellvertretend zu dieser vieldiskutierten Frage im Allgemeinen *Köhler*, GRUR 2007, 548 ff.; *ders.*, in: Geistiges Eigentum und Wettbewerb, S. 89 ff.; Piper/*Ohly*/Sosnitza, § 4 Rn. 9/12 ff., 9/19; *Ohly*, in: Geistiges Eigentum und Wettbewerb, S. 99 ff.
277 Vgl. V. 2. d) cc) (S. 89 f.).
278 *Köhler*, GRUR 2007, 548, 550 ff.; *ders.*, in: Geistiges Eigentum und Wettbewerb, S. 89, 90 ff.

Mitbewerberbehinderung zu begreifen sind. Aber auch insoweit bedarf es keiner Vertiefung der komplexen Problematik, weil im Rahmen der gebotenen richtlinienkonformen Auslegung weder auf das Tatbestandsmerkmal der Nachahmung von Waren oder Dienstleistungen des Sportveranstalters verzichtet noch dieses relativiert werden kann.

cc) Vorliegen einer Nachahmung von Waren oder Dienstleistung des Sportveranstalters?

Sämtliche Fallgruppen des so genannten ergänzenden wettbewerbsrechtlichen Leistungsschutzes[279] setzen – bezogen auf die Assoziationswerbung – voraus, dass ein *Ambusher* Waren oder Dienstleistungen anbietet, die eine Nachahmung der Waren oder Dienstleistungen des Sportveranstalters sind:

Insoweit kommt zunächst die Sportveranstaltung als solche in Betracht, die die erforderliche wettbewerbliche Eigenart aufweist und prinzipiell eine schutzwürdige Leistung im Rahmen des § 4 Nr. 9 UWG darstellt.[280] Indes ist im Einzelfall genau zu ermitteln, welchen Beitrag Sportveranstalter zum Leistungsergebnis beisteuern. Dabei wird es sich regelmäßig um die Organisation und Durchführung von Sportevents handeln.[281] Üblicherweise ahmen *Ambusher* aber nicht die in Bezug genommenen Sportveranstaltungen oder die Leistungen der Sportveranstalter etwa durch die Schaffung einer Konkurrenzveranstaltung nach und verwenden auch keine Bilder oder Fernsehaufnahmen der Veranstaltung.[282] Vielmehr werden zumeist auf subtile Weise Assoziationen zu einem bevorstehenden oder aktuell stattfindenden Sportevent geweckt,[283] worin aber keine Nachahmung im Sinne der genannten Vorschrift gesehen werden kann.

Die Lizenzierungsaktivitäten eines Sportverbandes im Vermarktungsbereich haben letztlich primär Hilfsfunktionen zur wirtschaftlichen Reali-

---

279 *Köhler*/Bornkamm, § 4 Rn. 9.4 hält mit überzeugenden Gründen die Bezeichnung „*lauterkeitsrechtlicher Nachahmungsschutz*" für sachgerechter.
280 *Melwitz*, S. 180–182; ebenso *Hilty*/Henning-Bodewig, S. 46; *Lochmann*, S. 159; *Scharfe*, S. 99.
281 Vgl. in diesem Zusammenhang auch BGH, Urt. v. 28. 10. 2010 (Entscheidungsgründe sind noch nicht veröffentlicht; Stand: 06. 01. 2011), Az. I ZR 60/09 – *Hartplatzhelden*; im Rahmen der mündlichen Verhandlung hat sich der I. Zivilsenat in diesem Sinne hinsichtlich des Beitrags des klagenden Württembergischen Fußballverbandes e. V. zu den vom Verband veranstalteten Amateurfußballspielen geäußert.
282 So auch BGH, Urt. v. 28. 10. 2010 (Entscheidungsgründe sind noch nicht veröffentlicht; Stand: 06. 01. 2011), Az. I ZR 60/09 – *Hartplatzhelden*; im Rahmen der mündlichen Verhandlung hat der I Zivilsenat festgestellt, dass Filmaufnahmen von Amateurfußballspielen keine Nachahmung i. S. d. § 4 Nr. 9 UWG der allein organisatorischen Leistungen des klagenden Fußballverbandes darstellen. Zur Anwendbarkeit von § 4 Nr. 9 UWG bei (Groß-)Veranstaltungen im kulturellen Bereich siehe *Glimski*, S. 127 ff.
283 *Melwitz*, S. 184; ebenso *Furth*, S. 212 ff., 257.

sierbarkeit der Sportveranstaltung. Eine Nachahmung der *Ambusher* könnte man allenfalls darin sehen, dass sie für die von ihnen angebotenen Waren oder Dienstleistungen die exklusive Lizenzierung des Sportveranstalters zugunsten seiner offiziellen Sponsoren mittelbar und unausgesprochen für die eigenen Werbeaktivitäten nutzbar machen.[284] Lizenzierungsaktivitäten der Sportveranstalter wird man vor diesem Hintergrund aber kaum als geschützte Leistung einstufen können.[285] Zudem machen *Ambusher* sich diese nur mittelbar zunutze, wobei zu berücksichtigen ist, dass sie regelmäßig nicht aktiv und in irreführender Weise den Eindruck erwecken oder zu erwecken versuchen, sie seien offizielle Sponsoren oder Förderer des Sportereignisses.[286]

Letztlich knüpfen assoziativ werbende Unternehmen primär an den guten Ruf und das positive Renommee einer Sportgroßveranstaltung an. Ein derartiges Image muss üblicherweise im Laufe der Zeit aufgebaut werden und ist damit das Ergebnis langjährigen unternehmerischen Strebens und erheblicher Investitionen. Man kann sich an einen guten Ruf jedoch nur anlehnen, man kann ihn möglicherweise ausbeuten, allerdings kann man ein bestimmtes positives Image, das stets die Eigenschaft einer Leistung verkörpert, nicht nachahmen.[287] Damit fehlt es zudem bereits an einem geeigneten Schutzgegenstand für den ergänzenden wettbewerbsrechtlichen Leistungsschutz.[288]

Es bleibt damit festzuhalten, dass so genannte *Ambusher* regelmäßig kein Produkt anbieten, das mit denjenigen des Sportveranstalters identisch oder diesen auch nur ähnlich wäre. *Ambush Marketing*-Maßnahmen verkörpern ihrerseits eigenständige Leistungen der assoziativ werbenden Unternehmen, wobei lediglich an die hervorgehobene Werbewirkung eines Sportereignisses angeknüpft wird. Dabei erzeugen *Ambusher* selbst eigenständige und mitunter sehr kreative Leistungen.

dd) Würdigung des Meinungsstands in der Judikatur
Auf der Linie der im Schrifttum vorherrschenden Rechtsauffassung bewegt sich auch die Rechtsprechung. In einem markenrechtlichen Verfahren zwischen dem klagenden Weltfußballverband FIFA und dem beklagten Lebensmittelproduzenten Ferrero stellte das OLG Hamburg[289] fest, die Registrierung der streitgegenständlichen acht Marken stelle keine nach § 4 Nr. 9

---

284 So *Jaeschke*, S. 58; diese Möglichkeit lediglich andeutend *Heermann*, GRUR 2006, 359, 363, ohne jedoch zu dieser Frage abschließend Stellung zu beziehen.
285 *Melwitz*, S. 182.
286 Vgl. oben V. 2. b) dd) (S. 80 ff.).
287 *Melwitz*, S. 183.
288 *Fehrmann*, S. 138; *Melwitz*, S. 183.
289 OLG Hamburg, GRUR-RR 2008, 50, 52 – *WM-Marken*; zustimmend BGH, GRUR 2010, 642, Rn. 54 = CaS 2010, 127 – *WM-Marken*.

lit. b UWG unzulässige Rufausbeutung dar. Insoweit sei schon nicht dargelegt oder sonst ersichtlich, dass die Beklagte unter den streitgegenständlichen Marken Waren oder Dienstleistungen anbieten wolle, die Nachahmungen von Waren oder Dienstleistungen der Klägerin seien. Sie benutze lediglich die Veranstaltung eines anderen für ihre eigene Absatzwerbung. Dabei beute sie zwar in gewisser Weise auch den Ruf dieser Veranstaltung (der Fußball-Weltmeisterschaft) aus, was aber – wie die objektiven Tatbestandsvoraussetzungen des § 4 Nr. 9 lit. b UWG zeigten – nicht *per se* wettbewerbswidrig sei.

Diese vom BGH in der Revisionsinstanz bestätigte und sachlich nachvollziehbare Einschätzung verdeutlicht, dass die Rechtsprechung nicht geneigt ist, bei der lauterkeitsrechtlichen Bewertung von *Ambush Marketing*-Maßnahmen hinsichtlich des ergänzenden wettbewerbsrechtlichen Leistungsschutzes nach § 4 Nr. 9 UWG mildere und vom Wortlaut abweichende Maßstäbe anzulegen. Vielmehr hält die Judikatur zutreffend an der Voraussetzung der Nachahmung fest. Das führt nahezu zwangsläufig dazu, dass die sich lediglich an das positive Image einer Sportgroßveranstaltung anlehnenden subtilen Formen des so genannten *Ambush Marketings* nicht unter den Tatbestand des § 4 Nr. 9 UWG subsumiert werden können. Aus den Entscheidungsgründen des OLG Hamburg lässt sich schließen, dass selbst eine Rufausbeutung der *Ambusher*, welche im Prinzip von lit. b des § 4 Nr. 9 UWG erfasst werden könnte („… *wenn er die Wertschätzung der nachgeahmten Ware oder Dienstleistung unangemessen ausnutzt oder beeinträchtigt*"), zu keiner Anwendung des ergänzenden wettbewerbsrechtlichen Leistungsschutzes führen kann, da es an einer *nachgeahmten* Ware oder Dienstleistung des Sportveranstalters mangelt.

e) § 3 Abs. 1 UWG[290]

aa) Verhältnis von § 3 Abs. 1 UWG zum ergänzenden wettbewerbsrechtlichen Leistungsschutz

Wie zuvor dargelegt,[291] können die subtilen Formen des *Ambush Marketings* trotz der erstrebten Anlehnung oder gar Ausbeutung des guten Rufs der in Bezug genommenen Sportveranstaltung in Ermangelung der tatbestandlich erforderlichen Nachahmung von Produkten des Sportveranstalters nicht von § 4 Nr. 9 UWG erfasst werden. Damit stellt sich die noch nicht abschließend geklärte Folgefrage, ob und – wenn ja – in welchem Umfang und unter welchen Voraussetzungen im Falle der anlehnenden Rufausbeutung ohne Nachahmung ein Rückgriff auf die lauterkeitsrecht-

---

290 Vgl. hierzu mit Bezug auf so genanntes *Ambush Marketing Melwitz*, S. 185–219; *Fehrmann*, S. 172–178; *Furth*, S. 257 ff.
291 Vgl. V. 2. d) (S. 88 ff.).

liche Generalklausel möglich ist.[292] Generell stehen sich insoweit zwei Meinungslager gegenüber:

So argumentiert eine Seite, in der beschriebenen Konstellation sei das Bedürfnis für einen Rückgriff auf § 3 UWG nicht zu erkennen, zumal mit § 4 Nr. 10 UWG eine ergänzende Regelung bereit stehe; wolle man darüber hinausgehen, schüfe dies die Gefahr, über das Sonderschutzrecht hinaus gleichsam Ersatzausschließlichkeitsrechte zu schaffen.[293] Vorbehalte gegenüber einer Anwendung der lauterkeitsrechtlichen Generalklausel werden zudem aus § 4 Nr. 9 UWG und dem dort verankerten Grundsatz der Nachahmungsfreiheit abgeleitet, wodurch ein unmittelbarer Nachahmungsschutz ausgeschlossen sei. Zudem könne das Lauterkeitsrecht angesichts eines bestehenden *Numerus clausus* der Rechte geistigen Eigentums keine Quasi-Immaterialgüterrechte schaffen, zumal ein unmittelbarer Leistungsschutz die Wettbewerbsfreiheit gefährde.[294]

Die Gegenauffassung geht hingegen davon aus, der Gesetzgeber habe angesichts der bestehenden Rechte geistigen Eigentums über die lauterkeitsrechtliche Generalklausel Raum für die Regelung neu auftretender Fragen mit immaterialgüterrechtlichem Gehalt gelassen.[295] Dabei sprechen sich die Verfechter dieser Rechtsauffassung teils für eine kumulative Anspruchskonkurrenz aus,[296] teils wird unmittelbarer Leistungsschutz nur unter Berücksichtigung der Wertungen der Sonderschutzrechte zugelassen.[297] Im Anschluss an letztgenannte Auffassung hat sich zuletzt Furth[298] dafür ausgesprochen, unter bestimmten Voraussetzungen einige Formen subtiler *Ambush Marketing*-Maßnahmen als Verstoß gegen die lauterkeitsrechtliche Generalklausel des § 3 Abs. 1 UWG einzustufen. Darauf wird bei der Würdigung des Meinungsstandes im Schrifttum im Detail einzugehen sein.[299]

Insbesondere Praktikabilitätserwägungen sprechen dafür, in Ausnahmefällen, deren Voraussetzungen in Judikatur und Schrifttum freilich noch genauer herausgearbeitet werden müssen, einen unmittelbaren Leistungsschutz über § 3 Abs. 1 UWG zu gewähren. Die Erfahrung lehrt, dass neue Entwicklungen, die im Recht des geistigen Eigentums zuvor nicht geregelt

---

292 Ausführlich hierzu *Furth*, S. 260 ff. m. w. N. zum Meinungsstand.
293 *Köhler*/Bornkamm, § 4 Rn. 9.5c; i. E. ebenso zuletzt *Nemeczek*, WRP 2010, 1204 ff.
294 Vgl. stellvertretend *Emmerich*, § 11 Rn. 8; *Peukert*, S. 396 ff., 884 ff.; MünchKomm/*Wiebe*, § 4 Nr. 9 Rn. 23 ff.
295 Vgl. stellvertretend *Fezer*, WRP 2008, 1, 9; *Sack*, WRP 2005, 531, 536 f.; Piper/*Ohly*/Sosnitza, § 4 Rn. 9/79; Harte/Henning/*Sambuc*, § 4 Nr. 9 Rn. 36; *Weihrauch*, *passim*; *Schröer*, *passim*.
296 *Fezer*, WRP 2008, 1, 9; *Sack*, WRP 2005, 531, 536 f.
297 Vgl. stellvertretend Harte/Henning/*Sambuc*, § 4 Nr. 9 Rn. 36; *Ohly*, FS Ullmann, S. 795, 806 ff.; *Schröer*, *passim*.
298 *Furth*, S. 263 ff.
299 Vgl. nachfolgend V. 2. e) cc) (2) (S. 96 ff.).

waren, bis zum Einschreiten des Gesetzgebers teilweise über die lauterkeitsrechtliche Generalklausel geschützt wurden. Zu denken ist insoweit an den Schutz von Modeneuheiten, Pflanzensorten, Datenbanken, Computerprogrammen oder bekannten Marken. Lehnt man in vergleichbaren, neu auftretenden Konstellationen nunmehr einen Rückgriff auf § 3 Abs. 1 UWG ab, bestehen, wie Ohly[300] treffend anmerkt, zwei ihrerseits bedenkliche Alternativen: Entweder müsste sachlich gerechtfertigter Schutz bis zum Eingreifen des Gesetzgebers verweigert werden oder aber die Konturen der Unlauterkeitsmerkmale müssten verwässert werden. Durch einen Rückgriff auf die Generalklausel könnte der Gesetzgeber indes auch weiterhin durch die Entwicklung der Judikatur im Bereich des unmittelbaren Nachahmungsschutzes und die sich daran anschließende wissenschaftliche Diskussion zunächst für die Problematik sensibilisiert werden.[301] Es ist zwar nicht zu erwarten, dass die Legislative andernfalls zum Spielball interessengeleiteter lobbyistischer Bestrebungen würde. Aber die judikative Expertise sollte nicht von vornherein ausgeblendet werden. Schließlich wird man ein Gericht auch kaum daran hindern können, sich mit Fragen des unmittelbaren Leistungsschutzes auseinanderzusetzen, wenn es etwa einen Fall der Rufausbeutung ohne Nachahmungsschutz zu beurteilen hat, selbst wenn sich die klagende Partei nicht ausdrücklich auf die lauterkeitsrechtliche Generalklausel berufen haben sollte. Und mit derartigen Sachverhalten werden letztlich regelmäßig zunächst die Gerichte und erst später die Legislative befasst werden.

bb) Richtlinienkonforme Auslegung

Die UGP-RL enthält in Art. 5 gleichfalls eine Generalklausel. Allerdings ist der Anwendungsbereich der UGP-RL auf das Verhältnis von Unternehmen zu Verbrauchern beschränkt. Daraus folgt, dass die UGP-RL nicht für das Verhältnis zwischen Unternehmen und Mitbewerbern (Horizontalverhältnis) sowie zwischen Unternehmen und sonstigen Marktteilnehmern (Vertikalverhältnis) gilt.[302] Wie sich aus Erwägungsgrund 8 der UGP-RL ergibt, schützt sie aber mittelbar rechtmäßig handelnde Unternehmen vor Mitbewerbern, die sich nicht an die Regeln dieser Richtlinie halten. Letztlich geht es im Rahmen der richtlinienkonformen Auslegung von § 3 Abs. 1 UWG insbesondere darum, Wertungswidersprüche zu vermeiden. Dies gilt

---

300 Piper/*Ohly*/Sosnitza, § 4 Rn. 9/79.
301 Vgl. in diesem Zusammenhang auch BGH, Urt. v. 28. 10. 2010 (Entscheidungsgründe sind noch nicht veröffentlicht; Stand: 06. 01. 2011), Az. I ZR 60/09 – *Hartplatzhelden*; nachdem der I. Zivilsenat in der mündlichen Verhandlung festgestellt hatte, dass die Veröffentlichung von Filmausschnitten von Amateurfußballspielen keine nach § 4 Nr. 9 lit. b UWG unlautere Nachahmung eines zugunsten des klagenden Sportverbandes geschützten Leistungsergebnisses darstellt, wurde vom Gericht die – im Ergebnis letztlich abgelehnte – Frage eines unmittelbaren Leistungsschutzes nach § 3 Abs. 1 UWG erörtert.
302 *Köhler*/Bornkamm, § 3 Rn. 57.

etwa, wenn die lauterkeitsrechtliche Generalklausel zum Mitbewerberschutz in Fällen eingesetzt wird, in denen zwar kein Verstoß gegen die Regelungen der UGP-RL vorliegt, durch den Rückgriff auf § 3 Abs. 1 UWG aber letztlich die schützenswerten Interessen der Verbraucher zumindest mittelbar betroffen wären.

cc) Würdigung des Meinungsstands in Judikatur und Schrifttum
(1) Judikatur

In den nachfolgend zu schildernden zwei Fällen hat sich die Judikatur mit der Anwendbarkeit der lauterkeitsrechtlichen Generalklausel auf *Ambush Marketing*-Maßnahmen auseinandergesetzt:

Ohne jeglichen Bezug zu den komplexen Fragen der Anwendbarkeit des § 3 UWG 2004 auf Fälle der Rufausbeutung ohne Nachahmung[303] untersagte das LG Frankfurt/Main in einem Beschluss vom 08. 09. 2005[304], gestützt allein auf die lauterkeitsrechtliche Generalklausel, einem Unternehmen, Stofftiere, auf denen oder auf deren Bekleidung ein Fußball oder mehrere Fußbälle in Verbindung mit den Wortfolgen „*Germany 2006*" und/oder „*2006 Germany*" angebracht waren, anzubieten und/oder in den Verkehr zu bringen. Zur Begründung wies das Gericht darauf hin, das beklagte Unternehmen habe sich an den guten Ruf der von der FIFA geplanten Fußball-Weltmeisterschaft angehängt und deshalb in den Augen der Verbraucher den guten Ruf des Weltfußballverbandes ausgenutzt. Die Entscheidungsgründe blenden das komplizierte und umstrittene Verhältnis, in dem der ergänzende wettbewerbsrechtliche Leistungsschutz im Sinne des § 4 Nr. 9 lit. b UWG und die lauterkeitsrechtliche Generalklausel in Fällen der Rufausbeutung ohne Nachahmung zueinander stehen, vollkommen aus. Daher kann der Entscheidung zu dieser Frage auch keinerlei Präzedenzwirkung beigemessen werden.

In dem schon wiederholt erwähnten markenrechtlichen Verfahren zwischen dem klagenden Weltfußballverband FIFA und dem beklagten Lebensmittelproduzenten Ferrero stellt der BGH[305] fest, allein der Umstand, dass die Beklagte mit den in Rede stehenden acht registrierten und angemeldeten Marken auf die von der Klägerin veranstaltete Fußball-Weltmeisterschaft Bezug nimmt und sich deren Ruf zunutze macht, stelle keine unzulässige geschäftliche Handlung im Sinne des § 3 Abs. 1 UWG dar. Auch soweit in der Literatur[306] zum Teil angenommen werde, die in der Organisation und Durchführung einer Sportveranstaltung bestehende gewerbliche

---

303 Vgl. hierzu oben V. 2. e) aa) (S. 91 ff.).
304 LG Frankfurt, Beschl. v. 08. 09. 2005, Az. 3–08 O 98/05; kritisch hierzu bereits *Heermann*, GRUR 2006, 359, 366; *Melwitz*, S. 185 f.
305 BGH, GRUR 2010, 642, Rn. 58 = CaS 2010, 127 – *WM-Marken*.
306 Es erfolgt eine Bezugnahme auf *Lochmann*, S. 232, 242, 247 f.; *ders.*, Prisma des Sportrechts, S. 247, 277.

2. Lauterkeitsrechtliche Grenzen

Leistung sei nach § 3 UWG geschützt, werde hieraus nur ein Schutz für die Verwertung der Übertragungsrechte gefolgert. Eine solche Verwertung stehe vorliegend nicht in Rede.[307]

Die letztgenannte Aussage des BGH bedarf einerseits einer Relativierung, andererseits lässt sie – freilich nur andeutungsweise – die Grundhaltung des I. Zivilsenats zu subtilen Formen des *Ambush Marketings* im Allgemeinen erkennen. Zunächst ist festzustellen, dass nahezu zeitgleich mit der „*WM-Marken*"-Entscheidung des BGH Furth eine Monographie veröffentlichte,[308] in der – soweit ersichtlich – erstmalig eine Rufausbeutung von Sportveranstaltungen, ohne dass hierbei zugleich eine Nachahmung im Sinne von § 4 Nr. 9 UWG oder eine Verwertung der Übertragungsrechte vorliegt, unter bestimmten Voraussetzungen als Verstoß gegen § 3 Abs. 1 UWG eingestuft wird.[309] Zudem wird man im Wege eines Erst-recht-Schlusses annehmen können, dass assoziative Bezugnahmen so genannter *Ambusher*, die vielfach subtiler als die Anmeldung und Registrierung ähnlicher oder identischer Marken sind, gleichfalls keine unzulässigen geschäftlichen Handlungen im Sinne von § 3 Abs. 1 UWG darstellen.

Der klagende Weltfußballverband hatte in dem erwähnten Verfahren eine verfassungskonforme Auslegung der Generalklausel des § 3 Abs. 1 UWG 2008 im Lichte des Art. 12 Abs. 1 GG[310] gefordert. Allerdings lassen sich nach Auffassung des BGH[311] auch aus diesem Ansatz nicht die begehrten Ansprüche der Klägerin FIFA ableiten. Zum Schutz der Berufsfreiheit nach Art. 12 Abs. 1 GG gehöre zwar das Recht zur wirtschaftlichen Verwertung der beruflich erbrachten Leistung[312]; dazu rechne auch die Möglichkeit, Werbeeinnahmen zu erzielen.[313] Die Berufsfreiheit entfalte ihre Schutzwirkung aber nur gegenüber solchen Normen oder Akten, die sich entweder unmittelbar auf die Berufstätigkeit bezögen oder zumindest eine objektiv berufsregelnde Tendenz hätten.[314] Dagegen gehe es im Streitfall um eine allenfalls mittelbar wirkende Beeinträchtigung der beruflichen Tätigkeit der Klägerin durch die in Rede stehenden Markeneintragungen und -anmeldungen der Beklagten, die dem Schutz des Art. 12 Abs. 1 GG nicht unterfalle. Das grundgesetzlich geschützte Recht der Klägerin zur wirtschaftlichen Verwertung der von ihr organisierten Sportveranstaltungen begründe kei-

---

307 BGH, GRUR 2010, 642, Rn. 58 = CaS 2010, 127 – *WM-Marken*.
308 Vgl. *Furth*, S. 257 ff.
309 Vgl. hierzu ausführlich unten V. 2. e) cc) (2) (S. 96 ff.).
310 Zu den Grundrechten als Konkretisierungsinstrumente der lauterkeitsrechtlichen Generalklausel vgl. *Melwitz*, S. 196 f., 208.
311 Vgl. zum Folgenden BGH, GRUR 2010, 642, Rn. 58 = CaS 2010, 127 – *WM-Marken*.
312 BVerfGE 18, 1, 15.
313 BVerfGE 97, 228, 253.
314 BVerfGE 97, 228, 253 f. [zur *gesetzlich* geregelten Kurzberichterstattung von Sportveranstaltungen].

nen Schutz für jede wirtschaftliche Nutzung, die auf das Sportereignis Bezug nehme.

Diese Passage der Entscheidungsgründe lässt nicht genau erkennen, ob über die Registrierung und Anmeldung der streitgegenständlichen Marken hinaus auch deren Verwendung im Rechtsverkehr nur zu einer „*allenfalls mittelbar wirkenden Beeinträchtigung der beruflichen Tätigkeit*" des Sportveranstalters führt. Indes liegt die Annahme fern, dass der I. Zivilsenat nur auf der Vorstufe Markenregistrierungen und -anmeldungen als mittelbare Beeinträchtigungen, die nachfolgende Markennutzung im Geschäftsverkehr indes als unmittelbare Beeinträchtigung einstufen wollte. Zudem liegt auch hier ein Erst-recht-Schluss nahe, dass assoziative Bezugnahmen, die ebenso wie die Anmeldung und Registrierung ähnlicher oder identischer Veranstaltermarken sich auf die berufliche Tätigkeit der Sportveranstalter nur mittelbar auswirken, über die lauterkeitsrechtliche Generalklausel nicht sollen untersagt werden können. An diese Grundwertungen des I. Zivilsenats ist der Gesetzgeber zwar nicht gebunden. Allerdings sollte ihnen *de lege ferenda* bei der Einführung eines Leistungsschutzrechts für Sportveranstalter angemessen Rechnung getragen werden.[315]

(2) Unmittelbarer Leistungsschutz?

Obgleich die Rahmenbedingungen eines unmittelbaren Leistungsschutzes nach § 3 Abs. 1 UWG[316] noch keineswegs als gesichert gelten können, hat jüngst Furth[317] den Versuch unternommen, diesen Ansatz auf die lauterkeitsrechtliche Beurteilung von *Ambush Marketing*-Maßnahmen zu übertragen.[318] Da es sich hierbei nach den bisher ermittelten Ergebnissen *de lege lata* um den einzigen Erfolg versprechenden lauterkeitsrechtlichen Ansatz zur Eindämmung subtiler assoziativer Werbemaßnahmen handelt, soll er an dieser Stelle genauer analysiert werden.

Den Ausgangspunkt bildet für Furth die Annahme, es entspreche unabhängig vom Vorliegen einer Nachahmung oder lediglich einer Anlehnung nicht den Grundsätzen des Leistungswettbewerbs, den Ruf eines Mitbewerbers oder seiner Produkte für das eigene Fortkommen auszunutzen, soweit zusätzliche unlautere Umstände hinzuträten. Folglich sei die anlehnende Rufausbeutung ohne Nachahmung unter § 3 UWG zu prüfen.[319] Dabei entwickelt Furth sechs Tatbestandsvoraussetzungen,[320] deren Vorliegen im

---

315 Vgl. hierzu nachfolgend noch VII. (S. 132 ff.).
316 Vgl. hierzu oben V. 2. e) aa) (S. 91 ff.).
317 Vgl. *Furth*, S. 263 ff. m. w. N.
318 Zuvor hatte sich bereits *Jaeschke*, S. 60 f. zur Bekämpfung unlauterer assoziativer Werbung im Grundsatz für einen Rückgriff auf die Generalklausel ausgesprochen, ohne sich jedoch mit den damit verbundenen Anwendungsproblemen auseinanderzusetzen oder diesen Ansatz zu begründen.
319 *Furth*, S. 263 f.
320 *Furth*, S. 266 ff.

Hinblick auf die subtilen Formen des *Ambush Marketings* in zahlreichen Punkten bezweifelt werden kann:

(a) Schutzwürdiges Leistungserzeugnis mit wettbewerblicher Eigenart
Wie bereits zuvor im Rahmen der Ausführungen zum ergänzenden wettbewerbsrechtlichen Leistungsschutz nach § 4 Nr. 9 UWG entwickelt,[321] kommt als schutzwürdiges Leistungserzeugnis mit wettbewerblicher Eigenart allein die Sportgroßveranstaltung als solche in Betracht.

(b) Guter Ruf des auszubeutenden Leistungserzeugnisses
Im Hinblick auf die konkrete Sportveranstaltung sei – jenseits jeglicher Dopingszenarien, Wettmanipulationen, Schiedsrichterbestechungen etc. – das Vorliegen eines guten Rufes unterstellt.

(c) Anlehnung an fremdes Leistungserzeugnis
Es ist wesenstypisch für *Ambush Marketing*-Maßnahmen im Sportbereich, dass diese sich an das positive Image eines Sportevents anlehnen.

(d) Wirtschaftliche Verwertungsmöglichkeit/Übertragbarkeit des guten Rufs
Hinsichtlich dieser Voraussetzung geht Furth von dem Grundsatz aus, dass der Ruf der Großveranstaltung sich tatsächlich auf die Waren und Dienstleistungen des *Ambushers* übertragen lässt.[322] Indes würde eine Vielzahl von Personenkreisen „*am Gelingen*" der Großveranstaltung mitwirken und dabei auch maßgeblichen Einfluss auf die damit verbundenen Werbebotschaften haben. Daraus sei zu folgern, dass der Veranstalter für diejenigen Werbebotschaften, die im Rahmen einer Großveranstaltung entständen, aber nicht durch den Veranstalter zurechenbar herbeigeführt würden, keinen Schutz beanspruchen könne. Damit werde man zwischen vom Veranstalter erarbeiteten Werbebotschaften und solchen, die erst aufgrund oder im Rahmen der Durchführung der Großveranstaltung mithilfe von anderen Teilnehmern, Beteiligten oder Zuschauern entständen, differenzieren müssen.[323]

In diesem Zusammenhang arbeitet Furth zutreffend die wichtige Erkenntnis heraus, dass nur originär dem Veranstalter zuzurechnende Leistungen schützenswert sein sollen. Aber welche Werbebotschaften werden durch den Veranstalter „*zurechenbar herbeigeführt*"? Stets kann man argumentieren, dass die Sportveranstaltung als solche *Conditio sine qua non* für sämtliche von dem Event ausgehenden Werbebotschaften ist. Offenbar will Furth insoweit dem „*maßgeblichen Einfluss*" auf die Werbebotschaften besondere Bedeutung beimessen. Dann kommen zunächst die vom Sport-

---
321 Siehe oben V. 2. d) cc) (S. 89 f.).
322 *Furth*, S. 268.
323 *Furth*, S. 270 f.

veranstalter „*erarbeiteten Werbebotschaften*" in Betracht, mithin die verschiedenen Bezeichnungen der Sportveranstaltung. Diese können – wie dargestellt[324] – marken- und kennzeichenrechtlichen Schutz unterschiedlichen Umfangs genießen. Sofern hierbei aufgrund markenrechtlicher Wertungen aus Sicht der Sportveranstalter Schutzlücken verbleiben, dürfen diese nicht mithilfe des Lauterkeitsrechts ausgehebelt werden.[325] Damit verbleiben als schützenswerte Werbebotschaften der Sportveranstaltungen möglicherweise andere Attribute wie „*sportliche Höchstleistung*", „*Wettkampfverhalten*", „*nationale Verbundenheit*", „*Teamgeist*" oder „*Partystimmung*".[326] Fraglich ist, inwieweit dabei das Mitwirken der Athleten oder der übrigen Beteiligten dem Sportveranstalter zugerechnet werden kann.

Die komplexe Problematik soll am Beispiel der Olympioniken veranschaulicht werden. Wie aus Regel 41 der Olympischen Charta in der Fassung vom 07. 07. 2007 folgt, müssen sich die an Olympischen Spielen teilnehmenden Athleten, aber auch deren Betreuer, Trainer sowie andere offizielle Teammitglieder den Regelungen der Olympischen Charta unterwerfen. Regel 41 hat folgenden Wortlaut:

To be eligible for participation in the Olympic Games, a competitor, coach, trainer or other team official must comply with the Olympic Charter as well as with the rules of the IF concerned as approved by the IOC, and the competitor, coach, trainer or other team official must be entered by his NOC. The above-noted persons must notably:
– respect the spirit of fair play and non violence, and behave accordingly; and
– respect and comply in all aspects with the World Anti-Doping Code.

Hinsichtlich der Vermarktung legt Durchführungsbestimmung 41.3 zu Regel 41 der Olympischen Charta Folgendes fest:

Except as permitted by the IOC Executive Board, no competitor, coach, trainer or official who participates in the Olympic Games may allow his person, name, picture or sports performances to be used for advertising purposes during the Olympic Games.

Bei einer solchen rechtlichen Ausgangslage könnte man die Auffassung vertreten, aufgrund rechtsgeschäftlicher Vereinbarungen würden die Olympioniken dem Internationalen Olympischen Komitee (IOC) sowie dem veranstaltenden Nationalen Olympischen Komitee (NOK) und ihren organisatorischen Untergliederungen die persönlichen Vermarktungsbefugnisse

---

324 Vgl. oben V. 1. c) und d) (S. 56 ff., 71 ff.).
325 Dies erkennt auch *Furth*, S. 268.
326 *Furth*, S. 269.

zumindest für die Dauer der Olympischen Spiele übertragen, so dass auch das Mitwirken der Athleten dem Sportveranstalter zugerechnet werden könnte. Dies würde freilich zunächst voraussetzen, dass die dargestellten Verbandsstatuten wirksam sind, was etwa unter kartellrechtlichen Aspekten bezweifelt werden kann.[327] Vor diesem Hintergrund wird zugleich verständlich, dass Sportveranstalter im Laufe der vergangenen Jahre zunehmend bemüht sind, sich rechtsgeschäftlich die Vermarktungsbefugnisse der teilnehmenden Athleten und mithin deren Kommerzialisierungswert übertragen zu lassen.

Sofern und soweit von einer wirksamen Übertragung der kommerziellen Verwertungsbefugnis an den Persönlichkeitsrechten der teilnehmenden Athleten, Betreuer etc. ausgegangen werden kann (was im Grundsatz auch deren angemessene Beteiligung an den Verwertungserlösen des Sportveranstalters erfordert), kommt eine Zurechnung dieser Mitwirkenden zum Sportveranstalter in Betracht. Allerdings kann der genaue Umfang einer solchen Zurechnung kaum zuverlässig bestimmt werden.[328]

Darüber hinaus erkennt Furth,[329] es sei für den Tatbestand der Rufausbeutung nie ausreichend, dass ein Unternehmen bestimmte Wertvorstellungen mit den eigenen Waren und Dienstleistungen oder mit dem eigenen Unternehmen selbst verbinden will. Entscheidend sei vielmehr, *wie* es diese Wertvorstellungen erlangen wolle. Versuche es diese Wertvorstellungen durch eigene Leistung oder die Verknüpfung mit gemeinfreien Assoziationsträgern zu erlangen, sei dies lauterkeitsrechtlich unbedenklich, auch wenn diese Werte mit denen, die von einer Großveranstaltung transportiert würden, übereinstimmten. Die Differenzierung zwischen der Verwendung von gemeinfreien Assoziationsträgern und der Großveranstaltung als Anknüpfungspunkt der Werbemaßnahme könne im Einzelfall allerdings schwierig sein. Gerade dieser Aspekt strahlt auch auf die von Furth aufgestellte fünfte Voraussetzung für die Annahme unmittelbaren Nachahmungsschutzes bei *Ambush Marketing*-Maßnahmen aus.

(e) **Besondere unlautere Umstände**

Im Gegensatz zur Rechtsprechung des BGH will Furth[330] die besonderen unlauteren Umstände nicht im bewussten und gezielten Anhängen an große und erfolgreiche Werbeanstrengungen eines Mitbewerbers erblicken oder im anstößigen missbräuchlichen Ausnutzen des Rufs für den eigenen Warenabsatz. Er hält es vielmehr für sinnvoller, an objektive Kriterien, wie Art und Weise und Umfang der Anlehnung an die Großveranstaltung oder

---

327 Zweifel an der rechtlichen Durchsetzbarkeit derartiger Klauseln deutet *Nufer*, S. 137 an, ohne sie jedoch einer rechtlichen Prüfung zu unterziehen.
328 Vgl. *Furth*, S. 269 f. mit Beispielsfällen.
329 *Furth*, S. 273.
330 *Furth*, S. 274.

die Irreführung der angesprochenen Verkehrskreise, anzuknüpfen. So sei beispielsweise eine Anlehnung auf Grundlage sachlich unrichtiger Angaben ein die Unlauterkeit begründender Umstand. Hierbei wird allerdings vernachlässigt, dass unter den genannten Umständen bereits eine Irreführung i. S. d. § 5 UWG vorliegt, so dass sich ein Rückgriff auf die lauterkeitsrechtliche Generalklausel eigentlich erübrigen würde.

Der vorgenannten Auffassung ist insoweit zuzustimmen, dass bei assoziativen Werbemaßnahmen die Anlehnung an das Leistungserzeugnis eines Sportveranstalters für die Annahme besonderer unlauterer Umstände nicht ausreicht. Allerdings verwenden so genannte *Ambusher* regelmäßig weder sachlich unrichtige noch irreführende Angaben. Sofern deren Verhalten als missbräuchlich, schmarotzerisch, parasitär oder in ähnlicher Weise umschrieben wird, vermögen solch pejorative Begrifflichkeiten die erforderlichen Unlauterkeitsmerkmale nicht zu ersetzen. Zudem sind bei Anwendung der lauterkeitsrechtlichen Generalklausel die Interessen der Sportveranstalter, ihrer offiziellen Sponsoren und Förderer sowie der so genannten *Ambusher* und nicht zuletzt auch der Allgemeinheit angemessen zu berücksichtigen.[331] Bei dem erforderlichen Abwägungsvorgang ist darüber hinaus den bereits vorangehend ermittelten Ergebnissen zur Bewertung des *Ambush Marketings* im Lichte von Wirtschaft und Wettbewerbsfreiheit Rechnung zu tragen.[332] So vermögen etwa allein die Investitionsschutzinteressen der Sportveranstalter und deren offiziellen Sponsoren die Unlauterkeit von *Ambush Marketing*-Maßnahmen nicht zu begründen.

Kurzum: Die Hürde für die Annahme besonderer unlauterer Umstände liegt relativ hoch. Dies ist insbesondere darauf zurückzuführen, dass die Anlehnung an das positive Image eines Sportevents hierfür nicht ausreicht. Zudem dürfen die Voraussetzungen der von *Ambushern* regelmäßig nicht verletzten lauterkeitsrechtlichen Sondertatbestände nicht in unzulässiger Weise ausgehöhlt werden.

(f)   Rechtfertigung der anlehnenden Bezugnahme ohne Nachahmung

Den Ausgangspunkt für eine letzte einschränkende Voraussetzung bildet für Furth[333] die „*Aluminiumräder*"-Entscheidung des BGH[334]. Seinerzeit hatte der I. Zivilsenat eine Prüfung der Anwendbarkeit des § 3 UWG 2004 unterlassen, da eine anlehnende Bezugnahme auf ein fremdes Produkt jedenfalls dann wettbewerbsrechtlich nicht zu beanstanden sei, wenn hierfür im Einzelfall ein hinreichender Anlass bestehe und Art und Maß der Angaben im Rahmen einer zutreffenden Darstellung lägen. Hieraus folgert

---

331 Vgl. hierzu stellvertretend *Melwitz*, S. 205–219.
332 Vgl. oben IV. (S. 33 ff.).
333 *Furth*, S. 274 f.
334 BGH, GRUR 2005, 163, 165 – *Aluminiumräder*.

Furth,[335] man werde zumindest beim Vertrieb und der Bewerbung von Produkten, die vom Besucher der Großveranstaltung beim Besuch derselben genutzt werden könnten, von einem hinreichenden Anlass für die Rufausbeutung ausgehen können (treffender sollte man in diesem Kontext vermutlich nicht von einer *Ausbeutung*, sondern von einer erlaubten *Anlehnung* an den Ruf der Veranstaltung sprechen). Zu denken sei dabei an Unterbringungs- und Beförderungsdienstleistungen zu den einzelnen Veranstaltungen. Aber auch Waren, die die Zuschauer der Großveranstaltung im Rahmen derselben verwenden könnten (wie Operngläser, Sitzkissen, Stadtpläne, Sonnenhüte, Fan-T-Shirts etc.) oder technische Einrichtungen zur mittelbaren Wahrnehmung der Veranstaltung (Fernseher, Sat-Schüsseln, Receiver etc.) gehörten dazu. Anders müsste man die Situation allerdings bei Waren und Dienstleistungen beurteilen, die zwar thematisch mit der Großveranstaltung im Zusammenhang stünden, nicht aber im Zusammenhang mit ihr genutzt werden könnten (z. B. Sportbekleidung und -geräte wie Fußballschuhe, Fußbälle etc.).

Auch in diesem Zusammenhang ergeben sich – wie Furth konzediert[336] – im Einzelfall schwierige Abgrenzungsprobleme. Zudem vernachlässigt er den Grundsatz der Wettbewerbsfreiheit, der nicht nur für die Sportveranstalter und ihre offiziellen Sponsoren, sondern prinzipiell natürlich auch für die sonstigen Unternehmen gilt, selbst wenn diese assoziative Werbemaßnahmen durchführen (wollen). Unberücksichtigt bleiben sonstige wettbewerbspolitische Erwägungen wie etwa die positiven Auswirkungen des so genannten *Ambush Marketings* auf den Aufmerksamkeitswert und die Bekanntheit der Sportveranstaltung, auf kleine und mittlere Konkurrenzunternehmen der offiziellen Sponsoren und auf die übrigen Unternehmen sowie natürlich auch die Werbeadressaten.[337]

Resümierend gelangt Furth[338] zu dem Ergebnis, mit § 3 UWG 2008 liege ein Tatbestand einer anlehnenden Rufausbeutung ohne Nachahmung vor, der von seiner Zielrichtung her viele *Ambush Marketing*-Maßnahmen erfasse. Zutreffend erkennt er, dass sich innerhalb des Tatbestandes viele Abgrenzungsprobleme ergeben, so dass (zurzeit) für Veranstalter, Sponsoren oder *Ambusher* keine Rechtssicherheit hinsichtlich des Eingreifens und des Umfangs der anlehnenden Rufausbeutung vorliege; dies könne erst durch eine sorgfältige Auseinandersetzung der Rechtsprechung mit diesem Tatbestand und seinen Voraussetzungen erfolgen.

Diese Einschätzung weckt, wie die vorangehenden Erwägungen gezeigt haben, unberechtigte Erwartungen. Seit der UWG-Reform 2004 war die Judikatur mit guten Gründen sehr zurückhaltend hinsichtlich des Rück-

---

335 *Furth*, S. 275.
336 *Furth*, S. 276.
337 Siehe hierzu ausführlich oben IV. 6. b) (S. 47 ff.).
338 *Furth*, S. 279.

griffs auf die lauterkeitsrechtliche Generalklausel. Ob sich eine auf § 3 Abs. 1 UWG gestützte Fallgruppe des unmittelbaren Leistungsschutzes letztlich zu etablieren vermag, bleibt abzuwarten.[339] Der vorangehend präsentierte Ansatz vermag bereits wegen der damit verbundenen unvermeidlichen Abgrenzungsschwierigkeiten innerhalb verschiedener Anwendungsvoraussetzungen nicht zu überzeugen. Zudem hat sich gezeigt, dass insbesondere die Erfordernisse der Übertragbarkeit des guten Rufs sowie des Vorliegens besonderer unlauterer Umstände sich allenfalls in Ausnahmefällen werden nachweisen lassen. Oder aus der Perspektive der so genannten *Ambusher* formuliert: Den subtilen Formen des *Ambush Marketings* werden durch das deutsche Lauterkeitsrecht zwar Grenzen gesetzt, die jedoch nur in Ausnahmefällen verletzt werden.

(3)   Fazit

Kann man aus diesem Befund den Rückschluss ziehen, dass Werbemaßnahmen, die sich an das positive Image einer Sportgroßveranstaltung anlehnen und dadurch assoziative Wirkungen bei den Adressaten erreichen sollen, nicht durch den Rückgriff auf die lauterkeitsrechtliche Generalklausel untersagt werden können? Ist ein lauterkeitsrechtliches Einschreiten gegen die subtilen Formen des *Ambush Marketings* sachlich nicht gerechtfertigt? Die Fragen sind zu verneinen, da die Grenze zwischen subtilem und plumpem *Ambush Marketing* fließend und jeder Einzelfall anders gelagert ist, so dass sich derart pauschale Wertungen von vornherein verbieten. Vorangehend konnten indes Eckpunkte für die lauterkeitsrechtliche Bewertung assoziativer Werbemaßnahmen bestimmt werden, denen auch bei einem Rückgriff auf die Generalklausel des § 3 Abs. 1 UWG angemessen Rechnung zu tragen ist.

Vor diesem Hintergrund wird die lauterkeitsrechtliche Generalklausel zumindest kurz- und mittelfristig einen allenfalls marginalen Beitrag zur Eindämmung subtiler Formen des so genannten *Ambush Marketings* leisten können. Mit dieser zeitlichen Einschränkung ist im Ansatz der bereits von Hilty und Henning-Bodewig geäußerten Einschätzung zuzustimmen, dass etwa „*die parasitäre Ausbeutung fremder Leistungen ohne Verwechslungsgefahr*" zwar theoretisch über die Generalklausel des § 3 UWG verhindert werden könne, ein derartiger Ansatz jedoch praktisch kaum Erfolg haben dürfte.[340] Irritierend ist in dieser Einschätzung die Verwendung des Adjek-

---

339 Vgl. zuletzt auch BGH, Urt. v. 28. 10. 2010 (Entscheidungsgründe sind noch nicht veröffentlicht; Stand: 06. 01. 2011), Az. I ZR 60/09 – *Hartplatzhelden*; in dem zugrunde liegenden Fall, der die Veröffentlichung von Filmausschnitten von Amateurfußballspielen durch das beklagte Internetportal betraf, hat der I. Zivilsenat keine rechts- und sportpolitisch relevanten Umstände zu erkennen vermocht, die einen unmittelbaren Leistungsschutzes nach § 3 Abs. 1 UWG hätten rechtfertigen können.

340 *Hilty/Henning-Bodewig*, S. 70.

tivs „*parasitär*",[341] die aber vermutlich den sich anschließenden Ruf nach dem Gesetzgeber verbal untermauern soll.

3. Abwehrstrategien der Veranstalter

Die Finanzierung großer Sportveranstaltungen ist ohne die Einnahmen aus dem Sponsoring kaum mehr denkbar. So sollen etwa die offiziellen Sponsoren der Olympischen Sommerspiele 2008 in Peking etwa 866 Mio. $ zum finanziellen Erfolg der Veranstaltung beigetragen haben, wobei die zehn Topsponsoren fast die Hälfte dieser Summe gezahlt haben sollen.[342] Wenn Investoren für prestigeträchtige exklusive Vermarktungsrechte Summen in zigfacher Millionenhöhe investieren, erwarten sie vom Vertragspartner einen möglichst umfassenden Schutz ihrer Rechtspositionen. Dabei stehen, wie Phillips in knappen Worten festgestellt hat, die Höhe der Sponsoringeinnahmen und der Umfang der Maßnahmen zum Schutz der Exklusivrechte in einem gegenseitigen Abhängigkeitsverhältnis: „*The more you pay, the more protection you need; the more protection you get, the more you pay.*"[343] Damit lastet letztlich erheblicher Druck auf den Sportveranstaltern, die den Vertragspartnern überlassenen Rechtspositionen möglichst effektiv zu schützen. Hierzu bedient man sich verschiedener, vielfach kumulativ eingesetzter Verteidigungsstrategien, die nachfolgend im Überblick dargestellt und gewürdigt werden sollen.[344]

a) Markenstrategie

Insbesondere Veranstalter großer Sportereignisse wie der Olympischen Spiele sowie der Fußball-Europa- und -Weltmeisterschaften lassen auf nationaler und internationaler Ebene zur Bezeichnung der jeweiligen Veranstaltung geeignete Begriffe, Abkürzungen und Symbole schon frühzeitig als Marken für möglichst viele Waren- und Dienstleistungsklassen registrieren.[345] Dabei werden zumeist deutlich mehr Bezeichnungen eingetragen, als letztlich seitens der Veranstalter benutzt werden. In diesem Zusammen-

---

341 Im weiteren Verlauf des Gutachtens wird diese pejorative Begrifflichkeit nochmals aufgegriffen und festgestellt, dass „*sich das UWG gerade aus dem Bereich des Schutzes der parasitären Übernahme fremder Leistungen ohne Verwechslungsgefahr [...] zurückgezogen hat*"; vgl. Hilty/Henning-Bodewig, S. 84.
342 *Harris/Schmitz/O'Hare*, Ent. L.R. 2009, 74.
343 *Phillips*, J.I.P.L.P. 2005, 79.
344 Ausführlich hierzu *Johnson*, Ambush Marketing, Rn. 9–01 ff.; vgl. außerdem *Garrigues*, E.I.P.R. 2002, 505, 506 f.; *Miller*, I.S.L.R. 2008, Heft 4, 44, 45 ff.; *Fehrmann*, S. 45–47; *Jedlitschka*, SpuRt 2007, 184 ff.; *Mestre*, S. 90 f.
345 Vgl. etwa zur Markenstrategie und zum Rechtsschutzprogramm der FIFA anlässlich der Fußball-Weltmeisterschaft 2006 *Nufer*, S. 126 ff.; *Jaeschke*, S. 23 f.; *Heermann*, ZEuP 2007, 535, 575 f.; zu vergleichbaren Maßnahmen der UEFA im Vorfeld der Fußball-Europameisterschaft 2008 siehe *Thaler*, CaS 2008, 160, 169 f., 173 f.

hang weichen Veranstalter mitunter geschickt dem nahe liegenden Vorwurf bösgläubiger Markenanmeldungen aus.[346]

So hatten in dem bereits erwähnten Verfahren Ferrero ./. FIFA[347] die Antragsteller ihre Rechtsbeschwerde auch auf den rechtlichen Gesichtspunkt einer bösgläubigen Markenanmeldung im Sinne von § 8 Abs. 2 Nr. 10 MarkenG[348] gestützt. Die Markeninhaberin hatte im Jahr 2005 „*Richtlinien zur Verwendung der FIFA Fußball-Weltmeisterschaft 2006-Marken*" herausgegeben[349] und in der Folge im Zusammenhang mit der von ihr veranstalteten Fußball-Weltmeisterschaft ausschließlich Angaben mit dem Zusatz „*FIFA*" verwendet. Dieser Umstand ließ nach Auffassung des BGH[350] aber nicht den Rückschluss zu, die Markeninhaberin hätte schon im Zeitpunkt der Eintragung der Streitmarken „*FUSSBALL WM 2006*" und „*WM 2006*" – allein dieser ist nach vorherrschender Auffassung maßgeblich[351] – keinen ernsthaften Benutzungswillen gehabt und die Marken nur zur Verfolgung sittenwidriger Behinderungszwecke angemeldet. Tatsächlich wurden die Richtlinien vier Jahre nach der Anmeldung bzw. drei Jahre nach der Eintragung der streitgegenständlichen Marken veröffentlicht.

Sofern die Eintragungsfähigkeit einzelner Marken – wie im zuvor genannten Verfahren – von Dritten auf dem Rechtsweg angegriffen wird, kann so viel Zeit bis zu einer rechtskräftigen Entscheidung vergehen, dass die Sportveranstaltung und der damit einhergehende Werbeeffekt zwischenzeitlich bereits der Vergangenheit angehören. Damit kann ein nach jahrelangem Prozessieren rechtskräftig festgestellter Markenlöschungsantrag für die obsiegende Partei schnell zu einem Pyrrhussieg werden. Diese Umstände machen sich Sportveranstalter mitunter dadurch zunutze, dass sie unabhängig von den Erfolgsaussichten Rechtsmittel einlegen, um eine Löschung der eingetragenen Marken möglichst lange zu verhindern. Darüber hinaus hatte beispielsweise die FIFA im Vorfeld der Fußball-Weltmeisterschaft 2006 ein so genanntes „*Monitoringverfahren*" installiert,[352] bei dem weltweit Markenregistrierungen verfolgt und Verletzungen der eigenen eingetragenen Marken aufgespürt wurden, um erforderlichenfalls rechtliche Gegenmaßnahmen einzuleiten. Auch anlässlich der nachfolgen-

---

346 Insoweit zweifelnd im Hinblick auf die Fußball-Weltmeisterschaft 2010 in Südafrika *Wittneben*, GRUR Int. 2010, 287, 290.
347 BGHZ 167, 278 = GRUR 2006, 850 = WRP 2006, 1121– *FUSSBALL WM 2006*, vgl. hierzu oben III. 1. (S. 24 ff.) und nachfolgend VI. 1. c) (S. 117 f.), jeweils m. w. N.
348 Vgl. hierzu bereits oben V. 1. c) ee) (S. 66 f.).
349 Vgl. hierzu ausführlich *Nufer*, S. 128–130 sowie Anhänge A1 und A2.
350 BGHZ 167, 278, Rn. 42 – *FUSSBALL WM 2006*.
351 Vgl. Bundestags-Drucksache 15/1075, S. 68 zu § 50 Abs. 2 MarkenG; in diesem Sinne auch *Ingerl/Rohnke*, § 50 MarkenG, Rn. 17.
352 *P. Müller*, ZEuP 2007, 586, 588; *Fehrmann*, S. 46; *Nufer*, S. 126 f.

den Fußball-Weltmeisterschaft 2010 in Südafrika installierte die FIFA wieder ein effektives Schutzprogramm.[353]

Ein derartiges Kennzeichenschutzprogramm ist sicherlich zeit- und kostenaufwändig. Der Einrichtung eines solchen Programms wird aber regelmäßig kaufmännisches Kalkül zugrunde liegen, sofern die Kosten zum Schutz und zur Verteidigung der eigenen Rechtsposition geringer sind als die finanziellen und wirtschaftlichen Nachteile, die aus einer Löschung eingetragener Bezeichnungen vor dem Beginn der Sportgroßveranstaltung resultieren. Hierzu würde nicht zuletzt auch die negative Berichterstattung über den Verfahrensausgang im Vorfeld des Sportereignisses zählen, durch die zudem unliebsame Nachahmer angelockt werden könnten.

b) Hausrecht

Gestützt auf ihr Hausrecht, setzen die Veranstalter von Sportgroßereignissen Werbebeschränkungen innerhalb der Sportstätte und regelmäßig auch in deren räumlichem Umfeld durch.[354] Der durch geeignete Absperrmaßnahmen abgegrenzte Bereich kann nur mit einem entsprechenden Legitimationspapier sowie nach einer Zugangskontrolle betreten werden. Je nach Gestaltung der mit dem Erwerb der Eintrittskarte verbundenen Allgemeinen Geschäftsbedingungen kann dadurch zusätzlich die Durchführung von *Ambush Marketing*-Maßnahmen unmittelbar am Ort des Sportevents erschwert oder unterbunden werden[355] – zumindest soweit diese von Zuschauern ausgehen. Wie noch im Detail darzulegen sein wird,[356] stößt eine auf das Hausrecht und die Ticketbedingungen gestützte Abwehrstrategie gegen so genannte *Ambusher* an ihre Grenzen, soweit die assoziativen Werbemaßnahmen zugunsten Unternehmen, die nicht zum Kreis der offiziellen Sponsoren gehören, etwa von den Athleten selbst oder auch von offiziellen Gästen ausgehen.

c) Vertragliche Vereinbarungen zwischen Veranstalter und Gastgeberstadt

Einen wichtigen Baustein in der Abwehrstrategie zumindest der Veranstalter von sportlichen Großereignissen mit internationalem Aufmerksamkeitswert bilden vertragliche Vereinbarungen mit der jeweiligen Gastgeberstadt (so genannte *Host City Contracts*).[357] Durch die entsprechenden Vertrags-

---

353 Vgl. hierzu *Blackshaw*, ISLJ 2010, 32, 32 f., 35 ff.; *Wittneben*, GRUR Int. 2010, 287, 288 f. m. w. N.
354 Ausführlich hierzu *Fehrmann*, S. 46, 179 ff.; vgl. auch *Nufer*, S. 79 f., 127 f., 130 f.; zur Rechtslage in der Schweiz siehe *Thaler*, CaS 2008, 160, 166.
355 Vgl. hierzu *Nufer*, S. 131.
356 Vgl. oben bereits III. 2. (S. 27 ff.) und nachfolgend VI. 2. (S. 118 ff.).
357 Vgl. hierzu *Fehrmann*, S. 46, 179 ff.; *Jedlitschka*, SpuRt 2007, 184, 187 f.; *Padley*, I.S.L.R. 2007, Heft 3, 33; insoweit kritisch zur Einrichtung werbefreier so genannter Bannmeilen *Jaeschke*, S. 62–64.

werke, die durchaus Buchumfang annehmen können und vielfach durch ebenso umfangreiche wie detaillierte Auflagen und Bedingungen zu Lasten der gastgebenden Kommune gekennzeichnet sind, soll auch das Umfeld der Sportstätte(n), das nicht dem Hausrecht unterfällt, möglichst umfassend als Werbeplattform den offiziellen Sponsoren vorbehalten werden. Dabei sind zu unterscheiden der jedermann ohne Zugangskontrolle eröffnete Bereich des Veranstaltungsgeländes, der dem öffentlichen Verkehr gewidmete Raum in Stadionnähe einschließlich der Zufahrtsstraßen sowie das sonstige Gelände im Umfeld der Sportstätte, das nicht der Öffentlichkeit gewidmet ist (insbesondere Privatgrundstücke und -wege). Zumindest in den beiden erstgenannten Bereichen kann die Gastgeberstadt polizei-, versammlungs- und/oder bauordnungsrechtliche Befugnisse ausüben[358] und so z. B. im öffentlichen Raum die massenweise Verteilung von Werbeartikeln oder das Aufstellen von Plakattafeln durch so genannte *Ambusher* weitgehend eindämmen. Hinsichtlich des im Privateigentum befindlichen Geländes in unmittelbarer Nähe zum Veranstaltungsort wird durch zusätzliche Maßnahmen versucht, dass dieser Raum etwa durch Anmieten ausschließlich Werbemaßnahmen der offiziellen Sponsoren oder Veranstalter vorbehalten bleibt.[359]

d) Aufklärungskampagnen

Insbesondere im Vorfeld großer Sportevents sind Veranstalter in den letzten Jahren verstärkt dazu übergegangen, über Aufklärungsprogramme die offiziellen Sponsoren und Förderer über ihren Status hinaus noch in besonderer Weise herauszustellen.[360] Regelmäßig wird dabei zugleich auf die Gefahren hingewiesen, die vom so genannten *Ambush Marketing* ausgehen sollen.[361] Bereits die Bezeichnungen dieser Programme zeugen zumindest tendenziell von der Stoßrichtung der Argumentation: *„Sponsor-Aufmerksamkeitsprogramme"*, *„Aufklärungs- sowie Sponsor-Erinnerungsprogramme"*;[362] *„name-and-shame-Aktionen"*, *„blame-and-shame-Aktionen"*;[363] *„Education and Shaming"*-Strategien.[364]

Diese Maßnahmen verfehlen zumeist nicht ihren Zweck. Unternehmen, die hinsichtlich ihrer eigenen Werbemaßnahmen Assoziationen zu dem Sportgroßereignis in Erwägung ziehen, werden für die Gesamtproblematik

---

358 Vgl. hierzu stellvertretend am Beispiel der Fußball-Weltmeisterschaft 2006 *Jedlitschka*, SpuRt 2007, 184, 185 ff. m. w. N.
359 Vgl. hierzu stellvertretend *Harris/Schmitz/O'Hare*, Ent. L.R. 2009, 74; *Nufer*, S. 127 f.
360 Vgl. hierzu auch *Fehrmann*, S. 47; *Miller*, I.S.L.R. 2008, Heft 4, 44, 46 f.; *Vassallo/Blemaster/Werner*, 95 Trademark Rep. 2005, 1338, 1354.
361 Vgl. zu einer Analyse der typischerweise benannten Gefahren nachfolgend IV. 2.-6. (S. 34 ff.).
362 *Berberich*, SpuRt 2006, 181, 183, 185.
363 *Noth*, Sport und Recht, 3. Tagungsband, S. 19, 59.
364 *Wittneben/Soldner*, WRP 2006, 1175, 1180.

sensibilisiert und – je nach Ausgestaltung der Aufklärungsprogramme und eigener Kenntnis der rechtlichen Rahmenbedingungen – mehr oder weniger abgeschreckt. Zudem wird in der Öffentlichkeit, nicht zuletzt auch auf politischer Ebene der Eindruck erweckt oder verstärkt, so genanntes *Ambush Marketing* sei aus ethischen, ökonomischen, sportpolitischen und/oder rechtlichen Gründen bedenklich, wenn nicht sogar abzulehnen. Trotz der Bezeichnung als *Aufklärungs*programme oder -kampagnen wird hierdurch nur ein begrenzter Beitrag zur Rechtssicherheit geleistet.[365] Denn je näher das Sportereignis rückt, desto häufiger werden Werbeadressaten in den verschiedenen Medien Kampagnen ausgesetzt, in denen nicht zum Kreis der offiziellen Sponsoren gehörende Unternehmen in unterschiedlichem Maß Assoziationen zu dem Sportevent herstellen, ohne dass diese Werbung vom Veranstalter oder den offiziellen Sponsoren unterbunden wird. Die Gründe hierfür bleiben im Dunkeln. Allerdings bleibt bei den Marketingmaßnahmen planenden Unternehmen der Eindruck, dass ein rechtlicher Freiraum verbleibt, in dem Assoziationen zu dem bevorstehenden Sportereignis hergestellt werden können. Hierzu äußern sich die Aufklärungsprogramme indes aus nachvollziehbaren Gründen nicht oder allenfalls vage. Ob und – wenn ja – inwieweit hierzulande derzeit solche Freiräume bestehen, wird nachfolgend anhand der bereits dargestellten aktuellen Beispielsfälle ermittelt werden.[366]

e) Ambush-Polizei

Über die Einhaltung der Grenzen, die den so genannten *Ambushern* insbesondere durch die Markenstrategie des Veranstalters, sein Hausrecht sowie die tatsächliche Umsetzung der Verpflichtungen aus den *Host City Contracts* gesetzt werden, wacht am Ort des Sportevents sowie im näheren und weiteren Umfeld mitunter eine so genannte *Ambush*-Polizei.[367] Diese kann sich aus Beteiligten verschiedener Akteure zusammensetzen, so etwa Repräsentanten der Rechtsabteilung des veranstaltenden Sportverbandes, den örtlich für die Durchsetzung polizeilicher und bauordnungsrechtlicher Maßnahmen zuständigen Behörden sowie auch der offiziellen Sponsoren. Schließlich können zur *Ambush*-Polizei im weiteren Sinne diejenigen Personen gezählt werden, die im Auftrag des veranstaltenden Sportverbandes ein Kennzeichenschutzprogramm umsetzen.[368]

---

365 Vgl. hierzu auch *Thaler*, CaS 2008, 160, 161, der die Erfahrungen in der Schweiz sowie in Österreich im Vorfeld der Fußball-Europameisterschaft 2008 in den genannten Ländern schildert.
366 Vgl. zum einen nachfolgend VI. 1.-7. (S. 116 ff.) und zum anderen oben III. 1.-6. (S. 24 ff.).
367 Instruktiv am Beispiel der Fußball-Weltmeisterschaft 2006 in Deutschland *P. Müller*, ZEuP 2007, 586, 589.
368 Vgl. hierzu oben V. 3. a) am Ende (S. 105).

f) Einführung von Sondergesetzen

Zumindest den Veranstaltern der größten und bedeutendsten Sportereignisse ist bewusst, dass die vorgenannten Maßnahmen die Exklusivrechte der offiziellen Sponsoren zwar in erheblichem Umfang, letztlich aber nicht vollständig zu schützen vermögen. Deshalb hat etwa das Internationale Olympische Komitee (IOC) in der Vergangenheit wiederholt seine überlegene Verhandlungsmacht gegenüber den Bewerberstädten für die Durchführung Olympischer Spiele dahingehend genutzt, dass Letztere sich verpflichten, einen möglichst umfassenden („*best efforts*") rechtlichen Schutz der olympischen Embleme und Symbole im gastgebenden Land herbeizuführen.[369] Wenn entsprechende Maßnahmen nicht bereits bestehen oder deren Umsetzung nicht in Aussicht gestellt wird, sind die Chancen der betreffenden Bewerberstadt gering, letztlich den Zuschlag zu erhalten.[370]

Die Einführung von Sonderschutzgesetzen[371], die auf ein spezielles Sportevent oder auf eine bestimmte Gruppe von Sportveranstaltungen zugeschnitten sind, bietet den veranstaltenden Verbänden, unter Umständen aber auch den betreffenden Ländern zahlreiche Vorteile:

– Erheblich ist der Abschreckungseffekt, der von derartigen Gesetzen ausgeht. Dies setzt freilich voraus, dass die einschlägigen Regelungen etwa über Aufklärungskampagnen publik gemacht werden. Die abschreckende Wirkung lässt sich noch steigern, wenn die Öffentlichkeit in gleicher Weise über erfolgreich auf das Gesetz gestützte Rechtsdurchsetzungen unterrichtet wird.

– Üblicherweise und nahezu unausweichlich verfügen derartige Sondergesetze über generalklauselartige Verbotstatbestände, damit dem Rechtsanwender eine gewisse Flexibilität verbleibt und auch zur Zeit des Inkrafttretens des Sondergesetzes noch nicht vorhersehbare Entwicklungen ohne Gesetzesänderung erfasst werden können. Diese Umstände führen angesichts des interpretationsbedürftigen Gesetzeswortlauts notwen-

---

369 Vgl. hierzu etwa hinsichtlich des Bewerbungsprozesses für die Olympischen Sommerspiele 2012 in London *Michalos*, I.S.L.R. 2006, Heft 3, 64 m. w. N. Ausführlich zum spezialgesetzlichen Schutz der Olympischen Spiele und der Paralympischen Spiele *Johnson*, Ambush Marketing, Rn. 4–01 ff.
370 Siehe hierzu auch nachfolgend VII. 6. a) (S. 148 ff.).
371 Mitunter scheitert indes die Einführung von Sondertatbeständen zur Eindämmung des so genannten *Ambush Marketings*, wie etwa in der Schweiz die noch vor der EURO 2008 geplante Ergänzung des UWG um einen neuen Art. 3 lit. e mit folgendem Wortlaut: „*Unlauter handelt insbesondere, wer: ohne hinreichenden Grund in schmarotzerischer Weise Bezug auf Dritte, ihre Waren, Werke oder Leistungen nimmt und dadurch deren Ruf ausnutzt.*"; vgl. hierzu *Noth*, S. 138 f.; kritisch *Hilty/Henning-Bodewig*, S. 83 f.

digerweise zu einer gewissen Rechtsunsicherheit.[372] Präzedenzfälle sind zumindest in den ersten Jahren nach Inkrafttreten eines solchen Sondergesetzes regelmäßig rar, wenn überhaupt existent. Zudem ist zu berücksichtigen, dass aus der Perspektive der Veranstalter von einem abstrakt formulierten Verbotstatbestand durchaus ein größerer Abschreckungseffekt ausgehen kann als von einer obsiegenden gerichtlichen Entscheidung, die jeweils nur eine bestimmte Fallkonstellation erfasst.

– Zusätzlich lässt sich die Rechtsunsicherheit schüren, wenn potentielle Kläger, zumeist also veranstaltende Sportverbände, die potentiellen Adressaten bewusst oder unbewusst darüber im Ungewissen lassen, unter welchen Voraussetzungen sie Ansprüche aus einem Sondergesetz durchsetzen werden. Einerseits geben hier zwar im Rahmen von Aufklärungskampagnen mitunter scharf und *prima facie* exakt formulierte *Guidelines* der Veranstalter Hinweise auf die zu erwartende Anwendungspraxis. Sobald sich hiergegen in der Öffentlichkeit Widerstand regt, wird in weniger exakt formulierten Pressemitteilungen bekannt gegeben, man werde sich an der Schwere der Rechtsverletzung orientieren und etwa gegen das Backen so genannter „*WM-Brötchen*" nicht einschreiten.[373]

– Zudem gewähren Sondergesetze nicht zu unterschätzende Taktik- und Zeitvorteile. Die Veranstalter als potentielle Kläger können die Einleitung von gerichtlichen Verfahren erfahrungsgemäß zeitlich so gestalten, dass mit einer rechtskräftigen Entscheidung frühestens kurz vor Beginn des Sportevents zu rechnen ist. Wenn im Instanzenzug eine Klageabweisung und eine damit einhergehende negative Presseberichterstattung zu befürchten sind, bieten sich als Auswege eine Verzögerung des Verfahrens oder die Beilegung des Rechtsstreits im Wege des Vergleichs an. Kurzum: Das Zeitfenster, innerhalb dessen ein Sportveranstalter für ihn ungünstige Gerichtsentscheidungen zu befürchten hat, ist begrenzt. Zwar nicht unbegrenzt, so aber doch vielfältig sind die prozessual-taktischen Möglichkeiten, derlei zu verhindern oder zumindest zu verzögern.

– Und wenn sich schließlich der Anwendungsbereich eines bestehenden Sondergesetzes nicht nur auf ein bestimmtes Sportereignis, sondern etwa allgemein auf sämtliche Sportgroßveranstaltungen eines bestimmten Zuschnitts erstreckt, steigert das betreffende Land dadurch seine

---

372 Dies belegt exemplarisch der sondergesetzliche Schutz gegen *Ambush Marketing* anlässlich der Olympischen Sommerspiele 2012 in London; vgl. hierzu nachfolgend VII. 6.; ähnliche Bedenken äußert *Furth*, S. 506, 509.

373 Zu vergleichbaren Erfahrungen im Vorfeld der Olympischen Sommerspiele 2012 in London siehe *Dore*, I.S.L.R. 2006, Heft 1, 40, 45; *Harris/Schmitz/O'Hare*, Ent. L.R. 2009, 20(3), 74, 76; zu Erfahrungen im Vorfeld der Fußball-Europameisterschaft 2008 in Österreich und der Schweiz vgl. *Thaler*, CaS 2008, 160, 161 m. w. N.; vgl. in diesem Zusammenhang auch nachfolgend VII. 6. b) (S. 152 ff.).

Attraktivität im Hinblick auf Sportereignisse, deren Durchführung traditionell nicht an einen bestimmten Ort oder ein bestimmtes Land gebunden ist.[374]

g) Sonstige

Zur Eindämmung des so genannten *Ambush Marketings* werden über die genannten Maßnahmen hinaus noch weitere Ansätze propagiert. Dabei spielt zunächst das Instrument der Abschreckung eine zentrale Rolle, das sich über die Einführung von Sondergesetzen hinaus[375] in verschiedener Weise durchsetzen lässt:[376] Protestschreiben der Veranstalter an so genannte *Ambusher*, Abmahnungen mit Klageandrohung, Platzierung von Beschwerden über so genannte *Ambusher* in den Medien und sonstige Public Relations-Maßnahmen (z. B. Veröffentlichung offener Briefe an Unternehmen, die assoziative Werbemaßnahmen bereits durchführen oder auch nur angekündigt haben).

Im strikten Gegensatz hierzu steht die von Entscheidungsträgern in der Sponsoringbranche im Rahmen einer Umfrage mit großer Mehrheit (mehr als 90 %) geäußerte Einschätzung, in der Einleitung gerichtlicher Schritte liege das effektivste Mittel im Kampf gegen das so genannte *Ambush Marketing*.[377] Wie im nachfolgenden Abschnitt darzulegen sein wird, ist dieser Ansatz mit erheblichen Unwägbarkeiten und Nachteilen verbunden. Allerdings geht bereits von der Veröffentlichung derartiger Umfrageergebnisse wiederum ein deutlicher Abschreckungseffekt gegenüber Unternehmen aus, die für eigene Werbemaßnahmen zwar kein offizielles Sponsoring einer Sportveranstaltung, so aber doch entsprechende assoziative Werbemaßnahmen planen.

h) Negative Auswirkungen?

In der bisherigen Diskussion wird – wie auch hier in den vorangehenden Abschnitten – üblicherweise das Arsenal der den Veranstaltern zur Verfügung stehenden Verteidigungsmittel aufgelistet, die sich aus verschiedenen rechtlichen und tatsächlichen Maßnahmen zusammensetzen. Demgegenüber werden die mit dem Einsatz dieser Mittel verbundenen negativen Auswirkungen vielfach vernachlässigt. Tatsächlich befinden sich die auf beträchtliche Sponsoringerlöse angewiesenen Sportveranstalter in einer schwierigen Situation: Einerseits schuldet man regelmäßig den offiziellen Sponsoren vertraglich einen möglichst umfassenden Schutz

---

374 *Wittneben*, GRUR Int. 2010, 287, 295.
375 Siehe hierzu V. 3. f) (S. 108 ff.) und VII. 6. (S. 147 ff.).
376 Vgl. hierzu *Bean*, 75 B.U. L. Rev.1995, 1099, 1132 f. mit Beispielen.
377 *McKelvey/Grady*, 21 WTR Ent. & Sports Law. 2004, 8, 13 m. w. N.

ihrer exklusiven Rechtspositionen („*best efforts/reasonable efforts*");[378] andererseits sind entsprechende Maßnahmen mit den tatsächlichen oder den mitunter schwer einzuschätzenden potentiellen ökonomischen Folgewirkungen abzuwägen.

Zunächst werden Sportveranstalter – unter Umständen mit Unterstützung der so genannten *Ambush*-Polizei – in Erfüllung ihrer vertraglichen Verpflichtungen gegenüber den offiziellen Sponsoren versuchen, *Ambush Marketing*-Maßnahmen möglichst schnell zu unterbinden. Mitunter erlangt durch derartige Maßnahmen aber der *Ambusher* zumindest vorübergehend eine deutlich höhere öffentliche Aufmerksamkeit als sein Wettbewerber, der den Status eines offiziellen Sponsors hat:

– Beispielhaft erwähnt seien die holländischen Fußballfans, die anlässlich eines Spiels der Fußball-Weltmeisterschaft 2006 beim Betreten des Fußballstadions in Stuttgart im wahrsten Sinne des Wortes ihre „*Hosen herunterlassen*" mussten.[379] An zahlreiche Fans des niederländischen Teams (Oranje) waren zuvor von der holländischen Brauerei „*Bavaria*" im Rahmen einer Verkaufsaktion Hosen verteilt worden, die im Schnitt einer Lederhose und in der Farbgebung der typischen Spielkleidung der Nationalspieler glichen sowie einen deutlich erkennbaren Namenszug des Bierbrauerei aufwiesen. Diese Entkleidungsmaßnahme brachte der holländischen Brauerei aufgrund der zahlreichen Berichte hierüber in verschiedenen Medien letztlich vermutlich einen höheren, ob der originellen Werbemaßnahme vermutlich überwiegend positiven (und zudem vergleichsweise günstig erlangten) Aufmerksamkeitswert, als wenn der Veranstalter von vornherein auf die Entkleidungsaktion verzichtet hätte.[380] Gerade damit hätte sich indes der seinerzeitige offizielle Sponsor, der U.S. Bierkonzern „*Anheuser Busch*", vermutlich nicht zufrieden gegeben.

– Vier Jahre später sorgte eine Marketing-Aktion der gleichen niederländischen Brauerei wiederum für Furore. Anlässlich der Fußball-Weltmeisterschaft 2010 in Südafrika nahm die dortige Polizei vorübergehend zwei weibliche holländische Fans wegen „*illegaler Werbung*" fest. Zusammen mit 34 anderen weiblichen Fans hatten sie das Spiel der Niederlande gegen Dänemark besuchen wollen. Anstoß nahmen die Ordnungshüter dieses Mal an einheitlichen, eng anliegenden Minikleidern in den Farben der holländischen Nationaltrikots und versehen mit dem Logo der Bavaria-Brauerei, die wiederum im Rahmen einer vorangegangenen Verkaufs-

---

[378] Vgl. zu diesem Aspekt *McKelvey/Grady*, 21 WTR Ent. & Sports Law. 2004, 8, 14 mit einem Formulierungsvorschlag.
[379] Vgl. hierzu stellvertretend *Nufer*, S. 144 f.
[380] So *Miller*, I.S.L.R. 2008, Heft 4, 44, 46; ähnlich *Nufer*, S. 145.

aktion verteilt worden waren.[381] Die Aufmerksamkeit, die der niederländischen Brauerei anlässlich der Festnahmen und der Berichterstattung hierüber in sämtlichen Medien zuteil wurde, war enorm.
In vergleichbarer Weise kann sich die Einleitung rechtlicher Schritte gegen so genannte *Ambusher* für die Veranstalter als kontraproduktiv erweisen. Folgende Aspekte spielen für den Abwägungsvorgang, der einer solchen Maßnahme vorausgehen sollte, eine maßgebliche Rolle:[382]

– Die Erfolgschancen einstweiligen Rechtsschutzes oder einer Klage sind vielfach in Ermangelung einschlägiger Präzedenzfälle schwer abzuschätzen, damit ist die Anwendungs- und Auslegungspraxis des befassten staatlichen Gerichts ungewiss.[383]
– Zudem werden Unternehmen, denen seitens der Veranstalter eine Verletzung sondergesetzlicher Vorschriften vorgeworfen wird, regelmäßig verfassungsrechtliche Bedenken gegen das Gesetz oder die betreffende Norm erheben und sich auf die auch im kommerziellen Verkehr geltende Meinungsäußerungsfreiheit berufen.
– Zu berücksichtigen ist darüber hinaus auch die voraussichtliche Dauer der betreffenden Werbemaßnahme sowie – damit verbunden – das zu erwartende Ausmaß der Durchdringung der relevanten Zielgruppe auf der Seite der Werbeadressaten.
– Kaum abschätzbare Folgen kann für Veranstalter eine Niederlage vor Gericht nach sich ziehen, selbst wenn die Entscheidung noch keine Rechtskraft erlangt hat. Eine solche Niederlage gegen den vermeintlichen *Ambusher* kann Nachahmer ebenso ermutigen wie Unternehmen, die sich aufgrund des vom Veranstalter veranlassten Abschreckungseffekts bislang mit assoziativen Werbemaßnahmen zurückgehalten hatten. Veranstalter werden den negativen Ausgang einer Auseinandersetzung vor Gericht umso eher hinnehmen, je geringer bereits aus zeitlichen Gründen die Wahrscheinlichkeit ist, dass Nichtsponsoren Assoziationswerbung noch vor dem Sportevent werden realisieren können.
– Ein weiterer Grund, insbesondere gegen größere und mittelgroße Unternehmen nicht allzu rigoros, sondern allenfalls vorsichtig und diskret rechtliche Schritte einzuleiten, mag darin liegen, dass die Sportverbände potentielle künftige Sponsoren nicht verstimmen möchten. Sponsoring-

---

381 Vgl. hierzu FAZ vom 18. 06. 2010, S. 31 („*Unverschämte Festnahme – Niederlande empört über Haftbefehl gegen zwei Fans*").
382 Vgl. hierzu auch *Bean*, 75 B.U. L. Rev. 1995, 1099, 1101; *Vassallo/Blemaster/Werner*, 95 Trademark Rep. 2005, 1338, 1353 f.
383 Diese Erfahrung machte in Deutschland das Nationale Olympische Komitee, als es anlässlich der Olympischen Sommerspiele 2004 in Athen rechtliche Schritte gegen einen Zigarettenhersteller einleitete; zum Sachverhalt vgl. bereits III. 1. (S. 26), zu den in ihrer Begründung durchaus erstaunlichen Entscheidungsgründen siehe LG Darmstadt, CaS 2006, 278 ff. mit Anmerkung *Heermann*.

verträge gewähren den offiziellen Sponsoren exklusive Rechte, allerdings nur für einen begrenzten Zeitraum. Irgendwann kommt der Zeitpunkt, zu dem der Veranstalter auf neue zahlungskräftige Sponsoren angewiesen sein wird.
- Nicht nur der Veranstalter des Sportevents, sondern auch die teilnehmenden Nationalverbände oder Mannschaften sind regelmäßig auf Sponsoringeinnahmen angewiesen. Eine allzu strikte rechtliche Verfolgung sämtlicher potentieller *Ambush Marketing*-Maßnahmen könnte die eigenen Vermarktungsaktivitäten der Teilnehmer an der Sportveranstaltung erschweren, zumal deren Sponsoren vielfach auch als potentielle Sponsoren des Sportveranstalters in Betracht kommen.
- Ein letzter, für die Wahrnehmung und Wertschätzung eines Sportevents in der Öffentlichkeit wichtiger Aspekt sollte nicht vernachlässigt werden: Bei rechtlichen Auseinandersetzungen etwa zwischen einem großen Sport(dach)verband und einem angeblichen *Ambusher* sind in den Medien und bei deren Adressaten die Sympathien tendenziell einseitig zugunsten einer Partei verteilt. Und dabei handelt es sich – allen Image- und Aufklärungskampagnen zum Trotz – zumeist nicht um den Veranstalter. Dieser wird nicht zuletzt aus durchaus berechtigten wirtschaftlichen Interessen vermeiden wollen, in den Medien als primär kommerzielle Ziele verfolgender Sportverband dargestellt zu werden.

Die zuvor beschriebenen und mitunter schwer einzuschätzenden Risiken mögen der Hauptgrund sein, weshalb die Judikatur zu *Ambush Marketing*-Maßnahmen nicht nur in Deutschland sehr überschaubar ist. Dies sollte nicht zu dem Fehlschluss veranlassen, dass Sportveranstalter bei der Verfolgung von Rechtsverstößen zurückhaltend wären. Vielmehr hat es den Anschein, dass bei relativ klarer Rechtslage und bei einer für die Veranstalter günstigen Prozessprognose insbesondere im Rahmen von Kennzeichenschutzprogrammen Verstöße gegen Marken-, Geschmacksmuster- und Urheberrechte mitunter in großer Zahl verfolgt werden. Demgegenüber geben die Sportveranstalter der Judikatur nur vergleichsweise selten Gelegenheit, sich mit der Rechtmäßigkeit der subtilen Formen der Assoziationswerbung – wie sie bereits oben im Detail beschrieben wurden[384] – auseinanderzusetzen.

4. Abwehrstrategien der offiziellen Sponsoren

Die im vorangehenden Abschnitt beschriebenen verschiedenen Ansätze der Sportveranstalter zur Eindämmung des so genannten *Ambush Marketings* sind in erheblichem Ausmaß dem Druck der offiziellen Sponsoren geschuldet und tragen dem Schutz ihrer exklusiven Rechtspositionen bereits in

---

384 Vgl. oben III. 1.-6. (S. 24 ff.).

weitem Umfang Rechnung. Zunehmend verpflichten sich Veranstalter in den zugrunde liegenden Sponsoringverträgen, „best efforts/reasonable efforts" im Hinblick auf die Verhinderung von *Ambush Marketing*-Maßnahmen zu unternehmen.[385] Aufgrund des Hausrechts der Sportveranstalter sowie der von diesen mit den Veranstalterstädten abgeschlossenen Verträge werden die Werbeflächen in der Sportstätte sowie in ihrer näheren Umgebung den offiziellen Sponsoren vorbehalten oder es wird diesen insoweit zumindest ein Erstzugriffsrecht eingeräumt. Unerwünschte Assoziationswerbung in den Medien, die von dem Sportevent berichten, kann dadurch unterbunden werden, dass die offiziellen Sponsoren die entsprechenden Werbeminuten selbst erwerben und nutzen[386] – eine Strategie, deren ohnehin eingeschränkte Erfolgsaussichten in erheblichem Maße von den finanziellen Möglichkeiten der jeweiligen offiziellen Sponsoren abhängen. Diese können schließlich nur in begrenztem Maße verhindern, dass ihre Produkte gleichsam als Vorspann (z. B. als ausgelobter Gewinn) in Werbemaßnahmen anderer Unternehmen, die zumeist nicht zu den unmittelbaren Konkurrenten zählen, eingesetzt werden.[387] Etwas anderes gilt freilich für Karten, die zur Teilnahme an den betreffenden Sportveranstaltungen berechtigen, sofern diese nur personengebunden abgegeben werden und/oder aufgrund der Ticketbedingungen eine Weiterübertragung zu kommerziellen Zwecken untersagt ist.

5. Strategien der so genannten Ambusher

Die von so genannten *Ambushern* verfolgte Marketingstrategie ist – wie schon von Jerry C. Welsh anschaulich beschrieben[388] – dadurch gekennzeichnet, dass nicht zum Kreis der offiziellen Sponsoren zählende Unternehmen versuchen, die weder durch Vertrag noch durch Gesetz den offiziellen Sponsoren exklusiv zugewiesenen Möglichkeiten der Assoziationswerbung für eigene kommerzielle Zwecke zu nutzen. Falls die Sportveranstalter und/oder die offiziellen Sponsoren rechtliche Schritte gegen einen solchen *Ambusher* einleiten, stehen diesem, sofern insbesondere fremde Immaterialgüterrechte und das Hausrecht des Sportveranstalters nicht verletzt oder die Werbeadressaten hinsichtlich der fehlenden Sponsorenstellung des werbenden Unternehmens nicht irregeführt werden, verschiedene rechtliche Verteidigungsmöglichkeiten zur Verfügung.[389] Diese

---

385 *McKelvey/ Grady*, 21 WTR Ent. & Sports Law. 2004, 8, 14 mit einem Formulierungsvorschlag.
386 *Vassallo/Blemaster/Werner*, 95 Trademark Rep. 2005, 1338, 1353 f.
387 Vgl. hierzu in der deutschen Judikatur BGH, GRUR 2006, 329 ff. – *Gewinnfahrzeug mit Fremdemblem*.
388 *Welsh*, Ambush Marketing, S. 1 ff.; vgl. hierzu auch oben II. 1. (S. 17 ff.).
389 *Bean*, 75 B.U. L. Rev. 1995, 1099, 1119 ff.

basieren im Wesentlichen auf den Grundgedanken der Wettbewerbs- und (kommerziellen) Meinungsäußerungsfreiheit.[390]

6. Stellungnahme

Die vorangehenden Analysen zu den Grenzen des *Ambush Marketings* sowie zu den Abwehrstrategien der Veranstalter und der offiziellen Sponsoren haben gezeigt, dass sich im Anwendungsbereich des deutschen Rechts Unternehmen, die keine offiziellen Sponsoren eines bestimmten Sportereignisses sind, aber hierauf in eigenen Werbemaßnahmen gleichwohl assoziativ Bezug nehmen wollen, ein nicht zu unterschätzender Anwendungsbereich eröffnet. Wenn so genannte *Ambusher* hierbei die durch das Immaterialgüterrecht, das Lauterkeitsrecht sowie etwaige Sondergesetze (z. B. OlympSchG) gesetzten Grenzen einhalten und insbesondere das Hausrecht sowie die durch die Sportveranstalter und die Gastgeberstadt veranlassten Werbebeschränkungen beachten, ist Assoziationswerbung rechtlich und tatsächlich kaum angreifbar. Es scheint, als könne die Marketingbranche sich relativ zügig auf geänderte rechtliche Rahmenbedingungen einstellen. Zudem zeigt die Erfahrung, dass so genannte *Ambusher* durchaus kreativ die zuvor herausgearbeiteten Lücken zu füllen vermögen.[391]

Gerade in den letzten beiden Jahrzehnten haben in verschiedenen Ländern insbesondere im Vorfeld sportlicher Großereignisse und mitunter veranlasst durch Interessengruppen diverse nationale Gesetzgeber versucht, den gemeinfreien Spielraum für so genannte *Ambusher* weiter einzuschränken.[392] Nicht nur hierzulande wird *de lege ferenda* von interessierter Seite eine weitere Eindämmung des *Ambush Marketings* aus verschiedenen Gründen gefordert. Auf die Erforderlichkeit derartiger Maßnahmen aus rechtlicher und ökonomischer Perspektive sowie auf die mitunter bestehenden faktischen Zwänge wird am Beispiel des sondergesetzlichen Schutzes gegen *Ambush Marketing* anlässlich der Olympischen Sommerspiele 2012 in London noch einzugehen sein.[393]

---

390 Siehe insoweit zur Rechtslage in der Schweiz *Thaler*, CaS 2008, 160, 170 ff.
391 *Moss*, Ent. L.R. 2004, 237, 241; ähnlich *Nufer*, S. 82.
392 Vgl. hierzu oben V. 3. f) (S. 108 ff.) m. w. N.
393 Siehe nachfolgend VII. 6. (S. 147 ff.) m. w. N.

VI. Bewertung der Erscheinungsformen des Ambush Marketings

1. Assoziationswerbung durch Verwendung der Bezeichnungen und Kennzeichen einer Sportveranstaltung

a) Rechtliche und tatsächliche Abwehrmöglichkeiten

Soweit urheber- und oder markenrechtlicher Schutz besteht, können die Inhaber der betreffenden Bezeichnungen und Kennzeichen der Sportveranstaltung diese gegen ihre unmittelbare und zu kommerziellen Zwecken erfolgende Übernahme durch *Ambusher* effektiv schützen; das Urheberrecht schützt zudem auch vor fremder privater Nutzung. Darüber hinaus können Sondergesetze[394] im Rahmen ihres jeweiligen Anwendungsbereichs die nicht autorisierte assoziative Bezugnahme auf Sportgroßereignisse zu kommerziellen Zwecken einschränken.

b) Verbleibender Freiraum für assoziative Werbemaßnahmen

Gerade der markenrechtliche Schutz ist – zumindest in Deutschland – für Sportveranstalter, die im Vorfeld umfangreiche Programme zur Markenregistrierung durchgeführt haben, weit weniger umfassend, als mancher Markeninhaber zunächst geglaubt hatte:

Zahlreiche zur Registrierung angemeldete Eventbezeichnungen sind primär beschreibenden Charakters und enthalten keinen für den Rechtsverkehr erkennbaren Herkunftshinweis auf den Veranstalter. Damit kann eine Eintragung entsprechender Bezeichnungen an der fehlenden konkreten Unterscheidungskraft gem. § 8 Abs. 2 Nr. 1 MarkenG und am Freihaltungsinteresse gem. § 8 Abs. 2 Nr. 2 MarkenG scheitern.[395] Zudem lehnt die Judikatur eine Modifikation der genannten absoluten Schutzhindernisse zugunsten so genannter Eventmarken oder aufgrund der Einzigartigkeit eines Sport(groß)ereignisses mit überzeugenden Gründen ab.[396]

Wenn typische Bezeichnungen für Sportgroßveranstaltungen, die sich etwa aus dem Veranstaltungsort und der entsprechenden Jahreszahl zusammensetzen (z. B. *„South Africa 2010"*), gleichwohl einmal als Marken registriert werden, so wird aufgrund des oftmals nach wie vor stark beschreibenden Charakters einer solchen Marke ihr Schutzbereich seitens der

---

[394] Vgl. oben V. 3. f) (S. 108 ff.) und nachfolgend VII. 6. (S. 147 ff.) m. w. N.
[395] Siehe oben V. 1. c) bb) (S. 57 ff.).
[396] Siehe oben V. 1. c) cc) und dd) (S. 64 ff.).

Rechtsprechung mitunter sehr eng definiert.[397] Dies eröffnet gemeinfreie Bereiche für assoziative Werbemaßnahmen, solange eine Verwechslungsgefahr mit den bestehenden Veranstaltermarken verhindert wird. Je geringer der Schutzumfang der Veranstaltermarke ist, desto leichter können so genannte *Ambusher* sogar bei Waren- und Dienstleistungsidentität eine Verwechslungsgefahr vermeiden. Hierfür können je nach den Umständen des Einzelfalls etwa reine Übersetzungen von Veranstaltermarken in eine andere Sprache oder ihre Integration in neue Wort-/Bildmarken ausreichen.

Schließlich erlaubt § 23 Nr. 2 MarkenG die Verwendung einer markenrechtlich geschützten, indes beschreibenden Angabe durch Dritte, sofern diese Benutzung nicht gegen die guten Sitten verstößt.[398] Auch hierdurch eröffnen sich Spielräume für assoziative Werbemaßnahmen, sofern der Werbende Verhaltensweisen vermeidet, die zur Unlauterkeit seines Handelns führen könnten (insbesondere Rufausbeutung; Rufschädigung; Aufmerksamkeitsausbeutung; Verwässerung; eine über die Wiedergabe der beschreibenden Angabe hinausgehende zusätzliche Annäherung durch Übernahme besonderer Gestaltungselemente aus Bildmarken; Logos etc.).

c) Auswirkungen auf den Wettbewerb

Trotz der umfangreichen Portfolios an Marken- und Urheberrechten, die Veranstalter im Vorfeld großer Sportevents aufbauen, bleibt nach deutscher Rechtslage insbesondere der rechtliche Schutz der Veranstaltungsbezeichnungen lückenhaft. Wettbewerbern der offiziellen Sponsoren, aber insbesondere auch kleineren und mittleren Unternehmen verbleiben in der eigenen Werbung finanziell attraktive Möglichkeiten zur Herbeiführung zumindest indirekter Assoziationen zum Sportgroßereignis, um durch solche Werbebemühungen die eigenen Absatzchancen zu vergrößern.

Zunächst kann durch den Vorstoß so genannter *Ambusher* in die gemeinfreien Bereiche der Kommunikationseffekt der von den Veranstaltern den offiziellen Sponsoren eingeräumten Nutzungsrechte an den Eventmarken geschwächt werden. Dies wäre zwar auf rechtlich zulässige Aktivitäten assoziativ werbender Unternehmen zurückzuführen; die Hauptursachen wären allerdings der oft stark beschreibende Charakter der Veranstaltermarken und ihr demzufolge enger Schutzbereich. Freilich verbleibt den Veranstaltern und den offiziellen Sponsoren die Möglichkeit, die exklusiven, d. h. von etwaigen *Ambushern* nicht unmittelbar nutzbaren Veranstaltermarken als prägendes Merkmal in ein eigenes Marketinggesamtkonzept mit hohem Kommunikationseffekt einzubinden. Es wird hierdurch also ein Anreiz für die offiziellen Sponsoren gesetzt, die eigenen Vermarktungs-

---

397 Siehe oben V. 1. c) ff) (S. 67 f.).
398 Zu den Details siehe V. 1. c) gg) (S. 68 ff.).

aktivitäten über die Innehabung der reinen Sponsorenstellung hinaus effektiv zu gestalten.

Aber nicht nur auf Seiten der offiziellen Sponsoren, sondern auch auf Seiten der übrigen, assoziative Werbemaßnahmen planenden Unternehmen bestehen *de lege lata* Anreize, den Effekt der eigenen Marketingaktivitäten zu optimieren. Diesen Unternehmen ist gleichfalls ökonomisches Denken zu unterstellen. Damit liegt prinzipiell die Gefahr fern, dass sie mit ihren Werbemaßnahmen das positive Image der Sportgroßveranstaltung schädigen (wollen). Indes ist nicht auszuschließen, dass ab einem gewissen Punkt insbesondere die Quantität der durch so genannte *Ambusher* werbetechnisch hervorgerufenen Assoziationen zu einem Sportevent dessen Renommee und damit Werbewert negativ beeinträchtigt. Eine solche Verwässerung des Kommunikationseffekts der prestigeträchtigen Veranstaltung müsste indes durch entsprechende empirische Befunde gestützt werden. Denn es ist zugleich davon auszugehen, dass assoziative Werbemaßnahmen so genannter *Ambusher*, die im zeitlichen Vorfeld der Veranstaltung durchgeführt werden, tendenziell deren Aufmerksamkeitswert und damit auch Werbewert für die offiziellen Sponsoren zumindest bis zu einem gewissen Grad erhöhen.

2. Assoziationswerbung durch sprachliche oder räumliche Bezugnahme auf den Durchführungsort einer Sportveranstaltung

a) Rechtliche und tatsächliche Abwehrmöglichkeiten

Der Durchführungsort eines Sportevents kann in unterschiedlicher Weise von Unternehmen, die nicht zum Kreis der offiziellen Sponsoren gehören, für eigene kommerzielle Zwecke genutzt werden:

aa) Verkaufsförderungsmaßnahmen unmittelbar am Ort der Sportveranstaltung

Zu denken ist zunächst an Verkaufsförderungsmaßnahmen unmittelbar am Ort der Sportveranstaltung. Über das Hausrecht, den Einsatz einer *Ambush*-Polizei, die Ticketbedingungen, die *Host City Contracts* sowie vereinzelt – wie z. B. in Südafrika[399] – spezielle Gesetze können derartige Werbemaßnahmen etwaiger *Ambusher* nahezu umfassend und effektiv unterbunden werden.[400] Wie die beiden eingangs geschilderten Beispielsfälle unter

---

[399] Vgl. hierzu ausführlich *Blackshaw*, ISLJ 2010, 32, 32 f., 35 ff.; *Wittneben*, GRUR Int. 2010, 287, 290 ff.; siehe auch *Jaeschke*, S. 69 f.; *Johnson*, I.S.L.R. 2008, Heft 2/3, 24, 26; *ders.*, Ambush Marketing, Rn. 5–33 f.; *Dore*, I.S.L.R. 2006, Heft 1, 40, 41 f.; *dies.*, Ent. L.R. 2006, 17(3), 96; *Vassallo/Blemaster/Werner*, 95 Trademark Rep. 2005, 1338, 1348 ff.; *Fehrmann*, S. 226.

[400] Vgl. hierzu V. 3. b), c) und e) (S. 105, 105 f., 107).

Beteiligung des Sprinters Usain Bolt sowie des chinesischen Sportartikelherstellers Li Ning anlässlich der Olympischen Sommerspiele 2008 in Peking zeigen,[401] können über den Rahmen des tatsächlich Vermeidbaren hinausgehende *Ambush Marketing*-Maßnahmen auch von Athleten oder offiziellen Gästen vor Ort ausgehen.

Im Hinblick auf den seine goldenen Schuhe der Marke Puma übertrieben, aber werbewirksam zur Schau stellenden Kurzstreckenläufer haben Harris/Schmitz/O'Hare zutreffend festgestellt:

„*One of the lasting images of Beijing is the Jamaican sprinter Usain Bolt holding aloft his Puma track shoes for the world to see, not once, but three times after his victories in the 100 m, 200 m and 4x100 m. Adidas were of course the main sportswear sponsor of the games, but as Bolt showed in Beijing, as Michael Johnson did in Atlanta, no amount of money can ensure that you are associated with the world's fastest pair of feet.*"[402]

Durfte der Athlet in dieser Weise innerhalb des Stadions und während des laufenden Wettkampfes Werbung für einen nicht zu den offiziellen Sponsoren gehörenden Sportartikelhersteller betreiben? Die Antwort ist zu verneinen, wenn man die rechtliche Wirksamkeit[403] der Regel 41 der Olympischen Charta in der Fassung vom 07. 07. 2007 unterstellt, der sich die an Olympischen Spielen teilnehmenden Athleten, aber auch deren Betreuer, Trainer sowie andere offizielle Teammitglieder zu unterwerfen haben. Regel 41 lautet:

To be eligible for participation in the Olympic Games, a competitor, coach, trainer or other team official must comply with the Olympic Charter as well as with the rules of the IF concerned as approved by the IOC, and the competitor, coach, trainer or other team official must be entered by his NOC. The above-noted persons must notably:
– respect the spirit of fair play and non violence, and behave accordingly; and
– respect and comply in all aspects with the World Anti-Doping Code.

Hinsichtlich der Vermarktung legt Durchführungsbestimmung 41.3 zu Regel 41 der Olympischen Charta Folgendes fest:

Except as permitted by the IOC Executive Board, no competitor, coach, trainer or official who participates in the Olympic Games may allow his person, name, picture or sports performances to be used for advertising purposes during the Olympic Games.

---

401 Vgl. hierzu III. 2. (S. 27 ff.).
402 *Harris/Schmitz/O'Hare*, Ent. L.R. 2009, 20(3), 74, 75.
403 Zu etwaigen Zweifeln siehe bereits V. 2. e) cc) (2) (S. 96 ff.).

Zwar dürfen Athleten bei Olympischen Spielen und auch bei anderen Sportereignissen in Sportschuhen eines von ihnen frei gewählten Herstellers antreten und allein durch das Tragen dieser Schuhe indirekt Werbung für das betreffende Unternehmen betreiben, selbst wenn dieses nicht zu den offiziellen Sponsoren des Events zählt. Darüber hinausgehende Werbemaßnahmen der Athleten im Zusammenspiel mit ihren Ausrüstern sollen jedoch durch die vorgenannten Regelungen unterbunden werden. Die tatsächlichen Vorkommnisse belegen freilich, dass die Durchsetzung der Regel unter Ausnutzung des großen Medieninteresses, der weltweiten Medienpräsenz eines Vorgangs sowie der sich daraus für den Veranstalter ergebenden faktischen Zwänge mitunter geschickt unterlaufen werden kann. Dies zeigen eindrucksvoll die wiederholten und damit beim zweiten Mal kaum mehr überraschenden Siegesfeiern des jamaikanischen Läufers jeweils unmittelbar nach dem Zieldurchlauf.

Als „*Angriff aus dem Hinterhalt*" stellte sich anlässlich der Eröffnungszeremonie der Olympischen Sommerspiele 2008 – zumindest für den offiziellen Sponsor adidas – das Entzünden der Olympischen Flamme gerade durch den Gründer und Namensgeber des größten chinesischen Sportartikelherstellers dar. Ein solcher Überraschungscoup, im Fernsehen weltweit von einem Milliardenpublikum live verfolgt, kann nur in Abstimmung mit den Veranstaltern gelingen, zumal die Sportlergröße Li Ning nicht zu den Adressaten der vorgenannten Vorschriften zählt. Aber vielleicht wurde diese einmalige assoziative Werbemaßnahme zumindest außerhalb Chinas als solche gar nicht erkannt ...

bb) Benennung des Durchführungsortes in der eigenen Werbung
Assoziationen zum Durchführungsort einer Sportgroßveranstaltung können nicht nur „*vor Ort*", sondern auch verbal durch die Erwähnung der betreffenden Stadt in der eigenen Werbung herbeigeführt werden (z. B. „*Die Ringe sind schon in Athen*").[404] Diesem Marketingansatz kommt zugute, dass reine Städtenamen wegen ihres offensichtlich beschreibenden Charakters zumindest nicht zugunsten von Sportveranstaltern als Marken eingetragen werden können. Dementsprechend ist es hierzulande *de lege lata* nahezu unmöglich, solche indirekten Bezugnahmen auf ein bevorstehendes oder aktuelles Sportgroßereignis in der Werbung von Unternehmen zu unterbinden, die nicht zum Kreis der offiziellen Sponsoren und Partner gehören.

---

404 *Furth*, S. 6.

b) Verbleibender Freiraum für assoziative Werbemaßnahmen
aa) Verkaufsförderungsmaßnahmen unmittelbar am Ort der Sportveranstaltung

Seit dem Auftreten der ersten *Ambush Marketing*-Maßnahmen in den 1980er Jahren, die überwiegend in oder im unmittelbaren lokalen Umfeld der Sportstätte stattfanden, haben Sportveranstalter derartige Maßnahmen zwischenzeitlich mit zunehmender Effizienz fast vollständig eindämmen können. Über das Hausrecht, welches über die Ticketbedingungen konkretisiert wird und durch die Einrichtung von räumlich gleichfalls abgetrennten „Bannmeilen" erweitert werden kann, können entsprechende Aktivitäten potentieller *Ambusher* durch den Einsatz einer so genannten *Ambush*-Polizei verhindert werden. Im übrigen öffentlichen Raum der betroffenen Kommunen greift das Veranstalterhausrecht zwar nicht. Indes übernehmen die Veranstalterstädte aufgrund entsprechender Vereinbarungen in den *Host City Contracts* sowie in enger Abstimmung mit der *Ambush*-Polizei und den Veranstaltern des Sportevents die Aufgabe, Werbeaktivitäten potentieller *Ambusher* im öffentlichen Raum, insbesondere an den Zufahrtswegen zur Sportstätte, an Plätzen, Bahnhöfen etc. zu verhindern. Damit werden potentielle *Ambusher* systematisch von den großen Publikumsströmen abgeschnitten, geplante Aktivitäten werden gleichsam im Keim erstickt. Je nach Intensität und Effektivität der Überwachungsmaßnahmen können auf diese Weise auch die Maßnahmen des so genannten *Streetbranding* und *Beamvertising*[405] verhindert oder zumindest zeitnah unterbunden werden.

bb) Benennung des Durchführungsortes in der eigenen Werbung

Die beschriebenen Maßnahmen können indes nicht verhindern, dass *Ambusher* durch Erwähnung des Veranstaltungsortes in der eigenen Werbung Assoziationen zu einem Sportevent herbeiführen. Diese Lücke könnte – zumindest teilweise – über Sondergesetze zum Schutz der Sportveranstalter und ihrer offiziellen Sponsoren vor *Ambush Marketing*-Maßnahmen geschlossen werden.[406] Ob und in welchem Ausmaß legislative Ansätze letztlich den erhofften Erfolg gewährleisten können, wird sicherlich von den Umständen des Einzelfalls abhängen. Insbesondere stellen sich schwierige verfassungsrechtliche Fragen hinsichtlich des Umfangs, in dem die auch im kommerziellen Bereich geltende Meinungsäußerungsfreiheit in zulässiger Weise eingeschränkt werden kann.

---

405 Vgl. hierzu oben III. 2. am Ende (S. 28).
406 Siehe hierzu nachfolgend VII. 6. a) (S. 148 ff.).

c) Auswirkungen auf den Wettbewerb

aa) Verkaufsförderungsmaßnahmen unmittelbar am Ort der Sportveranstaltung

Wettbewerbern der offiziellen Sponsoren verbleibt in der eigenen Werbung nur die Möglichkeit, in größerer Entfernung zum Durchführungsort assoziative Werbemaßnahmen durchzuführen, deren Effektivität indes mit zunehmender räumlicher Distanz fraglich wird. Für kleine und mittlere Unternehmen steht diese Ausweichstrategie ohnehin nur sehr eingeschränkt zur Verfügung. Die hieraus resultierenden Auswirkungen auf den Wettbewerb sind letztlich begrenzt. Denn zum einen können Verkaufsförderungsmaßnahmen am Durchführungsort *während* des Sportereignisses dessen Aufmerksamkeitswert und damit auch seinen Kommunikationseffekt nicht mehr spürbar erhöhen. Und zum anderen stehen kleinen und mittleren Unternehmen, die wirtschaftlich von vornherein als offizielle Sponsoren ausscheiden, und natürlich auch Großunternehmen sämtlicher Branchen zumutbare Ausweichmöglichkeiten zur Verfügung, um in eigenen Werbemaßnahmen Assoziationen zum Sportevent herzustellen.[407]

bb) Benennung des Durchführungsortes in der eigenen Werbung

Da die Bezugnahme auf den Durchführungsort des Sportevents in der eigenen Werbung letztlich nicht umfassend unterbunden werden kann, sind selbst die von Spezialgesetzen zur Eindämmung des so genannten *Ambush Marketings* zu erwartenden Auswirkungen auf den Wettbewerb als begrenzt einzustufen.

3. Assoziationswerbung aufgrund zeitlichen Zusammenhangs mit einer Sportveranstaltung

a) Rechtliche und tatsächliche Abwehrmöglichkeiten

Die Zulässigkeit des in der Praxis weit verbreiteten Sponsorings von (Sport-)Sendungen im TV, das so genannte Sendungssponsoring, hat seine rechtliche Grundlage in § 8 des Rundfunkstaatsvertrages (RStV).[408] Die einzelnen Sender sind auf die hierbei erzielbaren Erlöse angewiesen, um auch auf diese Weise die enormen Kosten für den Erwerb der Übertragungsrechte von populären Sportevents zumindest zu erheblichen Teilen refinanzieren zu können. Unabhängig davon, ob ein derartiges Sendungssponsoring durch offizielle Sponsoren eines im TV übertragenen Sportevents zur Optimierung der erhofften Kommunikationseffekte sinnvoll ist, wäre es durchaus denkbar, offiziellen Sponsoren insoweit vertraglich ein Erstzugriffs-

---

407 Vgl. insbesondere VI. 1. b), 3. b), 4. b), 5. b) und 6 b) (S. 116 f., 123, 125, 127, 129).
408 Staatsvertrag für Rundfunk und Telemedien (Rundfunkstaatsvertrag, RStV) vom 31. 08. 1991, in der Fassung 30. 10. 2009, in Kraft getreten am 01. 04. 2010.

recht einzuräumen, um auf diese Weise so genannten *Ambushern* den Zugang zum Sendungssponsoring zu versperren oder zu erschweren. Zumindest im deutschen Fernsehen ist freilich insoweit eine gewisse Zurückhaltung der offiziellen Veranstaltungssponsoren zu beobachten.

Der Ankauf von TV-Werbezeit vor oder während der Übertragung des Sportereignisses ist nach den Regelungen des RStV sowie bei Beachtung etwaiger zeitlicher Beschränkungen rechtlich zulässig. So könnten die offiziellen Sponsoren durch den Aufkauf der attraktivsten Werbeplätze die Marketingmöglichkeiten der so genannten *Ambusher* einschränken, was auch teilweise geschieht. Ein solches Vorgehen ist aber mit verschiedenen erheblichen Nachteilen verbunden: Die offiziellen Sponsoren bedürfen der Abstimmung mit den Sportveranstaltern und den betroffenen Medien, wobei gerade Letztere kaum geneigt sein werden, ohne entsprechende Kompensation auf möglicherweise zu höheren Zahlungen bereite Werbepartner zu verzichten, die nicht zum Kreis der offiziellen Veranstaltungssponsoren gehören. Daher wird dieses Vorgehen mitunter bereits aus Kostengründen ausscheiden. Denkbar sind indes vertragliche Garantien der TV-Sender für Produkt- bzw. Branchenexklusivität in der Fernsehwerbung, beispielsweise das Verbot der Schaltung von Werbung durch direkte Konkurrenten offizieller Sponsoren oder die Erzeugung von Assoziationen zu einem spezifischen Sport-Event in den TV-Spots von Nicht-Sponsoren.[409] Aber auch derartige vertragliche Vereinbarungen werden die offiziellen Sponsoren kaum kostenneutral erzielen können.

b) Verbleibender Freiraum für assoziative Werbemaßnahmen

Nicht zuletzt aufgrund finanzieller Zwänge verbleibt potentiellen *Ambushern* bei Beachtung der rechtlichen Vorgaben des RStV ein erheblicher Freiraum für ein Engagement im Sendungssponsoring oder beim Ankauf von TV-Werbezeit vor oder während der Übertragung des Sportereignisses.

c) Auswirkungen auf den Wettbewerb

Bei dieser Form des *Ambush Marketings* können der Kommunikationseffekt des Sportereignisses und damit auch sein Werbewert zugunsten der Veranstalter und ihrer offiziellen Sponsoren während der bereits laufenden Sportveranstaltung allenfalls noch marginal erhöht werden. Etwas anderes gilt freilich für diejenigen Werbemaßnahmen, die in den Wochen und Monaten vor dem Sportgroßereignis in zeitlichem Zusammenhang mit Sportsendungen geschaltet werden, die ihrerseits das Interesse an dem Sportevent wecken oder steigern sollen.

Nicht zu vernachlässigen ist der Umstand, dass durch die Einnahmen aus der Schaltung von TV-Werbekampagnen im zeitlichen Zusammenhang mit

---

[409] *Nufer*, S. 92.

dem Sportevent die Inhaber der Übertragungsrechte überhaupt erst ihre erheblichen Investitionen amortisieren können (sofern dies überhaupt möglich ist). Damit fließen die entsprechenden Einnahmen der TV-Sender zu einem erheblichen Teil mittelbar den Veranstaltern des Sportgroßereignisses zu.

Assoziationswerbung in einem engeren oder auch weiteren zeitlichen Zusammenhang mit einer Sportveranstaltung kann schließlich in verschiedenen Medien geschaltet werden. Dadurch eröffnen sich nicht nur Wettbewerbern der offiziellen Sponsoren, sondern auch allen übrigen Unternehmen unabhängig von ihrer Größe und Finanzkraft auf lokaler, regionaler und nationaler Ebene sowie in unterschiedlichem Umfang zahllose Möglichkeiten, die eigenen Marketingstrategien durch die Herstellung von Assoziationen zum Sportgroßereignis zu optimieren und den Wettbewerb auf dem jeweiligen Marktsegment zu intensivieren.

4. Assoziationswerbung durch Verwendung typischer Merkmale einer Sportveranstaltung

a) Rechtliche und tatsächliche Abwehrmöglichkeiten

Die Nationalflaggen, deren Farben, die Trikots des Nationalteams, (ehemalige) Nationalspieler, Fußbälle, Torgehäuse, Spielfelder etc. können in Werbemaßnahmen zur Herbeiführung von Assoziationen zu einem Sportevent verwendet werden, soweit bei Personen die erforderliche Einwilligung vorliegt und im Übrigen keine bestehenden gewerblichen Schutzrechte, insbesondere Markenrechte verletzt werden. Demgemäß sind die rechtlichen und tatsächlichen Möglichkeiten gering, die Verwendung derartiger Merkmale in der Werbung etwaiger *Ambusher* bei Vorliegen vorgenannter Voraussetzungen zu unterbinden.

Dies sei am Beispiel des Ausgangsfalles veranschaulicht.[410] So hat man in der Werbung für das „*TEAM Sondermodell Golf*" zwar ehemalige Nationalspieler abgebildet, wobei das Vorliegen ihrer Einwilligung unterstellt werden kann. Durch die geschickte Fotomontage sind aber auf der Spielerkleidung (außer ansatzweise auf dem Schuh eines Spielers) keinerlei Marken zu erkennen. Zudem ist die Verwendung von Begrifflichkeiten wie „*Team*", „*Teamgeist*" oder „*Fan*" gemeinfrei. Eine solche Wortwahl vermag grundsätzlich allein Assoziationen zum Sport im Allgemeinen herzustellen; erst aufgrund des zeitlichen Zusammenhangs erstrecken sich diese Assoziationen sodann auch auf ein bestimmtes Sportevent.

---

410 Vgl. III. 4. (S. 29 f.).

b) Verbleibender Freiraum für assoziative Werbemaßnahmen

Für Unternehmen jeglicher Größe lassen sich auf diese Weise damit relativ einfach und rechtlich unangreifbar Assoziationen zu einem bestimmten Sportgroßereignis herstellen.[411]

c) Auswirkungen auf den Wettbewerb

Zunächst ist festzuhalten, dass über die Verwendung gemeinfreier typischer Merkmale einer Sportveranstaltung in der Werbung zwar Assoziationen herbeigeführt werden können. Jedoch sind diese Assoziationen zum Sportevent wegen der zu erwartenden Verwendung durch zahlreiche Unternehmen und wegen des allenfalls indirekten Veranstaltungsbezugs entsprechend schwach ausgeprägt. Ob dadurch der Kommunikationseffekt der Werbung der offiziellen Sponsoren mit den offiziellen Veranstaltungsmarken überhaupt spürbar positiv wie negativ beeinträchtigt werden kann, erscheint bis zum Vorliegen entsprechender empirischer Nachweise zweifelhaft.

Für die offiziellen Sponsoren werden indes faktisch Anreize gesetzt, sich nicht nur auf die Wirkung ihrer Sponsorenstellung zu verlassen, sondern in den eigenen Werbeaktivitäten eine deutliche Abgrenzung von assoziativer Werbung unter Verwendung gemeinfreier Merkmale zu suchen. Sämtlichen Unternehmen, die nicht zum Kreis der offiziellen Sponsoren, Partner oder Förderer gehören, bieten sich einfache und überaus kostengünstige Möglichkeiten zur Durchführung von Werbemaßnahmen mit allerdings nur geringer Assoziationskraft.

5. Assoziationswerbung durch Einsatz von mit der Sportveranstaltungsserie verbundenen Mannschaften, Athleten und sonstigen Personen

a) Rechtliche und tatsächliche Abwehrmöglichkeiten

In der Werbekampagne der Volkswagen AG für das „*TEAM Sondermodell Golf*"[412] kamen auch drei populäre ehemalige Fußballnationalspieler – je ein Mitglied der deutschen Weltmeister-Mannschaften der Jahre 1954, 1974 und 1990 – zum Einsatz. Hierdurch lassen sich auch noch viele Jahre

---

411 So hat auch jüngst *Wittneben*, GRUR Int. 2010, 287, 295 im Vorfeld der Fußball-Weltmeisterschaft 2010 in Südafrika festgestellt, der sicherste Weg für Nichtsponsoren, von der Werbekraft dieses Events zu profitieren, bestehe darin, sich in der Werbung für eigene Produkte und Dienstleistungen lediglich assoziativ und allgemein an den Fußball anzulehnen; dass derartige Werbung sehr erfolgreich sein könne, habe im deutschen WM-Sommer 2006 die „*Wir holen den Titel*"- bzw. „*Bester Fan-Ausrüster aller Zeiten*"-Kampagne des Elektrogerätehändlers MediaMarkt gezeigt.
412 Vgl. III. 4. und 5. (S. 29 f.).

nach deren aktiver Zeit in gleicher Weise Assoziationen zu einen bevorstehenden Großereignis in der betreffenden Sportart herstellen wie durch das Sponsoring einzelner Mitglieder der aktuellen Nationalelf. So kam etwa anlässlich der Fußball-Weltmeisterschaft 2006 in Deutschland Oliver Kahn, seinerzeit aktiver Nationalspieler, als Testimonial für Burger King zum Einsatz.[413] Und schließlich verfügen natürlich auch die an dem Sportevent teilnehmenden Nationalverbände jeweils über eigene Sponsoren, die auf diesem Weg sich nicht nur an das (zumeist) positive Image des jeweiligen Teams, sondern auch an den guten Ruf des Events auf internationaler Ebene anlehnen können. Dabei geschieht es nicht selten, dass die Sponsoren der Nationalmannschaften oder einzelner Spieler in der gleichen Branche aktiv sind wie die offiziellen Sponsoren des Sportevents. Dies ist möglich, sofern sich die diesen offiziellen Sponsoren vertraglich zugesicherte Branchenexklusivität des Sponsorships nur auf die einzelne Sportveranstaltung als solche, jedoch nicht auf die teilnehmenden Teams oder Athleten bezieht.

Derartige Branchenüberschneidungen im Sponsoren-Pool ein und desselben Sportevents können zwar bereits im Vorfeld durch die Vergabe von Exklusivrechten ausgeschlossen werden.[414] Allerdings wird sich dies nur in Sportarten durchführen lassen, in denen die teilnehmenden Mannschaften und Athleten über eine vergleichsweise schwache Verhandlungsposition auf dem Sponsoringmarkt verfügen. Zudem ist es etwa im Fußballsport durchaus üblich, dass Ausrüsterverträge einzelner Nationalteams über einen mehrjährigen Zeitraum abgeschlossen werden. Daher könnten sich die betreffenden Sportartikelhersteller beim Wechsel des offiziellen branchenexklusiven Veranstaltungssponsors vielfach auf das Prioritätsprinzip berufen, sobald Letzterer Exklusivität auch hinsichtlich der Ausstattung der teilnehmenden Mannschaften für sich beanspruchen wollte (soweit dies rechtlich überhaupt möglich wäre).

Theoretisch denkbar wäre es, dass Sportveranstalter die Teilnahme an dem Event vertraglich von der Respektierung der nicht nur auf die Veranstaltung, sondern auch auf alle Teilnehmer bezogenen Branchenexklusivität der offiziellen Eventsponsoren abhängig machen. Aber dieser – in der Praxis regelmäßig nicht beschrittene – Weg gibt nicht nur zu Zweifeln an der kartellrechtlichen Zulässigkeit Anlass, sondern würde möglicherweise zu entschädigungspflichtigen Vertragsbrüchen der teilnehmenden Mannschaften und Athleten führen, ja diese möglicherweise gerade bezwecken. Einen minder schweren, wenngleich durchaus erheblichen Eingriff in die Rechtspositionen der Sponsoren von Mannschaften, Athleten oder sonstigen Personen, die mit einem Sportereignis verbunden sind, stellen Verbandsregelungen dar, die den Veranstaltungsteilnehmern werbliche Tätig-

---

413 Zu den Details siehe *Nufer*, S. 136–138.
414 *Nufer*, S. 58 nimmt an, dass dies „*üblicherweise*" geschieht.

keiten für ihre Individualsponsoren für die Dauer der Veranstaltung (oder zusätzlich auch einen gewissen Zeitraum vor und nach der Veranstaltung) untersagen.[415] Jedoch besteht auch insoweit Unsicherheit hinsichtlich der rechtlichen Zulässigkeit derartiger Verbandsregelungen.

Diese unübersichtliche Gemengelage von Veranstaltungs-, Mannschafts-, Athleten- und seit geraumer Zeit sogar Trainersponsoren hat sich im Laufe der letzten Jahrzehnte allmählich entwickelt, sie ist also keineswegs neu. Hier können zunächst nur – möglichst inhaltlich aufeinander abgestimmte – vertragliche Vereinbarungen für einen gewissen Interessenausgleich sorgen. Dies erfordert bei Mannschaftssportlern, dass sie die Interessen ihres Arbeitgebers und unter Umständen – für den Fall der Berufung ins Nationalteam – des nationalen Sportverbandes in den Sponsoringverträgen mit ihren Individualsponsoren angemessen berücksichtigen. In den Verträgen zwischen dem Mannschaftssportler und seinem Arbeitgeber ist zu bestimmen, inwieweit und unter welchen Voraussetzungen sich der Athlet individuell vermarkten kann oder aber für Vermarktungsaktivitäten seines Arbeitgebers zur Verfügung stehen muss. Schließlich könnte auch in diesen Verträgen Vorsorge für den Fall einer Berufung in die Nationalmannschaft getroffen werden.

b) Verbleibender Freiraum für assoziative Werbemaßnahmen

Unter Beachtung der bestehenden vertraglichen sowie gegebenenfalls verbandsrechtlichen Vermarktungsregelungen sind Sponsoren, die nicht zum Kreis der offiziellen Partner einer Sportevents zählen, nicht gehindert, Assoziationswerbung durch Einsatz von mit der Sportveranstaltungsserie verbundenen Mannschaften, Athleten und sonstigen Personen zu betreiben.

c) Auswirkungen auf den Wettbewerb

Eine im Jahr 1998 veröffentlichte empirische Studie[416] gelangt zu dem Ergebnis, nahezu zwei Drittel der Befragten hätten die Abstufung in die unterschiedlichen Sponsoringkategorien (TOP-Sponsoren, offizielle Partner, offizielle Sponsoren) nicht gekannt. Ferner sei mehr als einem Drittel der Befragten unbekannt gewesen, dass im Rahmen der Olympischen Spiele *Ambush Marketing* praktiziert wird. Daraus lasse sich ableiten, ein Sponsor könne durch ein Engagement in einer unterprivilegierten Sponsoringkategorie aufgrund der Unwissenheit der Werbeadressaten bei diesen unter Umständen denselben Status genießen wie ein TOP-Partner. Diese

---

415 Zu einem Beispiel vgl. bereits VI. 2. a) aa) (S. 118 ff.), zu etwaigen rechtlichen Zweifeln an dieser Vorgehensweise siehe V. 2. e) cc) (2) (S. 98 f.).
416 *Shani/Sandler*, Psychology & Marketing 1998, 367 ff.

empirischen Befunde sind jüngst wegen der geringen Rücklaufquote der zugrunde liegenden Befragung in Zweifel gezogen worden.[417]

Vorliegend geht es zwar nicht um die Kommunikationseffekte, die von unterschiedlichen offiziellen Sponsoringkategorien ausgehen. Allerdings liegt die – empirisch freilich noch zu belegende – Vermutung nahe, dass Assoziationswerbung, die auf dem Einsatz von mit der Sportveranstaltungsserie verbundenen Mannschaften, Athleten und sonstigen Personen beruht, zwar einerseits die Kommunikationseffekte der offiziellen Veranstaltungssponsoren zu beeinträchtigen geeignet ist, andererseits aber auch im Vorfeld des Events dessen Aufmerksamkeitswert und damit auch seinen Werbewert gegenüber den offiziellen Veranstaltungssponsoren steigert. Insgesamt sind bei gesamtökonomischen Erwägungen sämtliche Kosten-Nutzen-Effekte mit einzubeziehen. Hierbei sind vielerlei Faktoren zu berücksichtigen, die bereits vorangehend angedeutet worden sind.[418] Ergänzend tritt bei Assoziationswerbung durch den Einsatz von mit der Sportveranstaltungsserie verbundenen Mannschaften, Athleten und sonstigen Personen der Umstand hinzu, dass derartige Werbemaßnahmen im TV zunehmend Verbreitung finden, wodurch möglicherweise der Markt für Fernsehwerbung im Zusammenhang mit sportlichen Großereignissen belebt wird. Sollten hieraus höhere Werbeeinnahmen resultieren, flössen diese zumindest teilweise indirekt wieder den Sportveranstaltern über die Einnahmen aus der Veräußerung der Medienrechte an dem Event zu. Die insoweit bei sportlichen Großevents erzielbaren Erlöse sind in den vergangenen Jahren auch bei angespannter Wirtschaftslage in der Tendenz kontinuierlich gestiegen. Ob und inwieweit dies auf eine Belebung des Werbemarkts zurückzuführen ist, kann indes ohne empirische Nachweise nur vermutet werden.

6. Assoziationswerbung mit sonstigen Produkten mit Bezug zu einer Sportveranstaltung

a) Rechtliche und tatsächliche Abwehrmöglichkeiten

Vielfach loben Unternehmen, die nicht zum Kreis der offiziellen Sponsoren gehören, den offiziellen Spielball einer Fußballveranstaltung, begehrte Eintrittskarten oder andere populäre Produkte mit einem Bezug zur Veranstaltung beispielsweise in verkaufsfördernden Gewinnspielen aus. Ein solches Vorgehen der so genannten *Ambusher* lässt sich nur in begrenztem Umfang verhindern. Die derart assoziativ werbenden Unternehmen müssen freilich die Bewirkung einer Irreführungsgefahr vermeiden, dürfen also in ihren Werbemaßnahmen nicht suggerieren, das Gewinnspiel würde vom Sport-

---
417 *Nufer*, S. 111 f.
418 Vgl. VI. 2. c) (S. 122) und 4. c) (S. 125).

veranstalter oder einem seiner offiziellen Sponsoren unterstützt. Sofern weder geschützte Marken noch hinsichtlich ausgelobter Tickets die Allgemeinen Geschäftsbedingungen verletzt werden, sind derartige Werbemaßnahmen aber letztlich rechtlich kaum angreifbar.

Vielfach werden Tickets, die zur Teilnahme an den betreffenden Sportveranstaltungen berechtigen, nur personengebunden abgegeben und/oder es wird aufgrund der Ticketbedingungen eine Weiterübertragung zu kommerziellen Zwecken untersagt. Bei anderen Produkten mit Bezug zur Sportveranstaltung wie etwa Trikots oder Spielbällen lässt sich, soweit sie ordnungsgemäß in den Verkehr gebracht worden sind, seitens der betroffenen Markeninhaber die kommerzielle Weiterverwendung durch *Ambusher* jedoch nur in begrenztem Maße verhindern. Dies setzt nach § 24 Abs. 2 MarkenG voraus, dass sich der Inhaber der Marke oder der geschäftlichen Bezeichnung ihrer Benutzung im Zusammenhang mit dem weiteren Vertrieb der Waren aus berechtigten Gründen widersetzt. Solche Gründe liegen insbesondere vor, wenn der Zustand der Waren nach dem In-Verkehr-Bringen verändert oder verschlechtert ist. Gerade dies werden so genannte *Ambusher* aber schon im eigenen Interesse tunlichst vermeiden. Zudem werden die angesprochenen Verkehrskreise aufgrund der Branchenferne zwischen dem *Ambusher* und dem zu den offiziellen Sponsoren zählenden Markeninhaber vielfach keinerlei Rückschlüsse auf eine irgendwie geartete Verbindung zwischen diesen beiden Unternehmen ziehen.[419] Eine Markenverletzung kommt nach Auffassung der Judikatur[420] indes in Betracht, sofern eine Gefahr für die Herkunfts- oder Garantiefunktion der Marke gegeben ist oder wenn die Unterscheidungskraft oder die Wertschätzung der Marke in unlauterer Weise ausgenutzt oder beeinträchtigt wird. Erforderlich sei insoweit eine Abwägung zwischen den berechtigten Interessen des Markeninhabers und des Wiederverkäufers. Dabei sei auf der Seite des Markeninhabers sein Interesse zu berücksichtigen, gegen Wiederverkäufer geschützt zu sein, die seine Marke in rufschädigender Weise nutzen, während auf der Seite des Wiederverkäufers zu beachten sei, die betreffende Ware unter Verwendung der für seine Branche üblichen Werbeform weiterveräußern zu können.

b) Verbleibender Freiraum für assoziative Werbemaßnahmen

Unter Beachtung der bestehenden vertraglichen sowie insbesondere marken- und lauterkeitsrechtlichen Vorschriften sind Sponsoren, die nicht zum Kreis der offiziellen Partner einer Sportevents zählen, nicht gehindert, Assoziationswerbung durch Einsatz von Produkten mit Bezug zum Sportereignis zu betreiben.

---

419 In diesem Sinne BGH, GRUR 2006, 329, Rn. 29, 34 – *Gewinnfahrzeug mit Fremdemblem*.
420 BGH, GRUR 2006, 329, Rn. 31 – *Gewinnfahrzeug mit Fremdemblem* m. w. N.

c) Auswirkungen auf den Wettbewerb

Insoweit gelten die Ausführungen zu den Auswirkungen auf den Wettbewerb, die von Assoziationswerbung durch Verwendung typischer Merkmale einer Sportveranstaltung ausgehen, entsprechend.[421]

7. Stellungnahme

Sämtliche der untersuchten Erscheinungsformen des subtilen *Ambush Marketings* bieten trotz der bestehenden und seitens der Veranstalter weitgehend genutzten gesetzlichen, vertraglichen und tatsächlichen Abwehrmöglichkeiten *Ambushern* noch Freiräume, in die diese ohne Begehung von Rechtsverstößen mit ihren assoziativen Werbeaktivitäten vorstoßen können:

Am effektivsten lassen sich *Ambush Marketing*-Maßnahmen unmittelbar am Veranstaltungsort durch die Ausübung des Hausrechts zusammen mit darauf abgestimmten Ticketbedingungen eindämmen. In so genannten *Host City Contracts* legen die Sportveranstalter ihren Vertragspartnern weitgehende Verpflichtungen zur Verhinderung assoziativer Werbemaßnahmen etwaiger *Ambusher* auf, wodurch das Hausrecht gleichsam auf das nähere Umfeld der Veranstaltungsstätte, die öffentlichen Zufahrtswege und sonstige Orte ausgedehnt wird, auf die sich die Regelungsgewalt der Kommunen erstreckt. Das *Ambush Marketing* basiert bislang im Wesentlichen darauf, dass *Ambusher* vor Ort ein breites Publikum ansprechen können und ihre Maßnahmen dabei insbesondere auch von Fernsehkameras erfasst und über die Medien verbreitet werden können. Aufgrund der vorgenannten und regelmäßig aufeinander abgestimmten Abwehrmaßnahmen bleibt *Ambushern* jedoch regelmäßig der Zugang sowohl zur Veranstaltungsstätte, zu deren näherem Umfeld sowie zu sonstigen Orten mit einem erhöhten Publikumsaufkommen (z. B. Zufahrtswege, Bahnhöfe, zentrale Plätze etc.) versperrt. Etwas anderes gilt nur für die Berichterstattung in den verschiedenen – regelmäßig (auch) werbefinanzierten – Medien, sofern *Ambusher* in Werbeunterbrechungen und damit in unmittelbarem zeitlichem Bezug zur Veranstaltung ihre allein schon deshalb assoziativen Werbebotschaften präsentieren können; dies kann allerdings durch die Vereinbarung von Vorkaufsrechten zugunsten der offiziellen Sponsoren bei deren entsprechender Investitionsbereitschaft in gewissem Umfang verhindert werden.

Weniger effektiv lassen sich in Deutschland assoziative sprachliche Bezugnahmen auf die Veranstaltung, den Veranstaltungsort oder typische Merkmale einer bestimmten Sportveranstaltung unterbinden. Wegen des primär beschreibenden Charakters derartiger Angaben bleibt der markenrechtliche Schutz auch bei Bestehen umfangreicher Markenportfolios

---

421 Vgl. oben VI. 4. c) (S. 125).

begrenzt, vielmehr ist den berechtigten Freihaltungsbedürfnissen der Allgemeinheit Rechnung zu tragen. Spezialgesetzlicher Schutz, wie ihn etwa das Gesetz zum Schutz des olympischen Emblems und der olympischen Bezeichnungen (OlympSchG) bietet, hat nur einen sehr begrenzten Anwendungsbereich, zudem ist stets ungewiss, wie die Judikatur die zwangsläufig generalklauselartigen Verbotstatbestände auslegen und anwenden wird.

Sofern die werbende assoziative Bezugnahme auf ein Sportevent nur noch in subtiler Form wie etwa durch bildliche und sprachliche Darstellung typischer Merkmale einer Sportart oder darauf bezogener Produkte, aktiver oder ehemaliger Athleten, teilnehmender Mannschaften oder sonstiger sportbezogenen Personen erfolgt, sind die rechtlichen und tatsächlichen Abwehrmöglichkeiten der Sportveranstalter und ihrer offiziellen Sponsoren eher begrenzt.

Kurzum: Je direkter die werblichen assoziativen Bezugnahmemöglichkeiten auf eine Sportveranstaltung, desto effektiver sind die gesetzlichen, vertraglichen oder tatsächlichen Abwehrmöglichkeiten. Umgekehrt gilt: Je weiter sich die werblichen assoziativen Bezugnahmen von der Sportveranstaltung selbst räumlich, optisch und sprachlich entfernen, desto ineffektiver sind die gesetzlichen, vertraglichen oder tatsächlichen Abwehrmöglichkeiten und desto größer ist der gemeinfreie Bereich, den so genannte *Ambusher* für assoziative Werbemaßnahmen in rechtlich zulässiger Weise nutzen können.

Schließlich haben die vorangehenden Analysen ergeben, dass die derzeit in Deutschland geltende Rechtslage bei Berücksichtigung der Interessen *aller* Beteiligten – also nicht nur der Sportveranstalter und ihrer offiziellen Sponsoren, sondern auch der übrigen Marktbeteiligten inklusive der so genannten *Ambusher*, der Werbeadressaten und auch der öffentlichen Hand – zu einem *prima facie* angemessenen Ausgleich führt. Zudem lassen sich, soweit dies ohne empirische Erkenntnisse zu den gesamtökonomischen Wirkungen so genannter *Ambush Marketing*-Maßnahmen möglich ist, keine negativen Auswirkungen auf den Wettbewerb feststellen. Vielmehr bietet die derzeit bestehende Rechtslage einerseits den Sportveranstaltern und ihren offiziellen Sponsoren, andererseits aber auch den übrigen Werbung treibenden Unternehmen ausreichende Anreize zur effektiven Gestaltung der Werbemaßnahmen, wovon letztlich auch die Endverbraucher profitieren. Zudem wird der Gefahr vorgebeugt, dass das aus dem anerkannten Ein-Verband-Prinzip resultierende weitgehende Monopol der Sportveranstalter bei der Organisation und Durchführung von Sportveranstaltungen auf den jeweils nachgelagerten Markt für deren Vermarktung in einer den Wettbewerb unnötig und unverhältnismäßig beschränkenden Weise ausgedehnt wird.

VII. Erwägungen *de lege ferenda*

1. Gesetzliches Leistungsschutzrecht für Sportveranstalter (Hilty/Henning-Bodewig)

Im Jahr 2006 haben sich Hilty und Henning-Bodewig in einem von Sportverbänden (DFB, DFL, DOSB) sowie von Senats- bzw. Staatskanzleien verschiedener Bundesländer (Berlin, Rheinland-Pfalz, Nordrhein-Westfalen, Bayern) in Auftrag gegebenen Rechtsgutachten für die Einführung eines gesetzlichen Leistungsschutzrechts für Sportveranstalter ausgesprochen. Zugleich wird ein von der Rechtsprechung geschaffener immaterialgüterrechtlicher Schutz auf der Grundlage des UWG strikt abgelehnt.[422] Hierfür seien weniger der *„Numerus clausus der IP-Rechte"* als vielmehr folgende Aspekte ausschlaggebend: ein von Judikatur gewährter absoluter Investitionsschutz auf der Basis der Generalklausel widerspreche der Systematik des UWG; die Gerichte seien mit den insoweit erforderlichen wirtschaftlichen Prognosen überfordert, zumal nur Einzelfallentscheidungen getroffen werden könnten; schließlich würde es zu einer unkontrollierten Ausdehnung von Ausschließlichkeitsrechten kommen. Die Schaffung oder Anerkennung neuer IP-Rechte sei daher dem Gesetzgeber vorbehalten.[423] Zur Klarstellung sei an dieser Stelle indes darauf hingewiesen, dass Hilty und Henning-Bodewig einem Einsatz des von ihnen befürworteten Leistungsschutzrechts für Sportveranstalter zur Abwehr von *Ambush Marketing*-Maßnahmen sehr skeptisch gegenüberstehen.[424]

Die Aspekte, die in dem Rechtsgutachten gegen einen von der Judikatur zu schaffenden immaterialgüterrechtlichen Schutz vorgebracht werden, sind freilich zu relativieren: Sicherlich lässt sich die Schrittmacherfunktion unterschiedlich beurteilen, die den mit komplizierten Problemen im Spannungsfeld von Immaterialgüter- und Lauterkeitsrecht befassten Spruchkörpern zukommt. Zunächst ist die Rechtsprechung nicht gezwungen, nur *„absoluten Investitionsschutz"* zu gewähren, sondern kann diesen an weitere Voraussetzungen knüpfen, wie dies auch in anderen Fällen geschehen ist. Dies spricht zudem dagegen, dass es zu der befürchteten *„unkontrollierten Ausdehnung von Ausschließlichkeitsrechten"* kommen könnte. Die Überforderung der Gerichte bei den *„erforderlichen wirtschaftlichen Prognosen"* ist zwar nicht auszuschließen. Indes muss die Judikatur gerade bei Anwendung des Wettbewerbsrechts schon seit jeher vielfach derartige Prognosen

---

422 *Hilty/Henning-Bodewig*, S. 71 f.
423 *Hilty/Henning-Bodewig*, S. 72.
424 *Hilty/Henning-Bodewig*, S. 83 f.; ausführlich hierzu unten VII. 5. c) aa) (S. 142 ff.) m. w. N.

vornehmen, wobei sie sich erforderlichenfalls auch sachverständiger Hilfe bedienen kann. Letztlich sollten – zumindest soweit assoziative Werbemaßnahmen mit Bezug zu Sportgroßveranstaltungen betroffen sind – vor einem Verweis auf den Gesetzgeber die dem so genannten *Ambush Marketing* zugrunde liegenden Interessen herausgearbeitet, im Lichte ökonomischer und wettbewerbspolitischer Erkenntnisse bewertet und sodann an den bestehenden rechtlichen Grenzen gemessen werden.

2. Neuer lauterkeitsrechtlicher Tatbestand (Jaeschke)

Nachfolgend hat sich Jaeschke für die Einführung einer in das UWG neu einzufügenden Vorschrift zur Eindämmung des *Ambush Marketings* ausgesprochen.[425] Dadurch soll allerdings allein das von Jaeschke so bezeichnete „*subtile Ambush Marketing 1. Grades*"[426] für unzulässig erklärt werden. Darunter versteht er Marketinghandlungen, die während des Ereignisses stattfinden und unerwartet aus dem Hinterhalt kommen; kennzeichnend seien einmalige Aktionen so genannter *Ambusher*, wie die Verteilung von Merchandisingartikeln vor der Sportstätte, strategisch angelegte Werbeplakataktionen in der Gastgeberstadt oder Werbeaktion im Luftraum über der Sportstätte. Ein in diesem Sinne eingeschränkter Veranstaltungsschutz wäre eine sachgerechte und verhältnismäßige Lösung.[427]

Gerade dieser Ansatz wäre unverhältnismäßig, weil – wie die Praxis der letzten Jahre belegt – die erfassten Formen des „*subtilen Ambush Marketings 1. Grades*" nahezu vollständig durch die Ausübung des Hausrechts, durch die Gestaltung der Vertragsbedingungen für den Verkauf der Eintrittskarten und nicht zuletzt durch die Mitwirkung der Veranstalterstädte aufgrund entsprechender Verpflichtungen in den so genannten *Host City Contracts* effektiv unterbunden werden können.

Auf der Basis einer sachlich unzutreffenden Darstellung der Ausführungen des Verfassers zur Forderung eines gesetzlichen Schutzrechts „*an den Kennzeichen von Großveranstaltungen*" (und damit eben nicht an „*einer vermarktungsfähigen (Sport-)Großveranstaltung*")[428] führt Jaeschke[429] sodann aus, der wirtschaftliche Wert der Werbung mit einem Sportgroßereignis sei auch ohne ein spezielles Schutzrecht schon hoch; durch ein spezielles Schutzrecht könne der Wert allerdings in der Tat noch gesteigert werden, um dann den angemessenen und gerechten Wert widerzuspiegeln; ein solches Gerechtigkeitspostulat sei etwa für das gesamte Urheberrecht wegweisend. Hier wird – freilich ohne jegliche Begründung – unterstellt,

---

425 Vgl. zum Folgenden *Jaeschke*, S. 71–73.
426 Hierzu *Jaeschke*, S. 7 f.
427 *Jaeschke*, S. 71.
428 Vgl. einerseits *Jaeschke*, S. 72 und andererseits *Heermann*, ZEuP 2007, 535, 583.
429 *Jaeschke*, S. 72.

der „angemessene und gerechte Wert" der Werbung mit einem Sportereignis müsse höher als bisher liegen. Allein die Bezugnahme auf das Gerechtigkeitspostulat vermag aber ein Einschreiten des Gesetzgebers kaum zu rechtfertigen.

Letztlich ist auch der konkrete Formulierungsvorschlag Jaeschkes[430] erheblichen Zweifeln ausgesetzt. So soll eine neue Vorschrift gegen *Ambush Marketing* in Anlehnung an den Wortlaut der §§ 4 Nr. 1, 4 Nr. 9 lit. b UWG und § 6 Abs. 2 Nr. 4 UWG als neuer § 4 Nr. 12 UWG mit folgendem Wortlaut in das Lauterkeitsrecht aufgenommen werden:

„Unlauter im Sinne von § 3 handelt insbesondere, wer Wettbewerbshandlungen vornimmt, die geeignet sind, die Wertschätzung der von einem Veranstalter oder dessen Lizenznehmer verwendeten Kennzeichen oder Abbildungen für eine (Sport-)Großveranstaltung oder die im Verkehr für derartige Veranstaltungen üblicherweise verwendeten Abkürzungen in unlauterer Weise auszunutzen oder zu beeinträchtigen."

In den Gesetzesmaterialien sei dann konkretisierend darzulegen, dass mit der Vorschrift nur die Fälle des *„subtilen Ambush Marketings 1. Grades"* erfasst werden sollen.

Es ist ungewöhnlich, den von vornherein als zu weit erachteten Anwendungsbereich einer Vorschrift über die Gesetzesmaterialien einzuschränken. Zudem erstreckt sich die vorgeschlagene Regelung allein auf *„die Wertschätzung"* von *„Kennzeichen oder Abbildungen für eine Sport(groß)veranstaltung"* oder die unlautere Ausnutzung von *„für derartige Veranstaltungen üblicherweise verwendeten Kennzeichen"*. Kennzeichnend und typisch für das so genannte *Ambush Marketing* ist aber grade die Ausnutzung der Werbewirkung und der Wertschätzung eines solchen Events, nicht nur etwaiger Kennzeichen und Abbildungen, so dass die Vorschrift ohnehin nur einen sehr eingeschränkten Anwendungsbereich hätte.[431] Schließlich ist die von Jaeschke favorisierte Einteilung des subtilen *Ambush Marketings* in Formen 1. Grades und solche 2. Grades ihrerseits kaum trennscharf durchzuführen. Auffällig ist auch, dass – wie bereits eingangs dargelegt – sämtliche Formen des *„subtilen Ambush Marketings 1. Grades"* nahezu vollständig durch die bestehenden Schutzmechanismen unterbunden werden können. Warum sollte also insoweit noch der Gesetzgeber tätig werden?

---

430 *Jaeschke*, S. 73.
431 Anders hingegen die im Vorfeld der Fußball-Europameisterschaft 2008 geplante, in der Folge aber nicht realisierte Ergänzung des Schweizer UWG; vgl. hierzu oben Fußn. 371 m. w. N.

3. Auswirkungen der Richtlinie 2005/29/EG über unlautere Geschäftspraktiken im binnenmarktinternen Geschäftsverkehr zwischen Unternehmen und Verbrauchern (UGP-RL)

Wenn sich letztlich ein Einschreiten des Gesetzgebers als sachgerecht und angemessen erweisen sollte, wären diejenigen Beschränkungen zu beachten, die von der UGP-RL ausgehen. Die UGP-RL regelt in ihrem Anwendungsbereich abschließend, welche Geschäftspraktiken im Verhältnis von Unternehmern zu Verbrauchern („*B2C*") unlauter und damit unzulässig sind. Die Richtlinie steht damit auf nationaler Ebene solchen legislativen oder judikativen Verboten oder Beschränkungen des so genannten *Ambush Marketings* nicht entgegen, die sich *ausschließlich* auf den Schutz von Mitbewerberinteressen stützen. Aber gibt es derartige Regelungen überhaupt oder werden diese nicht zumindest mittelbar stets auch dem Verbraucherschutz dienen? Problematisch gestaltet sich die Rechtslage insbesondere, wenn nationale Gesetzgeber oder Gerichte hierbei Geschäftspraktiken von Unternehmern gegenüber Verbrauchern aus Gründen des Mitbewerberschutzes verbieten, obwohl sie nach den Bestimmungen der UGP-RL nicht zu beanstanden sind. Denn dadurch könnte der Vorrang der Richtlinie untergraben werden, sofern die aus Gründen des Mitbewerberschutzes erlassene Regelung sich zum Nachteil der Verbraucher durch Einschränkung ihrer Wahlmöglichkeiten auswirken würde.[432]

Würde schließlich durch Gesetz oder Rechtsprechung nicht nur den Konkurrenten der offiziellen Sponsoren, sondern auch allen übrigen Unternehmen die Möglichkeit genommen, die eigenen Absatzchancen durch attraktive Assoziationswerbung zu erhöhen, würde dadurch eine Intensivierung des Wettbewerbs gerade verhindert.[433] Sodann wäre zu untersuchen, ob dadurch im Vergleich zu weiterhin zulässigen Werbemaßnahmen ohne jegliche Assoziationen zu Sportereignissen mit positivem Image die Position der Verbraucher spürbar beeinträchtigt würde.

4. Empirische Erkenntnisse zu den ökonomischen Wirkungen des Ambush Marketings

Schon seit geraumer Zeit verschaffen sich Gesetzgeber vor der Einleitung von Gesetzgebungsverfahren insbesondere im Bereich des Immaterialgüter-, Lauterkeits- und Kartellrechts einen Überblick über die zumeist kom-

---
432 *Köhler*, GRUR 2008, 841, 846 f.; einschränkend Piper/*Ohly*/Sosnitza, § 4 Rn. 10/5.
433 Vgl. zu diesem Aspekt *Hilty/von der Crone/Weber*, sic! 2006, 702, 704; zu den Auswirkungen einer möglichst umfassenden Beschränkung der *Ambush Marketing*-Maßnahmen auf den Wettbewerb siehe bereits oben IV. 6. (S. 45 ff.) m. w. N.

plexen ökonomischen Zusammenhänge in den zu regulierenden Bereichen. Da – wie die bisherigen Erfahrungen im In- und Ausland bestätigen – eine gesetzliche Regelung zur Eindämmung des so genannten *Ambush Marketings* vermutlich im Bereich des Immaterialgüter- oder Lauterkeitsrechts angesiedelt wäre, ist zu erwarten, dass in einen entsprechenden Gesetzgebungsprozess auch ökonomische Erwägungen mit einfließen würden. Vor diesem Hintergrund ist in den vergangenen Jahren wiederholt darauf hingewiesen worden, bislang lägen – soweit seinerzeit ersichtlich – keine gesicherten Erkenntnisse darüber vor, ob so genanntes *Ambush Marketing* die Interessen der Allgemeinheit und der Volkswirtschaft beeinträchtige oder ihnen zuwiderlaufe.[434]

Gegen die „*Einseitigkeit*" dieser Auffassung hat sich hernach Jaeschke mit deutlichen Worten gewandt.[435] Es könne kein Zweifel daran bestehen, dass aus der Schwächung der kommunikativen Wirkung offiziellen Sponsorings durch *Ambush Marketing* eine mangelnde Bereitschaft, zukünftige Großereignisse mit finanziellen Engagements in Höhe von zweistelligen Millionenbeträgen zu fördern, resultiere; dies wirke sich in direkter Folge negativ auf den Sport im Allgemeinen, vor allem auf die Nachwuchsförderung und die Durchführung defizitärer, für die Allgemeinheit aber sehr wichtiger Veranstaltungen aus.

Diese Argumentation ist nicht neu. Zweifelsohne werden die von Jaeschke angeführten Gefahren bis in die Gegenwart auch von interessierter Seite vorgetragen. Allerdings werden diese Gefahren bislang durch die tatsächliche Entwicklung der Sponsoringerlöse bei Sportgroßveranstaltungen nicht belegt – so bleibt auch Jaeschke einschlägige Nachweise schuldig. Zudem ist die unterstellte Kausalität zwischen etwaigen Reduzierungen in der Nachwuchsförderung oder bei der Durchführung für die Allgemeinheit wichtiger Veranstaltungen und den assoziativen Werbemaßnahmen so genannter *Ambusher* überaus zweifelhaft.

Wie vorangehend dargelegt,[436] liegen auch zwischenzeitlich noch keine neuen, umfassenden und gesicherten Erkenntnisse hinsichtlich der Auswirkungen des *Ambush Marketings* auf die wirtschaftlichen und sonstigen Aktivitäten der Sportveranstalter sowie den Wettbewerbsprozess im Allgemeinen vor. So hat Nufer[437] im Jahr 2010 in seiner empirisch-ökonomisch angelegten Habilitationsschrift zu Grundlagen, Strategien und Wirkungen des *Ambush Marketings* im Sport hervorgehoben, die Frage, ob und inwieweit diese Marketingmethode die Effektivität des Sponsorings von Sportevents einschränke, lasse sich aus bisherigen empirischen Untersuchungen

---

434 Zunächst im Jahr 2006 *Noth*, Sport und Recht, 3. Tagungsband, S. 19, 30; hieran anknüpfend *Heermann*, ZEuP 2007, 535, 583.
435 *Jaeschke*, S. 72.
436 Vgl. insbesondere IV. 2., 3. und 6. (S. 34 ff., 37 ff., 45 ff.).
437 Vgl. zum Folgenden *Nufer*, S. 116.

nicht abschließend beantworten. Verschiedene Studien kämen zu widersprüchlichen Ergebnissen bezüglich der Wirksamkeit des *Ambush Marketings*. Ausgegangen werden könne von einem „*Überschattungseffekt*", da die Aufmerksamkeit der Zielgruppe für die Sponsoringbotschaften durch die Kommunikationsmaßnahmen der *Ambusher* gestört werde. Die konkrete Wirkung dieses Effekts sei jedoch noch weitgehend unerforscht. Es mangele bislang insgesamt weltweit an empirischen Untersuchungen zum *Ambush Marketing* – insbesondere an solchen, die nicht die Olympischen Spiele zum Gegenstand haben. Im internationalen Vergleich sei der deutschsprachige Raum vor allem in der empirischen Auseinandersetzung mit dem Phänomen *Ambush Marketing* noch unterrepräsentiert. In weiterführenden Untersuchungen gelte es daher, vertiefend zu analysieren, inwiefern Unternehmen im Rahmen von Sportevents mit *Ambush Marketing* Erfolg haben können bzw. inwieweit *Ambush Marketing* dazu in der Lage sei, das Engagement offizieller Sponsoren „*zu kannibalisieren*".[438]

Letztlich gelangt Nufer zwar aufgrund eines umfassenden Vergleichs der anlässlich der Fußball-Weltmeisterschaft 1998 – gekennzeichnet durch ein eher unentschlossenes Vorgehen der FIFA gegen *Ambush Marketing* – ermittelten Untersuchungsergebnisse mit denen der Fußball-Weltmeisterschaft 2006 – geprägt durch deutlich intensiver praktizierten Schutz der Rechte der WM-Sponsoren durch das *Rights Protection Programme* der FIFA – zu neuen Erkenntnissen. Bei deren Bewertung sind allerdings die Grenzen seiner empirischen Untersuchungen zu berücksichtigen:[439] So wurden hierfür ausschließlich psychologische Zielgrößen gemessen. Demgegenüber müssten, so Nufer, für ein abschließendes ökonomisches Fazit (z. B. auf Basis von Kosten-Nutzen-Überlegungen) zusätzlich die relevanten, jedoch schwer zugänglichen, ökonomischen Daten der einzelnen WM-Sponsoren mit berücksichtigt werden.

Aber auch mit diesen Einschränkungen gelangt Nufer[440] zu einer hinsichtlich der Fußball-Weltmeisterschaften 1998 und 2006 empirisch abgesicherten Erkenntnis, die im Hinblick auf etwaige legislative Maßnahmen zur weiteren Beschränkung des so genannten *Ambush Marketings* bedeutsam ist: Die Hypothese, dass umfassende Anti-Ambushing-Maßnahmen garantieren können, dass *Ambush Marketing* die Aufmerksamkeit nicht von den offiziellen WM-Sponsoren abzulenken vermag, würde durch die ermittelten Untersuchungsergebnisse abschließend weder bestätigt noch verworfen. Eine Konsequenz von strengen Rechteschutz-Programmen sei

---

438 Die Wahl des pejorativen Verbs „*kannibalisieren*" ist zumindest unglücklich, weil sie mit einer sachlich nicht gerechtfertigten sprachlichen Vorverurteilung assoziativer Werbemaßnahmen einhergeht.
439 Hierzu *Nufer*, S. 296.
440 *Nufer*, S. 292.

auch die Entwicklung noch kreativerer und damit womöglich auch wirkungsvollerer *Ambushing*-Maßnahmen.

5. Parallelen zu den Bestrebungen zur Einführung eines neuen Urheberschutzrechts für Presseverlage?

a) Ausgangssituation

Nach einer entsprechenden Vereinbarung im Koalitionsvertrag der Regierungsparteien CDU, CSU und FDP aus dem Jahr 2009 wollen die Koalitionäre ein Leistungsschutzrecht für die Presseverlage einführen, um dadurch eine Gleichstellung von Online-Verlagen mit anderen Werkmittlern sicherzustellen.[441] Ein Ziel der Presseverlage besteht darin, die eigenen journalistischen Inhalte vor dem gewerblichen Zugriff Dritter im Internet – insbesondere auch Suchmaschinen – zu schützen. So stellen etwa Suchmaschinen nach entsprechender Anfrage seitens der Internetnutzer kurze, ein oder zwei Sätze umfassende Textausschnitte (so genannte *Snippets*) kostenfrei zugänglicher journalistischer Online-Publikationen zusammen, die sodann beim Anklicken eines beigefügten Links im Volltext gelesen werden können. Hierdurch wird nicht nur die Artikelsuche erleichtert, sondern – so argumentieren die Presseverlage – die Suchmaschinen sollen sich mit Hilfe der journalistischen Leistungen der Verlage auch Werbeerlöse verschaffen. Je attraktiver die Suchmaschine ist, desto größer ist die Zahl der Internetnutzer, was sich auf die Höhe der erzielbaren Werbeeinnahmen der Suchmaschinenbetreiber auswirken kann. Hiergegen sehen sich die um ihr Geschäftsmodell bangenden Presseverleger unzureichend geschützt.

Prima facie drängen sich Parallelen zum Verhältnis von Sportveranstaltern und ihren offiziellen Sponsoren zu so genannten *Ambushern* auf. Wie der nachfolgende Überblick zeigen wird, weisen die zentralen Argumentationsstränge der aktuellen Diskussion zu einem Leistungsschutzrecht der Presseverleger deutliche Ähnlichkeit mit den – bereits diskutierten[442] – Gründen auf, die für einen sondergesetzlichen Schutz der Sportveranstalterrechte gegen *Ambusher* ins Feld geführt werden. Kann aus den geschilderten Umständen geschlossen werden, dass ein Sonderschutzrecht von Sportveranstaltern zur Abwehr von *Ambush Marketing*-Maßnahmen gleichfalls alsbald auf der politischen Agenda stehen könnte oder sollte? Ob und – wenn ja – inwieweit sind die Konstellationen hinsichtlich der Trittbrett-

---

441 Vgl. neben zahllosen Diskussionsbeiträgen in einschlägigen Internetforen aus Fachpublikationen stellvertretend *Frey*, MMR 2010, 291 ff.; *Hegemann/Heine*, AfP 2009, 201 ff.; *Paal/Hennemann*, ZRP 2010, 40 ff.; *Schweizer*, ZUM 2010, 7 ff.; zur Stellungnahme der GRUR zur Anhörung des Bundesministeriums der Justiz am 28. 06. 2010 zum Thema „Leistungsschutzrecht für Verleger" vgl. *Kunz-Hallstein/Loschelder*, GRUR 2010, 808 f.
442 Vgl. oben IV. 2.-6. (S. 34 ff.).

fahrerproblematik vergleichbar? Oder existieren sachliche Gründe, die etwaige Parallelwertungen ausschließen?

Dies kann und soll nicht der Ort sein, zur aktuellen Diskussion um ein Leistungsschutzrecht für Presseverlage Stellung zu beziehen. Allerdings sollen die Auswirkungen dieser Diskussion auf die Forderung nach Einführung sondergesetzlichen Schutzes von Sportveranstaltern und ihren offiziellen Sponsoren gegen so genannte *Ambusher*[443] herausgearbeitet und bewertet werden. Die Eindämmung assoziativer Werbemaßnahmen stellt freilich nur eines von verschiedenen Motiven zur Einführung eines neuen Sportveranstalterrechts dar. Die übrigen Motive (etwa eine neue und insbesondere vom Hausrecht losgelöste Möglichkeit der dogmatischen Einordnung von Fernsehübertragungsrechten) bleiben nachfolgend deshalb unberücksichtigt.

b) Vergleichbarkeit der Ausgangslagen in rechtlich-ökonomischer Hinsicht?

aa) Gefahr der sprachlichen Vorverurteilung

Jüngst hat Nufer die *unautorisierte* Verwendung von Event-Materialien (Angebot von eventaffinen Dienstleistungen und Zweitverwertung) als primär produktpolitisch motiviertes direktes (plumpes) *Ambush Marketing* eingestuft.[444] So solle es sich ebenfalls um eine Zweitverwertung handeln, wenn Ergebnisdienste auf ihren Webseiten aktuelle Spielstände bekannt gäben; das Geschäftsmodell bestehe darin, dass eine steigende Besucherzahl den Verkaufspreis von Bannerwerbung ansteigen lässt oder dass der Ergebnisdienst für den Nachfrager gebührenpflichtig ist.[445]

Diese Erwägungen sind zumindest irreführend, weil es einer *Autorisierung* der beschriebenen „Event-Materialien" durch einen Sportveranstalter *de lege lata* überhaupt nicht bedarf, sofern diese weder durch gesetzliche Vorschriften geschützt sind noch der Verwender gegen rechtswirksame vertragliche Verpflichtungen verstoßen hat. Nach vorherrschender Auffassung gehören aber Spielstände (oder auch Spielansetzungen) grundsätzlich zu gemeinfreien Informationen, nachdem diese veröffentlicht worden sind.[446] Mit der Publikation sind die Informationen zu einer allgemein zugänglichen Quelle geworden, deren Nutzung nach Art. 5 Abs. 1 Satz 1 Halbs. 2 GG gewährleistet ist.[447]

Dieses exemplarisch beschriebene Argumentationsmuster ist in verschiedener Hinsicht bemerkenswert:

---

443 Vgl. oben VII. 1. und 2. (S. 132 ff.) und nachfolgend VII. 6. (S. 147 ff.) m. w. N.
444 *Nufer*, S. 55–57.
445 *Nufer*, S. 56.
446 Vgl. hierzu stellvertretend *Heermann*, CaS 2010, 227, 229 f. in Bezug auf Spielpläne.
447 *Laier*, S. 387.

– Zunächst werden vielfach – das Beispiel ist wahrlich kein Einzelfall – ohne Berücksichtigung der rechtlichen Grundlagen bestimmte Geschäftsmodelle oder assoziative Marketing-Maßnahmen bereits durch die Wahl von pejorativen Begrifflichkeiten („*Ambush Marketing*", „*Guerilla-Marketing*", „*parasitäres Marketing*") oder durch voreilige und unreflektierte rechtliche Bewertungen („*unautorisiert*") in sachlich ungerechtfertigter Weise vorverurteilt.
– Zwar ist das Beispiel der Ergebnisdienste im Ansatz durchaus vergleichbar mit der Interessenlage, die zu den Bestrebungen geführt hat, ein gesetzliches Leistungsschutzrecht für Presseverleger zu schaffen. Können die zugrunde liegenden Sachverhalte und die damit verbundenen verfassungsrechtlich geschützten Positionen – Pressefreiheit einerseits und Verbandsautonomie andererseits – aber sachlich überhaupt auf eine Stufe gestellt werden? Hieran bestehen erhebliche Zweifel. Soweit es sich bei Sportveranstaltern um Verbände handelt, wird über Art. 12 Abs. 1 GRC i. V. m. Art. 6 Abs. 2 EUV, Art. 11 EMRK und Art. 9 Abs. 1 GG deren Verbandsautonomie garantiert. Daraus können Sportveranstalter aber nicht in vergleichbarem Maße wie Presseverleger über Art. 5 Abs. 1 Satz 2 GG grundrechtlichen Schutz für die Durchführung eigener wirtschaftlicher Aktivitäten ableiten.[448] An dieser Bewertung vermag auch die Stärkung der Position der Sportverbände, die diese durch Art. 165 AEUV – danach ist die EU verpflichtet, im Rahmen der Ausübung ihrer Zuständigkeit die Besonderheiten des Sports zu berücksichtigen – erfahren haben,[449] nichts zu ändern.
– Schließlich zeigt das Beispiel eindrucksvoll, dass die Notwendigkeit der Einführung eines neuen Leistungsschutzrechts zugunsten von Sportveranstaltern kaum pauschal, sondern jeweils nur in Abhängigkeit von dem jeweiligen Umfang und Anwendungsbereich des Schutzrechts bewertet werden kann.

bb) Wirtschaftliche Ausgangslage der Presseverlage und Sportveranstalter

Presseverlage sehen sich inzwischen in ihrer wirtschaftlichen Existenz bedroht. Die von ihnen beklagte Schutzlücke soll aus dem Umstand resultieren, dass sie früher beim selbst kontrollierten Vertrieb ihrer Erzeugnisse die vorangegangenen Investitionen bei der Preisgestaltung hätten berücksichtigen können, wodurch eine wirtschaftliche Kalkulation gewährleistet gewesen sei. Auf diese ökonomischen Gegebenheiten haben der – vielfach kostenlose – Online-Vertrieb journalistischer Leistungen durch die Presseverlage sowie die weitere Nutzung dieser nunmehr frei verfügbaren Inhalte

---

448 Vgl. hierzu sogleich VII. 5. b) bb) und cc) (S. 140ff.).
449 Hierzu jüngst *Brost*, SpuRt 2010, 178 ff.; *Muresan*, CaS 2010, 99 ff.; *Weatherill*, ISLJ 2010, 11 ff.

etwa durch Suchmaschinen Einfluss genommen, ohne dass die ökonomischen Interdependenzen schon eindeutig ermittelt worden sind.

Demgegenüber stellt sich die wirtschaftliche Ausgangssituation für Sportveranstalter auch nach dem Aufkommen des so genannten *Ambush Marketings* – in zeitlicher Hinsicht mit der Verbreitung des Internets weitgehend vergleichbar – anders dar. Es sind bislang keine Anzeichen dafür erkennbar, dass durch das so genannte *Ambush Marketing* für Sportveranstalter die Wirtschaftlichkeit ihrer geschäftlichen Aktivitäten insgesamt in Frage gestellt wird. Die Einnahmen des Lizenzgeschäfts (insbesondere Merchandising- und Medienrechte) können über den Umfang der vergebenen Lizenzrechte, das Ausmaß ihrer jeweiligen Exklusivität und die Zahl der Lizenznehmer nach wie vor gesteuert werden. Im Gegensatz zu Presseverlegern können Sportveranstalter die Verbreitung der ihnen zustehenden Rechte effektiver kontrollieren, diese können von Dritten nicht in ihrer Gesamtheit unmittelbar übernommen und für eigene Zwecke genutzt werden. Zwar ließe sich argumentieren, dass sich einerseits *Ambusher* an den guten Ruf der Veranstaltung anlehnen und andererseits Suchmaschinenbetreiber die Zusammenstellung urheberrechtlich zulässiger so genannter *Snippets* nutzen, um dadurch eigene Einnahmen zu erzielen. Ein wesentlicher Unterschied besteht indes darin, dass Suchmaschinenbetreiber in gesetzeskonformer Weise Ausschnitte ursprünglich urheberrechtlich geschützter Werke übernehmen, während *Ambusher* regelmäßig die vertraglich oder gesetzlich geschützten Rechtspositionen der Sportveranstalter weder teilweise noch vollständig übernehmen, sondern üblicherweise von vornherein gemeinfreie Bereiche für eigene kommerzielle Zwecke nutzen.

cc) **Pressefreiheit *versus* Verbandsautonomie**

Presseverleger genießen als so genannte „*vierte Gewalt im Staat*" einen besonderen Grundrechtsschutz in Art. 5 Abs. 1 Satz 2 GG, der die Unabhängigkeit journalistischer Betätigung, eine qualitativ hochwertige und vielfältige Presselandschaft und damit letztlich die Meinungs- und Kommunikationsvielfalt absichert. Soweit es sich bei Sportveranstaltern um Verbände handelt, wird über Art. 12 Abs. 1 GRC i. V. m. Art. 6 Abs. 2 EUV, Art. 11 EMRK und Art. 9 Abs. 1 GG deren Verbandsautonomie garantiert. Daraus können Sportveranstalter – anders als Presseverleger über Art. 5 Abs. 1 Satz 2 GG – aber nicht in vergleichbarem Maße grundrechtlichen Schutz für die Durchführung eigener wirtschaftlicher Aktivitäten ableiten. Nur wenn Sportveranstalter ihre exklusive Funktion bei der Organisation und Durchführung von Sportevents und gegebenenfalls hinsichtlich der Finanzierung des Leistungs- und Breitensports aufgrund des *Ambush Marketings* nicht mehr in wirtschaftlich vertretbarer Weise ausüben könnten, wäre ein Eingriff des Staates zum Schutz der für die Verbandsautonomie notwendigen Grundvoraussetzungen gerechtfertigt. Die Art. 12 Abs. 1 GRC i. V. m.

Art. 6 Abs. 2 EUV, Art. 11 EMRK und Art. 9 Abs. 1 GG bieten Sportveranstaltern aber keine Garantie dafür, dass die von ihnen organisierten Events frei von jeglicher Konkurrenz und mit größtmöglichem Gewinn vermarktet werden können. Vielmehr ist zu gewährleisten, dass die Sportverbände ihren satzungsmäßigen Aufgaben nachkommen können.

Nach Art. 165 AEUV ist die EU verpflichtet, im Rahmen der Ausübung ihrer Zuständigkeit die Besonderheiten des Sports zu berücksichtigen.[450] Aber auch diese Regelung vermag einen verstärkten, über das bisherige Maß hinausgehenden gesetzlichen oder judikativen Schutz der Sportveranstalter etwa gegen assoziative Werbemaßnahmen nicht zu rechtfertigen. Art. 165 AEUV kann insbesondere nicht als Grundlage dafür dienen, pauschale und umfassende Bereichsausnahmen oder rechtliche Vergünstigungen für den Sport in Bezug auf das EU-Recht zu fordern.[451]

c) Wettbewerbspolitische Erwägungen

aa) Vorliegen eines Marktversagens?

Die Einführung eines Leistungsschutzrechts für Presseverleger ist verbreitet mit dem Hinweis auf die Gefahr des Ausbleibens von erforderlichen Innovationen, eines daraus resultierenden Absinkens der Qualität der Pressearbeit und damit letztlich eines Marktversagens begründet worden. Unabhängig davon, ob und – wenn ja – inwieweit diese Gefahren wirklich begründet sind, werden vergleichbare Gefahren für Sportveranstalter und deren offizielle Sponsoren durch *Ambush Marketing*-Maßnahmen nicht begründet. Es sind derzeit keinerlei Anzeichen dafür erkennbar, dass bei Sportgroßveranstaltungen aufgrund der dem so genannten *Ambush Marketing* zugeschriebenen Gefahren Innovationen ausbleiben, die Qualität nachlässt, die Einnahmen in erheblichem Umfang sinken und der Markt für die Organisation und Durchführung von Sport(groß)veranstaltungen versagt. Auch auf dem nachgelagerten Markt des gemeinnützigen Sportbetriebs kommt es aufgrund etwaiger verminderter Einnahmen der Sportdachverbände zu keinem Marktversagen im zuvor beschriebenen Sinne.[452] Davon könnte erst ausgegangen werden, wenn auf diesem Markt die Erfüllung der Grundbedürfnisse nicht länger finanziell abgesichert wäre. Von einem Marktversagen kann hingegen nicht schon dann gesprochen werden, wenn die Finanzierung sportlicher Großereignisse Schwierigkeiten bereitet. Solche Events müssen sicherlich in angemessenem Rahmen und Umfang durchgeführt werden können, zumal sie sich nur unter diesen Voraussetzungen als attraktives Produkt gewinnbringend vermarkten lassen. Hierdurch werden indes

---

450 Siehe hierzu die Nachweise in Fußn. 449.
451 *Muresan*, CaS 2010, 99, 102; *Brost*, SpuRt 2010, 178, 180; tendenziell ebenso, wenngleich ohne eindeutige Festlegung *Weatherill*, ISLJ 2010, 11, 15.
452 Siehe hierzu auch bereits oben IV. 3. (S. 37 ff.) m. w. N.

5. Parallelen zur Einführung eines neuen Urheberschutzrechts für Presseverlage?

nicht jegliche – teils exorbitante – Kostensteigerungen gerechtfertigt. So sind Ausgaben für ausgelobte Antrittsgelder oder Siegprämien für teilnehmende Athleten, Mannschaften oder Verbände angemessen, solange nur dadurch sichergestellt werden kann, dass in einer bestimmten Sportart die Besten gegeneinander zum Wettkampf antreten. Anders gestaltet sich die Situation hinsichtlich des Sportstättenbaus. Sofern sich der Veranstalter hieran direkt oder indirekt beteiligt, sollten in jedem Fall die notwendigen Aufwendungen und nur in Ausnahmefällen Luxusaufwendungen mit berücksichtigt werden. Entsprechendes gilt auch für die sonstigen Aufwendungen der Veranstalter für die Organisation und Durchführung ihrer Events.

Neben einem Marktversagen wegen fehlenden Anreizes zu Investitionen ist zuletzt von Hilty und Henning-Bodewig ein Marktversagen durch fehlgeleiteten Schutz als Rechtfertigung für die Einführung eines Leistungsschutzrechts für Sportveranstalter diskutiert worden. Ein solches Marktversagen durch fehlgeleiteten Schutz könne drohen, wenn es infolge eines inadäquaten Schutzes zu einer Störung des Verhältnisses Wettbewerbsfreiheit/Wettbewerbsbeschränkung komme oder zu einem Zustand, der dem Prinzip der Rechtsklarheit und -sicherheit zuwiderlaufe.[453] Die weiteren Ausführungen sind für die Ausgangsfrage der Notwendigkeit eines gesetzlichen Veranstalterrechts zur Eindämmung von *Ambush Marketing*-Maßnahmen von besonderem Interesse. So führe in der Praxis der gegenwärtige Rechtszustand dazu, dass schützenswerte Leistungen in einem bedeutenden Wirtschaftszweig mangels klaren Rechtsschutzes von Dritten zu kommerziellen Zwecken ausgebeutet werden könnten. Er führe jedoch auch dazu, dass in Wahrheit nicht bestehende Rechte wie etwa Fernsehübertragungsrechte an Sportveranstaltungen „*anerkannt*" und wie IP-Rechte behandelt würden, wobei es infolge *bargaining power* der „*Rechtsinhaber*" nicht unmöglich zu sein scheine, auch einen über das Ziel – d. h. das ökonomisch Wünschenswerte – hinausreichenden Rechtsschutz zu erzielen. Es bestehe jedenfalls die Gefahr, dass ein punktuell gegebener Rechtsschutz in den Bereichen, in denen er durchgesetzt werden kann, unkontrolliert Sachverhalte mit erfasst, die im Allgemeininteresse frei bleiben sollten.[454]

Daneben verkennen Hilty und Henning-Bodewig nicht die vergleichbare Gefahr eines „*überschießenden*" Rechtsschutzes, der von legislativen Maßnahmen ausgehen kann. So könne sich der Druck auf den Gesetzgeber, punktuell mehr Rechtsschutz zu gewähren, anhand sehr spezieller Konstellationen erhöhen, was im Erfolgsfall zu einer unerwünschten Beschränkung der Wettbewerbsfreiheit und zu einer nicht gerechtfertigten Beeinträchtigung der Interessen der Allgemeinheit und anderer Marktteilnehmer führen

---

453 Näher hierzu *Hilty/Henning-Bodewig*, S. 82; *Glimski*, S. 120 ff. für das Leistungsschutzrecht für künstlerische Veranstaltungen.
454 *Hilty/Henning-Bodewig*, S. 83.

könne. Exemplarisch verweisen Hilty und Henning-Bodewig auf Versuche, in das – dem deutschen UWG in seiner funktionalen Betrachtungsweise sehr ähnliche – Schweizer Gesetz gegen den unlauteren Wettbewerb ein Verbot des so genannten *Ambush Marketings* einzuführen.[455] Derartige Sonderregelungen, die einer konkreten Interessenlage Einzelner Rechnung trügen, schössen dann punktuell über das Ziel eines adäquaten Leistungsschutzes hinaus, indem sie etwa zu einem Verbot der Bezugnahme auf das Sportereignis an sich führen – obwohl derartige Bezugnahmen aus der Sicht der Mitbewerber funktional nicht *per se* negativ seien und es sich aus der Sicht der Allgemeinheit um einen Gegenstand der freien Kommunikation handele, der bereits aus verfassungsrechtlichen Gründen frei sein sollte.[456]

Damit kann festgehalten werden, dass selbst die Verfechter der Figur des Marktversagens durch fehlgeleiteten Schutz, die sich noch nicht allgemein hat durchsetzen können und deren Voraussetzungen bislang durchaus vage sind, vor dem Hintergrund der Erfahrungen in der Schweiz der Einführung eines Sportveranstalterrechts zur Eindämmung des so genannten *Ambush Marketings* skeptisch gegenüberstehen.

bb) Gefahr der Marktkonzentration?

Presseverleger stützen ihre Forderung nach Einführung eines Sonderschutzrechts auch darauf, aufgrund sinkender Einnahmen aus dem zurückgehenden Absatz der Printmedien und den damit verbundenen Einbußen bei den Werbeeinnahmen würde andernfalls der allgemein zu beobachtende Trend zu Kooperationen und zu einer allgemeinen Marktkonzentration verstärkt. Demgegenüber ist der Markt für die Organisation und Durchführung von Sport(groß)veranstaltungen aufgrund des Ein-Verband-Prinzips im Sport bereits tendenziell stark monopolistisch strukturiert. Die Marktzutrittsschranken sind letztlich so hoch, dass sich in einzelnen Sportarten sowie bei bestimmten Veranstaltungsformen (etwa bei Olympischen Spielen) neben den bestehenden Dachverbänden keine Wettbewerber mehr etablieren können. Etwaige Konzentrationstendenzen sind auf dem Markt für die Organisation und Durchführung von Sportveranstaltungen daher nicht zu konstatieren. Vielmehr würde die ohnehin starke Marktposition der Sportveranstalter noch zusätzlich gestärkt, wenn es auf dem nachgelagerten Markt zu einer weitgehenden Monopolisierung der Vermarktungsrechte an Sportveranstaltungen käme.[457]

cc) Zweifelbehaftete (gesamt-)ökonomische Grundannahmen

Die Verfechter eines Leistungsschutzrechts für Presseverleger verweisen mitunter darauf, dass im Internetzeitalter die Kosten für die Veröffent-

---

455 Vgl. hierzu etwa den Vorschlag von *J. Müller*, SpuRt 2006, 101, 104.
456 *Hilty/Henning-Bodewig*, S. 83 f. m. w. N.
457 Siehe hierzu schon IV. 6. b) gg) (S. 51).

lichung eines Artikels gleich blieben, während die Einnahmen sänken. Ebenso wie Sportveranstalter und ihre offiziellen Sponsoren vernachlässigen Presseverleger vielfach die positiven gesamtwirtschaftlichen Effekte. So liegt die Annahme nicht fern, dass durch Suchmaschinen die Recherchetätigkeiten, die einen erheblichen Anteil an der journalistischen Tätigkeit haben, zeit- und damit auch kostengünstiger durchgeführt werden können. In vergleichbarer Weise werden von Sportveranstaltern und ihren offiziellen Sponsoren die aufmerksamkeitserhöhenden Effekte vernachlässigt, die mit assoziativen Werbemaßnahmen so genannter *Ambusher* im Vorfeld einer Sportgroßveranstaltung einhergehen.[458]

Sowohl im Hinblick auf ein Leistungsschutzrecht für Presseverleger als auch ein solches für Sportveranstalter verlieren deren Verfechter mitunter die gesamtökonomischen Auswirkungen auf die anderen Marktteilnehmer aus dem Blick. So hätten in beiden Fällen die Definitionen des jeweiligen Schutzgegenstandes, die zu einer Monopolisierung von Nachrichtenmeldungen, Begrifflichkeiten oder Vermarktungsobjekten führen, Folgen einerseits auf die Ressourcen der Informationsgesellschaft und andererseits auf die Meinungsbildung der Endkunden. Je nach Schutzumfang würde mehr oder weniger tief in den Wettbewerb auf benachbarten Märkten zwischen den Anbietern von Online-Journalismus einerseits und zwischen Werbung treibenden Unternehmen[459] andererseits eingegriffen. Diese Auswirkungen wären im Rahmen einer gesamtökonomischen Kosten-Nutzen-Bewertung angemessen zu berücksichtigen.

dd) Vergleichbarkeit der Ausgangslage von Presseverlegern oder Sportveranstaltern mit Fernseh- und Filmproduzenten, Sendern und Tonträgerherstellern?

Presseverleger und Sportveranstalter streben letztlich ähnliche Rechtspositionen an, wie sie Fernseh- und Filmproduzenten, Sender und Tonträgerhersteller aufgrund gesetzlicher Sonderstellungen bereits jetzt innehaben. Aber kann ein Leistungsschutzrecht für Sportveranstalter zur Eindämmung des so genannten *Ambush Marketings* mit den vorgenannten gesetzlichen oder dem zugunsten von Presseverlegern geplanten Leistungsschutzrecht wirklich auf eine Stufe gestellt werden?

Die Besonderheit einer Sportveranstaltung besteht darin, dass es sich hierbei – anders als bei zahlreichen Fernseh- und Filmproduktionen sowie Tonaufzeichnungen – um ein nur sehr zeitnah effektiv vermarktungsfähiges Produkt handelt. Je älter die Fernsehaufzeichnung etwa eines Fußballspieles ist, desto geringer wird das Zuschauerinteresse hieran sein. Demgegen-

---

458 Vgl. hierzu bereits IV. 6. b) aa) (S. 47).
459 In diesem Zusammenhang hat *Nufer*, S. 102 darauf hingewiesen, *Ambush Marketing* berge ein großes Potenzial in sich, die Kommunikationspolitik durch innovative und bisweilen auch amüsante Ansätze zu bereichern.

über schwindet das Zuschauerinteresse an Film- und Fernsehproduktionen je nach deren Alter zwar auch, aber nicht in gleichem Maße, wie die zahlreichen Wiederholungen beweisen, die vielfach noch ein Millionenpublikum anzulocken vermögen. Das bedeutet, dass Sportveranstalter im Gegensatz zu Fernseh- und Filmproduzenten, Sendern und Tonträgerherstellern
- bei überdurchschnittlicher Attraktivität ihres kurzlebigen Produkts über eine relativ starke Verhandlungsmacht verfügen und
- zugleich einen nur relativ beschränkten Zeitraum zur Refinanzierung ihrer Investitionen zur Verfügung haben.

Diese abweichenden Marktbedingungen sprechen *per se* weder für noch gegen die Einführung eines gesetzlichen Leistungsschutzrechts für Sportveranstalter. Sie wären jedoch bei der Ausgestaltung des gesetzlichen Schutzumfangs ebenso angemessen zu berücksichtigen wie die Gefahr eines Marktversagens wegen fehlenden Anreizes zu Investitionen. Diese Gefahr ist bei den gesetzlichen Sonderschutz genießenden Werkmittlern zumindest auf den ersten Blick höher einzustufen ist als bei Sportveranstaltern.

ee) Ziel eines Leistungsschutzrechts?

Wenn man trotz der sich aus den vorangehenden Abschnitten ergebenden Bedenken die Schaffung eines gesetzlichen Sportveranstalterrechts ähnlich den urheberrechtlichen Schutzpositionen von Fernseh- und Filmproduzenten, Sendern und Tonträgerherstellern für erforderlich erachtet, muss besonderes Augenmerk auf das Ziel einer solchen Vorschrift gerichtet werden. Sicherlich dient das Urheberrecht dem Ziel, die Entstehung von Wissenschaft, Kultur und Kunst, mithin von immateriellen Gütern zu sichern. Mittelbar dient das Urheberrecht aber auch der Ermöglichung und Absicherung bestimmter Geschäftsmodelle. Diese werden indes nicht *per se* geschützt, sondern sie müssen sich im Wettbewerb, der insbesondere auch von Innovationen und Dynamik geprägt ist, bewähren.

Was soll nunmehr die Zielsetzung eines Sportveranstalterrechts sein? Zu dieser Frage braucht hier wegen der inhaltlich auf das Phänomen des *Ambush Marketings* beschränkten Ausgangsfrage nicht abschließend Stellung bezogen werden. Soweit ein neu zu schaffendes Sportveranstalterrecht jedoch der Eindämmung möglichst sämtlicher Formen assoziativer Werbemaßnahmen, die einen Bezug zu einem Sportevent herstellen, bezwecken sollte, wäre die Erforderlichkeit eines solchen Sonderschutzrechts neben den bereits *de lege lata* bestehenden gesetzlichen und vertraglichen Schutzmöglichkeiten erheblichen Zweifeln ausgesetzt.

d) Ergebnis

Der Umstand, dass nach den vorangehenden Erwägungen die Einführung eines Leistungsschutzrechts für Sportveranstalter zumindest zwecks Eindämmung assoziativer Werbemaßnahmen nicht zwingend erforderlich ist, hindert den Gesetzgeber natürlich nicht, gleichwohl in diesem Bereich tätig zu werden. Im Rahmen einer politischen Wertentscheidung sind die Interessen der Beteiligten gegeneinander abzuwägen. Hierbei gilt es, einen Ausgleich zu finden, damit zum einen die Finanzierung sportlicher Großveranstaltungen und die Aufgabenerfüllung durch Sport(dach)verbände gesichert bleiben und zum anderen zugleich die Wettbewerbsfreiheit auf dem Werbemarkt nicht unverhältnismäßig eingeschränkt wird.[460]

6. Sondergesetzlicher Schutz gegen Ambush Marketing anlässlich der Olympischen Sommerspiele 2012 in London

Seit geraumer Zeit hat das Internationale Olympische Komitee (IOC) angekündigt, dass bei der Wahl künftiger Austragungsorte für Olympische Sommer- oder Winterspiele berücksichtigt wird, ob die jeweilige nationale Gesetzgebung einen umfangreichen Schutz für die olympischen Symbole und Begriffe und damit insbesondere auch Schutz vor so genanntem *Ambush Marketing* bietet.[461] Sondergesetzlicher Schutz als *Conditio sine qua non* für die vage Aussicht, den Zuschlag für die Durchführung Olympischer Spiele zu erhalten – diese Entwicklung spiegelt einerseits die zunehmende Verhandlungsmacht des IOC, aber auch anderer internationaler Sportdachverbände und andererseits das enorme Prestige wider, das für den Gastgeber mit der erfolgreichen Durchführung eines Sportgroßevents einhergehen kann.[462]

Nachfolgend soll wegen seiner nur sehr begrenzten Praxisrelevanz[463] nicht auf das deutsche Gesetz zum Schutz des olympischen Emblems und der olympischen Bezeichnungen (OlympSchG) eingegangen werden, zumal hierzu bereits fundierte Analysen vorliegen.[464] Vielmehr sollen im Vorfeld der Olympischen Sommerspiele 2012 in London der Olympic Symbol etc. (Protection) Act 1995 (OSPA 1995) sowie der London Olympic Games and Paralympic Games Act 2006 (LOGPGA 2006) im Überblick dargestellt und im Hinblick auf die Ausgangsproblematik bewertet werden. Diese Regelungswerke bilden derzeit vermutlich einen der weltweit strengsten gesetzgeberischen Ansätze zur Eindämmung des so genannten *Ambush Marketings* bei Sport(groß)veranstaltungen.

---
460 Ähnlich *Nufer*, S. 102.
461 *Mitschke*, S. 132.
462 Vgl. hierzu auch *Harris/Schmitz/O'Hare*, Ent. L.R. 2009, 20(3), 74; *Johnson*, I.S.L.R. 2008, Heft 2/3, 24, 26; *Vassallo/Blemaster/Werner*, 95 Trademark Rep. 2005, 1338, 1353.
463 Soweit ersichtlich, liegt bislang nur eine Entscheidung zum OlympSchG vor, vgl. LG Darmstadt, CaS 2006, 278 ff. mit Anmerkung *Heermann*, siehe hierzu auch oben III. 1. (S. 24 ff.).
464 Grundlegend *Rieken*, S. 136 ff.; vgl. außerdem *Furth*, S. 54 ff.

a) Überblick

Als London den Zuschlag für die Ausrichtung der Olympischen Sommerspiele 2012 erhalten hatte, bestand zwar mit dem Olympic Symbol etc. (Protection) Act 1995 (OSPA 1995) bereits ein nationales Gesetz zum Schutz der olympischen Embleme und Symbole. Dieses wurde jedoch auch unter Berücksichtigung der sonstigen Rechtsschutzmöglichkeiten gegen *Ambush Marketing* in Großbritannien[465] (insbesondere *passing off, defamation, confidential information, trade marks, copy right, advertising self-regulatory codes, Press Complaints Commission code of practice*) im Hinblick auf die bevorstehenden Olympischen Sommerspiele im eigenen Land als unzureichend erachtet. Alsbald wurde die erste Fassung des neuen Sondergesetzes, London Olympic Games and Paralympic Games Bill, präsentiert. Nach mehreren Überarbeitungen wurde das Gesetz schließlich als London Olympic Games and Paralympic Games Act 2006 (LOGPGA 2006) veröffentlicht.[466]

Der OSPA 1995 ist im Gegensatz zum LOGPGA 2006 nicht ausschließlich auf die Olympischen Spiele 2012 bezogen, sondern gilt unabhängig davon auch über diese hinaus. Die wesentlichen Änderungen des OSPA 1995 aufgrund des LOGPGA 2006 erstrecken sich auf folgende Punkte:

– Es ist ein *Paralympic Association Right* geschaffen worden.
– Für die Verwaltung und Durchsetzung der Rechte sind nicht länger allein die British Olympic Association (BOA) und die British Paralympic Association (BPA) zuständig, sondern nunmehr ebenfalls das London Organisation Commitee of the Olympic Games and Paralympic Games (LOCOG).
– Die Strafen für Verstöße gegen den OSPA 1995 sind auf bis zu 20.000 £ heraufgesetzt worden.
– Die Rechte des zwecks Einhaltung der Regelungen eingesetzten Personals sind gestärkt worden.
– Es ist eine Modifikation des *Olympics association right* i. S. d. Section 1–2 OSPA 1995 durch Section 32 LOGPGA 2006 erfolgt und dadurch das *London Olympics association right* geschaffen worden.

Die im Hinblick auf die Bekämpfung von *Ambush Marketing*-Maßnahmen bei den bevorstehenden Olympischen Sommerspielen 2012 bedeutsamste

---

[465] Vgl. hierzu etwa *Dore*, I.S.L.R. 2006, Heft 1, 40, 41; *dies.*, Ent. L.R. 2006, 17(3), 96; ausführlich *Farnsworth*, I.S.L.R. 2001, Heft 3, 210 ff. m. w. N.
[466] Vgl. hierzu *Barty*, Euro. Law. 2006, 58, 12; *Blakely*, Ent. L. R. 2006, 17(6), 183 ff.; *Dore*, I.S.L.R. 2006, Heft 1, 40, 42 ff.; *dies.*, Ent. L.R. 2006, 17(3), 96, 96 f.; *Harris/Schmitz/O'Hare*, Ent. L.R. 2009, 20(3), 74, 75; *Michalos*, I.S.L.R. 2006, Heft 3, 64, 69 ff.; *Miller*, I.S.L.R. 2008, Heft 4, 44, 45 f.; *Padley*, I.S.L.R. 2007, Heft 3, 33, 34 ff.

Änderung besteht sicherlich in der Statuierung eines *London Olympics association right*:[467]

Zunächst erstreckt sich das *Olympics association right* nach den Regelungen des OSPA 1995 auf das Olympische Symbol (die fünf Ringe), das Olympische Motto („*Citius Altius Fortius*" / „*Faster Higher Stronger*") sowie die Worte „*Olympic(s)*", „*Olympiad(s)*", „*Olympian(s)*", ähnliche Begriffe oder Übersetzungen. Entsprechendes gilt für das Paralympische Symbol und Motto sowie die Worte „*Paralympic(s)*", „*Paralympiad(s)*", „*Paralympian(s)*", ähnliche Begriffe oder Übersetzungen. Stark vereinfachend gilt: Sofern diese so genannten „*controlled representations*" im geschäftlichen Verkehr („*in the course of trade*") zum Zwecke der Herstellung von Assoziationen zum Sportereignis verwendet werden, keine entsprechende Zustimmung der zuständigen Stellen (BOA, BPA oder LOCOG) vorliegt und auch keiner der gesetzlichen Ausnahmetatbestände gegeben ist, ist von einer Verletzung der Vorschriften des OSPA 1995 auszugehen. Die gesetzlichen Ausnahmetatbestände umfassen den Gebrauch der Bezeichnungen

– in einem Kontext, in dem die Herstellung einer Assoziation zwischen einer Person, einem Produkt oder einer Dienstleistung zu den Olympischen Spielen unwahrscheinlich ist;
– im Rahmen der Medienberichterstattung über die Olympischen Spiele oder – sofern dies beiläufig erfolgt – in der Literatur oder Kunst;
– im Rahmen der Warenverkehrsfreiheit, sofern die betreffenden Waren mit Zustimmung des LOCOG in das Gebiet der Europäischen Union gelangt sind;
– sofern dieser durchgängig bereits vor der Einführung des *Olympics association right* insbesondere auch durch Firmennamen erfolgte;
– als Geschmacksmusterrechte oder andere Rechte, die vor der Einführung des *Olympics association right* bereits bestanden;
– als eingetragenes Geschmacksmuster oder eingetragene Marke.

Diese Zusammenhänge hat das lokale Organisationskomitee LOCOG in folgender Weise graphisch dargestellt:[468]

---

[467] Ausführlich hierzu *Johnson*, Ambush Marketing, Rn. 5–01 ff.; *Blakely*, Ent. L.R. 2006, 17(6), 183 ff.; *Dore*, I.S.L.R. 2006, Heft 1, 40, 43 f.; *dies.*, Ent. L.R. 2006, 17(3), 96, 97; *Harris/ Schmitz/O'Hare*, Ent. L.R. 2009, 20(3), 74, 75; *Padley*, I.S.L.R. 2007, Heft 3, 33, 34 ff.
[468] Information On London 2012's UK Statutory Marketing Rights Under: The London Olympic Games And Paralympic Games Act 2006 (The „2006 Act") -and- The Olympic Symbol Etc. (Protection) Act 1995 („OSPA") (Stand: April 2010), S. 12; abrufbar unter http://www.lon don2012.com/documents/brand-guidelines/statutory-marketing-rights.pdf (zuletzt abgerufen am 05. 11. 2010).

VII. Erwägungen *de lege ferenda*

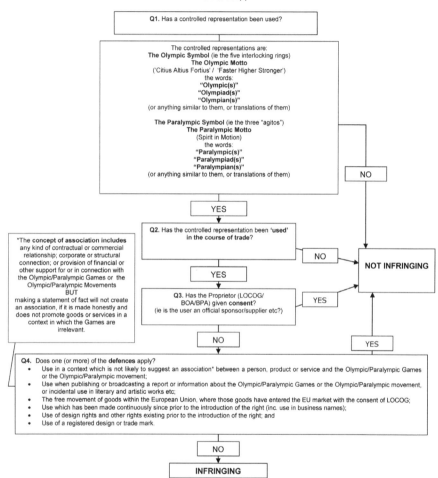

Durch den LOGPGA 2006 ist nunmehr darüber hinaus ein *London Olympics association right* eingeführt worden, das sich – wiederum stark vereinfachend – folgendermaßen darstellt: Bei der Beurteilung der Frage, ob eine

Gesetzesverletzung infolge Herbeiführung einer unerlaubten Assoziation zu den Olympischen Spielen 2012 erfolgt, sollen die Gerichte sich insbesondere – aber nicht notwendigerweise ausschließlich – an zwei Listen mit Begrifflichkeiten (so genannte „*Listed Expressions*") orientieren. Liste A umfasst die Worte: „*Games*"; „*Two Thousand and Twelve*", „*2012*"; „*twenty twelve*". Liste B enthält folgende Worte: „*Gold*"; „*Silver*"; „*Bronze*"; „*London*"; „*medals*"; „*sponsors*"; „*summer*". Eine Verletzung des *London Olympics association right* soll vorliegen, wenn zwei Begriffe der Liste A oder wenn ein Wort der Liste A zusammen mit mindestens einem Begriff der Liste B verwendet werden. Allerdings kann eine Verletzung des *London Olympics association right* auch bewirkt werden, ohne dass so genannte „*Listed Expressions*" verwendet werden. Eine Verletzung des *London Olympics association right* ist nunmehr anzunehmen, wenn die Werbemaßnahme im geschäftlichen Verkehr („*in the course of trade*") zum Zwecke der Herstellung von Assoziationen zum Sportereignis erfolgt, keine entsprechende Zustimmung der zuständigen Stelle (LOCOG) vorliegt und auch keiner der gesetzlichen Ausnahmetatbestände gegeben ist. Die gesetzlichen Ausnahmetatbestände umfassen den Gebrauch der Bezeichnungen
– als jemandes eigenen Namen oder Adresse;
– als Angabe zu den Eigenschaften oder zum Verwendungszweck der Waren oder Dienstleistungen etc., sofern dies in Übereinstimmung mit „*honest commercial practices*" geschieht;
– im Rahmen der Medienberichterstattung über die Olympischen Sommerspiele 2012 in London oder – sofern dies beiläufig erfolgt – in der Literatur oder Kunst;
– im Rahmen der Warenverkehrsfreiheit, sofern die betreffenden Waren mit Zustimmung des LOCOG in das Gebiet der Europäischen Union gelangt sind;
– sofern dieser durchgängig bereits vor der Einführung des *London Olympics association right* insbesondere auch durch Firmennamen erfolgte;
– als Geschmacksmusterrechte oder andere Rechte, die vor der Einführung des *London Olympics association right* bereits bestanden;
– als eingetragenes Geschmacksmuster oder eingetragene Marke.

Diese Zusammenhänge hat das lokale Organisationskomitee LOCOG in folgender Weise graphisch dargestellt:[469]

---

[469] Information On London 2012's UK Statutory Marketing Rights Under: The London Olympic Games And Paralympic Games Act 2006 (The „2006 Act") -and- The Olympic Symbol Etc. (Protection) Act 1995 („OSPA") (Stand: April 2010), S. 23; abrufbar unter http://www.london2012.com/documents/brand-guidelines/statutory-marketing-rights.pdf (zuletzt abgerufen am 05. 11. 2010).

VII. Erwägungen *de lege ferenda*

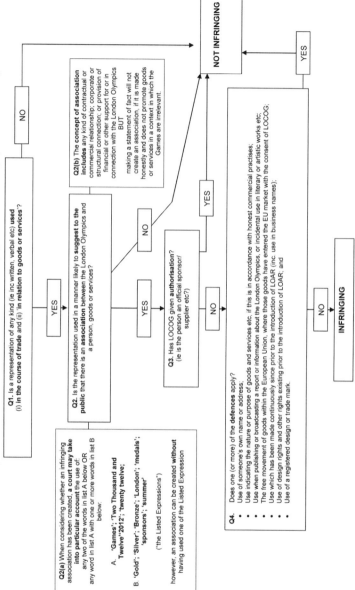

Der Ansatz des britischen Gesetzgebers ist dadurch gekennzeichnet, dass er den Anwendungsbereich verbotener Assoziationen zu den Olympischen Sommerspielen 2012 in London so genau wie möglich zu definieren versucht. Die so genannten „*Listed Expressions*" umfassen fast ausschließlich beschreibende Angaben, die einzeln oder auch in Kombinationen nicht notwendigerweise Assoziationen zu den Olympischen Sommerspielen 2012 bewirken. So kann beispielsweise die Begriffskombination „*Summer 2012*" auch eine Zeitangabe in völlig anderem Zusammenhang darstellen, wie etwa hinsichtlich der Schulferien, eines Fahrplans etc. Der Umstand, dass nach den Vorschriften des LOGPGA 2006 das *London Olympics association right* auch ohne Verwendung der „*Listed Expressions*" verletzt werden kann, steht zudem in deutlichem Kontrast zu den übrigen Bemühungen zur Konkretisierung des unbestimmten Rechtsbegriffs.[470]

b) Kritik

Der beschriebene sondergesetzliche Schutz gegen *Ambush Marketing* anlässlich der Olympischen Sommerspiele 2012 in London ist verbreitet kritisiert worden. Hierbei sind insbesondere folgende Aspekte hervorgehoben worden:

– Der LOGPGA 2006 ist im Hinblick auf das Ziel der Eindämmung von *Ambush Marketing*-Maßnahmen insbesondere im Vergleich zum sondergesetzlichen Schutz der olympischen Embleme und Symbole bei vorangegangenen Olympischen Spielen als drakonisch einzustufen.[471] Rechtliche Einwände hinsichtlich eventuell unverhältnismäßiger Beschränkungen des grundsätzlich gewährten *freedom of commercial speech* liegen nicht fern.

– Bedenklich ist, dass der Anwendungsbereich des *London Olympics association right* trotz teilweise höchst detaillierter gesetzlicher Regelungen letztlich faktisch doch sehr unbestimmt bleibt, sowohl restriktive als auch extensive Auslegungsansätze ermöglicht und damit – zumindest für die Regelungsadressaten – bis zu den ersten einschlägigen Gerichtsentscheidungen keine Rechtssicherheit gewährleistet.[472]

– Wie bereits dargelegt, wacht zunächst allein das LOCOG darüber, dass es zu keinen unautorisierten Beeinträchtigungen des *London Olympics association right* kommt. In einer ausführlichen Bekanntmachung[473] hat

---

[470] Überspitzt formulieren *Harris/Schmitz/O'Hare*, Ent. L.R. 2009, 20(3), 74, 75: „*In theory, it monopolises anything which the public connects with the Olympics, whether in existence at the present time or not.*"; vgl. auch *Leone*, ISLJ 2008, 75, 76.

[471] *Barclay et al.*, S. 28.

[472] *Blakely*, Ent. L.R. 2006, 183, 185; *Harris/Schmitz/O'Hare*, Ent. L.R. 2009, 74, 75 f.; ähnlich *Michalos*, I.S.L.R. 2006, Heft 3, 64, 75.

[473] Information On London 2012's UK Statutory Marketing Rights Under: The London Olympic Games And Paralympic Games Act 2006 (The „2006 Act") -and- The Olympic Symbol Etc.

das LOCOG zwar durchaus anschaulich dargelegt, wie es die Vorschriften des OSPA 1995 und des LOGPGA 2006 anzuwenden gedenkt. Allerdings werden dadurch zum einen die sich eröffnenden Auslegungsspielräume nur ansatzweise beschnitten; zum anderen hält sich das LOCOG, also der Verfasser des Leitfadens, eine Hintertür für spätere Ergänzungen oder Modifikationen durch folgenden einleitenden Hinweis offen:

„*This document gives an* indication *of The London Organising Committee of the Olympic Games and Paralympic Games Limited's („LOCOG")* current interpretation *of the 2006 Act and OSPA only."* [Hervorhebungen des Verf.]

Darüber hinaus soll das LOCOG informell angekündigt haben, bei der Rechtsdurchsetzung einen pragmatischen Ansatz („*in a common sense*") verfolgen zu wollen. Indes sind derartige Äußerungen rechtlich unverbindlich, nach wie vor unbestimmt und vergrößern deshalb die Rechtsunsicherheit auf Seiten der Werbung treibenden Unternehmen.[474]

– Zudem könnte sich das LOCOG bei Anwendung und Durchsetzung der Vorschriften zum Schutz des *London Olympics association right* in einem Interessenkonflikt befinden oder aber zumindest voreingenommen handeln. So ist das von dem LOCOG verwaltete Budget mit 2 Mrd. £ veranschlagt worden, wobei 800 Mio. £ auf Sponsoring- und Marketingerlösen beruhen sollen.[475] In diesem Kontext liegt der Gedanke an die Redewendungen „*Wes Brot ich ess, des Lied ich sing*" oder „*He who pays the piper calls the tune*" nicht fern.

– Schließlich ist bereits die Befürchtung geäußert worden, die sondergesetzlichen Regelungen träfen insbesondere den Tourismus und kleine ortsansässige Unternehmen. Einerseits fordere die britische Regierung von der Tourismusbranche eine Steigerung des Umsatzes um 400 % von 25 Mrd. £ auf 100 Mrd. £, andererseits schränke sie jedoch deren Werbemöglichkeiten durch den LOGPGA 2006 erheblich ein.[476]

c) Auswirkungen auf die verschiedenen Erscheinungsformen des Ambush Marketings

Die Auswirkungen des sondergesetzlichen Schutzes gegen *Ambush Marketing* anlässlich der Olympischen Sommerspiele 2012 in London sind frühzeitig in folgender Weise charakterisiert worden: „*Ambush marketers will*

(Protection) Act 1995 („OSPA") (Stand: April 2010), abrufbar unter http://www.london2012.com/documents/brand-guidelines/statutory-marketing-rights.pdf (zuletzt abgerufen am 05. 11. 2010).
474 *Dore*, I.S.L.R. 2006, Heft 1, 40, 45; *Harris/Schmitz/O'Hare*, Ent. L.R. 2009, 20(3), 74, 76.
475 *Padley*, I.S.L.R. 2007, Heft 3, 33.
476 *Dore*, I.S.L.R.) 2006, Heft 1, 40, 45.

need to be particularly inventive to escape being ambushed by the act."[477]; „The ambusher is now the ambushed."[478]

Ob diese Einschätzung zuträfe, sofern man die im OSPA 1995 sowie im LOGPGA 2006 verfolgten Ansätze auf die deutsche Rechtslage übertrüge, lässt sich erst beurteilen, wenn man die in Deutschland für assoziative Werbemaßnahmen verbliebenen rechtlichen Freiräume[479] in die Bewertung mit einbezieht. Daher soll nachfolgend im Hinblick auf die deutsche Rechtslage – rein hypothetisch – unterstellt werden, dass zur Einschränkung von *Ambush Marketing*-Maßnahmen gesetzliche Vorschriften (insbesondere ein Assoziationsrecht der Sportveranstalter) bestehen, die im Ansatz dem OSPA 1995 sowie dem LOGPGA 2006 vergleichbar sind.

aa) Assoziationswerbung durch Verwendung der Bezeichnungen und Kennzeichen einer Sportveranstaltung

Typische Bezeichnungen von Sport(groß)veranstaltungen werden durch das deutsche Markenrecht – wie bereits zuvor im Detail herausgearbeitet wurde[480] – aus der Perspektive der Veranstalter und ihrer offiziellen Sponsoren nur unvollkommen geschützt. Sofern man in Deutschland zum Schutz der Sportveranstalter eine dem *London Olympics association right* vergleichbare Rechtsposition schüfe, ließen sich die erwähnten Schutzlücken zumindest teilweise schließen. Dies würde freilich voraussetzen, dass die Wertungen des MarkenG bei der Anwendung des Sondergesetzes vollständig unberücksichtigt bleiben könnten. Allerdings ist im LOGPGA 2006 festgelegt, dass das *London Olympics association right* durch eingetragene Marken nicht verletzt werden kann (§ 4 (14) (a) (ii) LOGPGA 2006: „*a right created by the registration of a trade mark under the Trade Marks Act 1994 on or after that day*").

Unter diesen Umständen könnten *Ambusher* den engen Schutzbereich etwaiger zugunsten der Veranstalter eingetragener Marken mit beschreibendem Charakter kaum mehr erfolgreich dadurch für eigene kommerzielle Zwecke nutzen, dass sie die betreffenden Veranstaltermarken in eine andere Sprache übersetzen oder in eine neue Wort-Bild-Marke integrieren. Eine Ausnahme gilt freilich, wenn die betreffenden, von den *Ambushern* verwendeten Bezeichnungen ihrerseits als Marken eingetragen sind. Ob diese Ausnahme auch greift, sofern lediglich eine Markenanmeldung vorliegt, ist angesichts des Wortlauts zu bezweifeln.

Welche Auswirkungen hätte dies auf die Ausgangsfälle zu dieser Fallgruppe oder weitere Beispielsfälle?

---

477 *Blakely*, Ent. L.R. 2006, 17(6), 183, 185.
478 *Johnson*, I.S.L.R. 2008, Heft 2/3, 24, 29.
479 Vgl. hierzu oben VI. 1. b), 2. b), 3. b), 4. b), 5. b) und 6. b) (S. 116f., 121, 123, 125, 127, 129).
480 Vgl. hierzu oben III. 1. (S. 24ff.) und VI. 1. b) (S. 116f.).

VII. Erwägungen *de lege ferenda*

- Die Verwendung der Bezeichnungen „*FUSSBALL WM 2006*" und „*WM 2006*" hätte dem Lebensmittelproduzenten wegen der Verwendung von „*Listed Expressions*" untersagt werden können; auch die letztlich erfolgte Verwendung der Jahreszahl „*2006*" zusammen mit der Abbildung eines Fußballs und einer deutschen Nationalflagge hätte als unzulässige Assoziation zu der bevorstehenden Fußball-Weltmeisterschaft bewertet werden können.[481]
- Entsprechendes gilt für reine Übersetzungen von eingetragenen Veranstaltungsmarken. Der Lebensmittelproduzent hätte also die Bezeichnung „*Südafrika 2010*" nur im Falle einer bereits erfolgten Markeneintragung aufgrund des entsprechenden gesetzlichen Ausnahmetatbestandes verwenden dürfen. Ob selbst bei unterstellter Eintragungsfähigkeit der Bezeichnung insoweit eine Markenanmeldung ausgereicht hätte, ist zweifelhaft.[482]
- Die Werbekampagne mit dem Slogan „*Die Ringe sind schon in Athen*" und der Abbildung der aufeinander gestapelten Zigarettenschachteln mit ringförmigen Lichtkreisen[483] hätte bei extensiver Auslegung des Verbotstatbestandes wegen der Ähnlichkeit zu den Olympischen Ringen ebenso untersagt werden können wie die von einem neuseeländischen Telekommunikationsunternehmen in der Werbung in vergleichbarer Art wie die Olympischen Ringe angeordneten Worte

            ring   ring   ring
               ring   ring.[484]

    Allerdings hätte den Gerichten hinsichtlich der Rechtsfrage, ob eine Ähnlichkeit zu den Olympischen Ringen vorliegt, ein gewisser Beurteilungsspielraum zugestanden.
- Schließlich hätte auch ein Slogan wie „*Wasatch Beer. The Unofficial Beer of the 2002 Winter Games.*", der anlässlich der Olympischen Winterspiele 2002 in Salt Lake City für Aufsehen gesorgt hatte, wegen der Verwendung von „*Listed Expressions*" problemlos untersagt werden können.
- Dies würde – zumindest bei extensiver Gesetzesauslegung – vermutlich auch für die assoziative, wenngleich sachlich zutreffende Bezeichnung eines *Ambushers* als „*inoffizieller Partner der Fans*" gelten, weil dadurch ohne Verwendung von „*Listed Expressions*" möglicherweise eine unzulässige Assoziation zu einem bestimmten Sportereignis herbeigeführt würde.

---

[481] BGHZ 167, 278 = GRUR 2006, 850 = WRP 2006, 1121– *FUSSBALL WM 2006* und BGH, BeckRS 2006, 09470 – *WM 2006*.
[482] BGH, GRUR 2010, 642 = CaS 2010, 127 – *WM-Marken*.
[483] LG Darmstadt, CaS 2006, 278 ff.
[484] Vgl. hierzu oben III. 1. (S. 26) m. w. N.

bb) Assoziationswerbung durch sprachliche oder räumliche Bezugnahme auf den Durchführungsort einer Sportveranstaltung

Die sprachliche Bezugnahme auf den Durchführungsort wie etwa in dem Werbeslogan eines Zigarettenherstellers „*Die Ringe sind schon in Athen*"[485] würde vermutlich einen Gesetzesverstoß darstellen, wenn man in Deutschland zum Schutz der Sportveranstalter eine dem *London Olympics association right* vergleichbare Rechtsposition schaffen würde. Der Veranstaltungsort würde zu den „*Listed Expressions*" zählen, in eine solche Auflistung könnte man eventuell auch den beschreibenden Begriff „*Ringe*" aufnehmen. Wenn die „*Listed Expressions*" beispielhaft als Interpretationshilfe ausgewählt werden und eine Verletzung des gesetzlichen Assoziationsrechts sich auch aus sonstigen Umständen ergeben könnte, läge insbesondere bei extensiver Auslegung des Verbotstatbestandes in dem Ausgangsbeispiel ein Gesetzesverstoß nahe.

Schwieriger gestaltet sich die rechtliche Beurteilung, wenn durch sonstige sprachliche Gestaltungsformen wie etwa die Erwähnung von landes- oder städtetypischen Merkmalen und/oder deren bildliche Wiedergabe Assoziationen zum Veranstaltungsort hergestellt werden, ohne diesen ausdrücklich zu benennen. So hatten zum Beispiel die Sportartikelhersteller Puma und Nike anlässlich der Fußball-Weltmeisterschaft 2010 eine Reihe von Werbespots mit Bezug auf die afrikanische Kultur, aber ohne direkte Verbindung zum Sportevent veröffentlicht. Es ist nicht auszuschließen, dass das LOCOG und auch Gerichte durch derartige assoziative Werbemaßnahmen den Umgehungstatbestand verwirklicht sähen.

Räumliche Bezugnahmen auf den Veranstaltungsort durch *Ambusher* können, wie bereits zuvor im Detail dargelegt wurde,[486] durch Ausübung des Hausrechts sowie auf der Basis entsprechender Vereinbarungen in den *Host City Contracts* bei entsprechendem Personaleinsatz effektiv und nahezu vollständig unterbunden werden. Hinsichtlich der Assoziation über den Raum durch Werbemaßnahmen im Umfeld der Veranstaltungsstätte bietet der LOGPGA 2006 nunmehr auch einen gesetzlichen Schutz insbesondere über die Bestimmungen aus Chapter 12, Section 19 (*Advertising regulations*) und Section 25 (*Street trading, etc.*). Letztlich geben die betreffenden Vorschriften aber im Wesentlichen nur der bisherigen Praxis, wie sie aus den Verpflichtungen in den *Host City Contracts* hervorging, eine zusätzliche gesetzliche Grundlage.

Wie ebenfalls bereits dargelegt wurde,[487] setzt die IOC-Charta nebst den entsprechenden Durchführungsbestimmungen etwaigen Werbemaßnahmen der Athleten, deren Betreuer und Trainer sowie sonstiger Teammitglieder

---

485 Vgl. hierzu oben III. 2. (S. 27) m. w. N.
486 Vgl. oben VI. 2. a) (S. 118 ff.).
487 Vgl. hierzu oben VI. 2. a) aa) (S. 119 f.).

strenge Grenzen. Diese Regelungen können bei Verstößen durchgesetzt werden, was – wie im Fall des jamaikanischen Sprinters Usain Bolt anlässlich seiner Sprintsiege bei den Olympischen Sommerspielen 2008 in Peking – jedoch an faktischen Zwängen scheitern kann. Wie hätte die Weltöffentlichkeit reagiert, wenn ein Offizieller zur Durchsetzung der Regelungen der IOC-Charta dem Sprinter das von ihm den Fernsehkameras wiederholt medienwirksam präsentierte goldfarbene Schuhwerk entrissen hätte? Und wenn Li Ning, ein ehemaliger Olympiasieger, aber zugleich auch der Gründer und Namensgeber eines zumindest in China sehr bekannten Sportartikelherstellers, als unmittelbarer Wettbewerber eines der branchenexklusiven Sponsoren die Olympischen Sommerspiele 2008 in Peking durch das Entzünden der Olympischen Flamme vor einem Milliardenpublikum weltweit offiziell eröffnen durfte, so wohnte dieser Maßnahme sicherlich auch ein gewisser Werbeeffekt inne, der vom Veranstalter zumindest billigend im Kauf genommen worden war.

Diese Beispiele zeigen eindrucksvoll, dass dem Einfallsreichtum der *Ambusher* keine Grenzen gesetzt sind und dass bei der Durchsetzung sondergesetzlicher Vorschriften zur Eindämmung des so genannten *Ambush Marketings* nahezu zwangsläufig unterschiedliche, unter Umständen sogar diskriminierende Maßstäbe angelegt werden. Es sind also nicht nur die so genannten *Ambusher*, die – angeblich – den Kommunikationseffekt der Werbemaßnahmen offizieller Veranstaltungssponsoren beeinträchtigen, sondern mitunter auch die Veranstalter selbst, die derlei assoziative Werbemaßnahmen trotz der Möglichkeit zum Eingreifen bewusst dulden.

cc) Assoziationswerbung aufgrund zeitlichen Zusammenhangs mit einer Sportveranstaltung

Diese Kategorie der Assoziationswerbung umfasst insbesondere das Sponsoring von Sportsendungen (so genanntes Sendungssponsoring) durch Unternehmen, die nicht zum Kreis der offiziellen Veranstaltungssponsoren zählen. Gleichfalls zu dieser Kategorie zählt aber auch die Platzierung von Werbespots, die während der Übertragung des Sportevents oder anlässlich Sportsendungen jeweils in Werbeunterbrechungen ausgestrahlt werden.[488]

Wenn hierzulande zum Schutz der Sportveranstalter eine dem *London Olympics association right* vergleichbare Rechtsposition bestehen würde, käme wiederum allein ein Verstoß gegen den generalklauselartigen Auffangtatbestand Chapter 12, Schedule 4, Section 2 (1) LOGPGA 2006 in Betracht.[489] Allerdings wird der Tatbestand etwa durch zeitnah zum Sportevent erfolgende TV-Werbung kaum einmal erfüllt werden können, weil die

---

488 Siehe hierzu bereits III. 3. (S. 29) und VI. 3. a) und b) (S. 122 f.).
489 Zu den Details siehe nachfolgend VII. 6. c) dd) (S. 159 f.).

Öffentlichkeit regelmäßig nicht davon ausgehen wird, dass die entsprechenden Werbeplätze allein offiziellen Sponsoren vorbehalten sind.

dd) Assoziationswerbung durch Verwendung typischer Merkmale einer Sportveranstaltung

In verschiedener Weise kann durch Verwendung typischer Merkmale die Assoziation zu einem bestimmten bevorstehenden Sportereignis hergestellt werden. So führen beispielsweise die Nationalflaggen, deren Farben, die traditionellen Trikots, Nationalspieler, Fußbälle, aber auch Begrifflichkeiten wie „Team", „Teamgeist" oder „Fan" bei den Werbeadressaten Assoziationen an eine Fußball-Weltmeisterschaft oder -Europameisterschaft herbei. In entsprechender Weise können insbesondere durch den Einsatz bestimmter (ehemaliger) Sportler oder die Abbildung von sportarttypischen Gerätschaften Assoziationen zu anderen Sportevents bewirkt werden. Soweit hierbei – wie im Ausgangsfall der Werbung für das *„Das TEAM Sondermodell Golf"*.[490] – keine Markenrechte verletzt und auch die erforderlichen Einwilligungen zur Verwendung bestimmter Bilder eingeholt werden, sind in Deutschland derartige assoziative Werbemaßnahmen *de lege lata* regelmäßig kaum zu beanstanden.[491]

Es ist fraglich, ob und – wenn ja – inwieweit sich die rechtliche Bewertung ändern würde, wenn in Deutschland zum Schutz der Sportveranstalter eine dem *London Olympics association right* vergleichbare Rechtsposition bestehen würde. Da auf Embleme und typische Bezeichnungen bestimmter Sportveranstaltungen in derartigen Werbemaßnahmen regelmäßig verzichtet wird und auch etwaige typische *„Listed Expressions"* nicht verwendet werden, kommt nur die Verletzung eines typischerweise generalklauselartigen Auffangtatbestandes in Betracht. So lautet etwa Chapter 12, Schedule 4, Section 2 (1) LOGPGA 2006:

(1) A person infringes the London Olympics association right if in the course of trade he uses in relation to goods or services any representation (of any kind) in a manner likely to suggest to the public that there is an association between the London Olympics and
(a) the goods or services, or
(b) a person who provides the goods or services.

Bei extensiver Auslegung der Tatbestandsvoraussetzungen können die zuvor beschriebenen Merkmale sicherlich als *„any representation (of any kind)"* eingestuft werden. Damit hinge es von der Beurteilung der Einzelfallumstände ab, ob die Öffentlichkeit („*the public*") – offensichtlich nicht nur die Werbeadressaten – mit gewisser Wahrscheinlichkeit von einer

---
490 Vgl. hierzu oben III. 4. (S. 29 f.).
491 Vgl. oben VI. 4. a) und b) (S. 142 f.).

Verbindung zwischen dem werbenden Unternehmen und dem Sportveranstalter ausgeht. Es ist nicht auszuschließen, dass assoziative Werbemaßnahmen, die in der eingangs beschriebenen Weise gestaltet werden, in Einzelfällen unter die Generalklausel subsumiert werden können. In jedem Fall erhöhen derartige gesetzliche Regelungen zur Eindämmung assoziativer Werbemaßnahmen die Rechtsunsicherheit auf Seiten derjenigen Werbung treibenden Unternehmen, die nicht zum Kreis der offiziellen Sponsoren eines Sportevents zählen.

Denkbar wäre natürlich auch eine Erweiterung der eine Verletzung des *London Olympics association right* indizierenden „*controlled representations*" sowie „*Listed Expressions*". Allerdings wird man auf diese Weise niemals sämtliche veranstaltungsbezogenen Begrifflichkeiten erfassen und monopolisieren können. Zudem sind die Grenzen zu beachten, die durch die kommerzielle Meinungsäußerungsfreiheit gesetzt werden.

ee) Assoziationswerbung durch Einsatz von mit der Sportveranstaltung(sreihe) verbundenen Mannschaften, Athleten und sonstigen Personen

Ein Unternehmen, das nicht zum Kreis der offiziellen Sponsoren einer Sportgroßveranstaltung zählt, kann dadurch eine Assoziation zu dem Sportevent herstellen, dass es entweder nur ein teilnehmendes Team, dessen Trainer oder einzelne Spieler unterstützt oder aber populäre ehemalige Sportler in den betreffenden Werbemaßnahmen einsetzt.[492] Der Ausgangsfall der Werbung für das „*Das TEAM Sondermodell Golf*".[493] zeigt eindrucksvoll, dass nicht nur aktuelle, sondern durchaus auch ehemalige Fußballnationalspieler die gewünschten Assoziationen zu einem bevorstehenden internationalen Fußballturnier herzustellen vermögen. Die in Deutschland bestehenden rechtlichen und tatsächlichen Möglichkeiten zur Beschränkung dieser verbreiteten Form des *Ambush Marketings* sind bereits zuvor dargestellt worden.[494]

Wenn hierzulande zum Schutz der Sportveranstalter eine dem *London Olympics association right* vergleichbare Rechtsposition geschaffen würde, käme wiederum die Verletzung eines typischerweise generalklauselartigen Auffangtatbestandes in Betracht. Die im Hinblick auf die Olympischen Sommerspiele 2012 in London einschlägige Vorschrift – Chapter 12, Schedule 4, Section 2 (1) LOGPGA 2006 – ist bereits im vorangehenden Abschnitt erläutert worden. Wiederum könnten die von *Ambushern* in der Werbung eingesetzten Mannschaften, Athleten oder sonstigen Personen mit Bezug zum Sportevent als „*any representation (of any kind)*" und damit

---

[492] Vgl. hierzu oben III. 5. (S. 30 f.).
[493] Vgl. hierzu oben III. 4. (S. 29 f.).
[494] Vgl. hierzu oben VI. 5. a) (S. 125 ff.).

möglicherweise als Verletzung des *London Olympics association right* eingestuft werden. Allerdings hat das LOCOG in seinen Leitlinien darauf hingewiesen, dass der LOGPGA 2006 nicht zum Ziel hat, gegen etwaige *Endorsement*-Aktionen von Sportlern vorzugehen. Die entsprechende Passage hat folgenden Wortlaut:[495]

„*The LOAR [London Olympics association right; Anmerkung des Verf.] and OSPA are not intended to prevent Olympians or Paralympians endorsing products and the appearance in an advert of an Olympian will not, by itself, create an association with the Games. However, where an Olympian or Paralympian is used in an advert which also uses controlled representations/Listed Expressions and other Games-related images etc, there may nevertheless be an infringing association created with the Games for the purposes of OSPA/LOAR.*"

LOCOG's position as to when there would or would not be an infringement of its rights under OSPA/LOAR is illustrated by the following examples:

UNLIKELY TO INFRINGE	WILL INFRINGE
An advert for a product endorsed by a Paralympian which has a picture of the Paralympian holding the product with a small caption beside the image saying „Joe Bloggs, Paralympic Champion 2008"	An advert for a company which is supporting a number of athletes which shows them in action with the headline: „Our Olympians"
An advert featuring an Olympian at the wheel of a car and with a slogan: „The power to get you there X Brand Cars – sponsors of Joe Bloggs"	A TV advert for a gas company featuring Olympians running through London carrying an Olympic style torch with a slogan „Lighting the flame for 2012".

The Olympic Charter and IPC Handbook also prohibit athletes participating in the Olympic Games and Paralympic Games from allowing their image to be used in any form of advertising during the period of the Games (except as may be permitted by the IOC/IPC etc). (These restrictions are not specific to the London Games and will apply equally to Beijing 2008 and Vancouver 2010). This has been the case for previous Games.

Images and footage from the Olympic Games and Paralympic Games are also carefully controlled and are generally only licensed for commercial use to official sponsors and licensees of the Games.

NB: In all cases, the consent of the athlete must of course be obtained before using their name or image to endorse products or services.

---

495 Vgl. Information On London 2012's UK Statutory Marketing Rights Under: The London Olympic Games And Paralympic Games Act 2006 (The „2006 Act") -and- The Olympic Symbol Etc. (Protection) Act 1995 („OSPA") (Stand: April 2010), Gliederungspunkt 4.1 (Use of Olympians), im Internet abrufbar unter http://www.london2012.com/documents/brand-guidelines/statutory-marketing-rights.pdf (zuletzt abgerufen am 05. 11. 2010).

Die rechtlichen Grenzen für Assoziationswerbung durch Einsatz von mit der Sportveranstaltung(sreihe) verbundenen Mannschaften, Athleten und sonstigen Personen werden also einerseits durch „*controlled representations*" und „*Listed Expressions*" im Sinne des LOGPGA 2006 und andererseits durch die Werbebeschränkungen der IOC-Charta einschließlich ihrer Durchführungsbestimmungen gesetzt. Dies setzt freilich die rechtliche Wirksamkeit der entsprechenden Vorschriften voraus, woran aus verfassungs- und kartellrechtlichen Gründen – hier nicht zu vertiefende – Zweifel bestehen können.[496] Zudem erstrecken sich diese Werbebeschränkungen allein auf aktuelle Teilnehmer der Olympischen Spiele, nicht jedoch auf ehemalige Teilnehmer.

ff) Assoziationswerbung mit sonstigen Produkten mit Bezug zu einer Sportveranstaltung

Typisch für diese Kategorie der Assoziationswerbung ist die Auslobung von Tickets, (Original-)Trikots oder sonstiger Sportausstattung wie etwa Fußbällen (vielfach den offiziellen Spielbällen) im Rahmen von Gewinnspielen, die von *Ambushern* durchgeführt werden.[497] Insoweit gelten die obigen Ausführungen zur Assoziationswerbung mit typischen Merkmalen einer Sportveranstaltung entsprechend.[498]

e) Ergebnis

Der sondergesetzliche Schutz gegen *Ambush Marketing* anlässlich der Olympischen Sommerspiele 2012 in London stellt im Hinblick auf Olympische Spiele den bislang strengsten Ansatz eines nationalen Gesetzgebers zur Eindämmung missliebiger Assoziationswerbung dar. Neuartig ist die Schaffung eines gesetzlich definierten Assoziationsrechts (*London Olympics association right*). Dieses wird durch Auflistungen von Symbolen und Bezeichnungen, die einen unmittelbaren Bezug zu den Olympischen Spielen aufweisen, sowie von Begriffen, die eine unzulässige Assoziation indizieren, konkretisiert. Ergänzend tritt ein generalklauselartiger Verbotstatbestand hinzu. Vom LOCOG veröffentlichte Leitlinien zur geplanten praktischen Anwendung der komplexen und detaillierten Regelungskataloge haben nur vorläufigen Charakter und lassen insbesondere weitgehend offen, wie extensiv oder restriktiv der generalklauselartige Verbotstatbestand ausgelegt werden wird.

Wenn man die sich abzeichnenden Anwendungsprobleme ausblendet und zudem unterstellt, hierzulande würde trotz verfassungsrechtlicher

---

496 Siehe V. 2. e) cc) (2) (S. 96 ff.).
497 Siehe hierzu bereits III. 6. (S. 31 f.) und VI. 6. a) und b) (S. 128 f.).
498 Vgl. VII. 6. c) dd) (S. 159 f.).

Bedenken[499] zum Schutz der Sportveranstalter eine dem *London Olympics association right* vergleichbare Rechtsposition geschaffen, so könnte bei verschiedenen Erscheinungsformen des so genannten *Ambush Marketings* der *Ambushern* verbliebene Freiraum für assoziative Werbemaßnahmen[500] teils erheblich eingeschränkt werden. Die zusätzlichen Beschränkungen der *Ambusher* würden bei Assoziationswerbung durch Verwendung der Bezeichnungen und Kennzeichen einer Sportveranstaltung am deutlichsten spürbar sein, weil durch ein gesetzliches Assoziationsrecht der Sportveranstalter die sich aus ihrer Sicht bei Anwendung des Markenrechts ergebenden Schutzlücken weitgehend geschlossen werden könnten.[501] Bei extensiver Auslegung des Verbotstatbestandes könnten auch die Möglichkeiten der *Ambusher*, sich durch sprachliche Bezugnahme auf den Durchführungsort an den guten Ruf einer Sportveranstaltung anzulehnen, zusätzlich eingegrenzt werden, während räumliche Bezugnahmen bisher schon verhältnismäßig effektiv verhindert werden können.[502] Bei Assoziationswerbung durch Verwendung typischer Merkmale einer Sportveranstaltung und mit sonstigen Produkten mit Bezug zu einer Sportveranstaltung hinge es maßgeblich von der Auslegung des generalklauselartigen Auffangtatbestandes ab, ob es in diesen Bereichen zu spürbaren zusätzlichen Beschränkungen des so genannten *Ambush Marketings* käme.[503] Da die Assoziationswerbung durch den Einsatz von mit der Sportveranstaltung(sreihe) verbundenen Mannschaften, Athleten und sonstigen Personen bereits durch die IOC-Charta und die entsprechenden Durchführungsbestimmungen weitestgehend unterbunden werden kann, würde sich insoweit an der bestehenden Rechtslage vermutlich wenig ändern.[504] Schließlich würde Assoziationswerbung aufgrund zeitlichen Zusammenhangs (z. B. Sendungssponsoring durch *Ambusher*) durch ein gesetzliches Assoziationsrecht der Sportveranstalter im Vergleich zur bisherigen Rechtslage vermutlich nicht zusätzlich eingeschränkt werden.[505]

7. Stellungnahme

Wie die Erwägungen des Abschnitts VII. gezeigt haben, sind die Probleme, die sich aus der Forderung nach einer weiteren Eindämmung des so

---

499 Zu den verfassungsrechtlichen Problemen im Hinblick auf das deutsche OlympSchG siehe stellvertretend *Rieken*, S. 136 ff. m. w. N.
500 Siehe hierzu bereits VI. 1. b), 2. b), 3. b), 4. b), 5. b) und 6. b) (S. 116 f., 121, 123, 125, 127, 129).
501 Vgl. VII. 6. c) aa) (S. 155 ff.).
502 Vgl. VII. 6. c) bb) (S. 157 f.).
503 Vgl. VII. 6. c) dd) und ff) (S. 159 f., 162).
504 Vgl. VII. 6. c) ee) (S. 160 ff.).
505 Vgl. VII. 6. c) cc) (S. 158).

genannten *Ambush Marketings* durch ein Tätigwerden des Gesetzgebers ergeben, überaus komplex und vielschichtig. Beachtung verdient zunächst der Umstand, dass die jüngst von Hilty und Henning-Bodewig erhobene Forderung nach Einführung eines gesetzlichen Leistungsschutzrechts für Sportveranstalter gerade nicht dem Ziel der zusätzlichen Abwehr von *Ambush Marketing*-Maßnahmen dienen soll.[506] Der von Jaeschke zu diesem Zweck vorgeschlagene neue lauterkeitsrechtliche Tatbestand würde im Ergebnis nicht über die bereits bestehenden und praktizierten rechtlichen sowie tatsächlichen Abwehrmöglichkeiten der Sportveranstalter hinausgehen.[507] Sofern durch ein gesetzgeberisches Einschreiten Geschäftspraktiken von Unternehmen gegenüber Verbrauchern aus Gründen des Mitbewerberschutzes verboten würden, obwohl sie nach den Bestimmungen der Richtlinie 2005/29/EG über unlautere Geschäftspraktiken zwischen Unternehmen und Verbrauchern nicht zu beanstanden wären, müsste der Vorrang der Richtlinie angemessen berücksichtigt werden.[508] Die empirischen Erkenntnisse zu den ökonomischen Wirkungen des *Ambush Marketings* vermögen bislang ein Tätigwerden des Gesetzgebers nicht zwingend zu rechtfertigen, insbesondere fehlen Studien zu den gesamtökonomischen Folgen des *Ambush Marketings*.[509] Letztlich sind legislative Maßnahmen mit dem Ziel, *Ambushern* assoziative Werbemaßnahmen, die einen Bezug zu einem Sportevent herstellen, zum Schutz der Sportveranstalter und ihrer offiziellen Sponsoren möglichst umfassend zu verbieten, neben den bereits *de lege lata* bestehenden gesetzlichen und vertraglichen Schutzmöglichkeiten nicht zwingend erforderlich.

Dieser Befund hindert nationale Gesetzgeber freilich nicht, darüber hinaus *Ambush Marketing*-Maßnahmen zusätzlichen rechtlichen Beschränkungen zu unterwerfen. Insbesondere Veranstalter von Sportgroßevents sind – wie Erfahrungen weltweit belegen – in der Lage, einen erheblichen politischen Druck gegenüber der Legislative und Verwaltung aufzubauen, um ihre gesetzlichen Rechtspositionen zu erlangen oder zumindest ihre tatsächlichen Schutzmechanismen zu verstärken.[510] Diese Form des Lobbyismus ist zwar auch in anderen Wirtschaftsbereichen verbreitet. Allerdings unterscheiden sich die Produkte, welche etwa das IOC, die FIFA oder die UEFA anzubieten haben, erheblich von den Produkten anderer Wirtschaftsbranchen. Ein überaus begehrtes und prestigeträchtiges Sportereignis wie z. B. Olympische Sommerspiele kann im vierjährigen Rhythmus in verschiedenen Ländern „*auf den Markt gebracht*" und – zumindest seit der Kommerzialisierung des Sports – für den jeweiligen Anbieter sowie regel-

---

506 Vgl. VII. 1. (S. 132 f.) m. w. N.
507 Vgl. VII. 2. (S. 133 ff.) m. w. N.
508 Vgl. VII. 3. (S. 135).
509 Vgl. VII. 4. (S. 135 ff.).
510 So zuletzt *Furth*, S. 508 f. m. w. N.; vgl. auch *Leone*, ISLJ 2008, 75, 76 f.

mäßig auch den Nachfrager stets aufs Neue mit Aussicht auf einen finanziellen Gewinn durchgeführt werden.[511] Ein spürbarer Rückgang der Nachfrage ist höchst unwahrscheinlich, üblicherweise können die Bewerberstädte oder -länder nach Erteilung des Zuschlags erst wieder Jahrzehnte später zum Zuge kommen, was die Attraktivität des Angebots der Sportveranstalter zusätzlich erhöht. Diese besondere Angebots- und Nachfragesituation verleiht den Sportverbänden eine sehr starke Verhandlungsposition, die sogar die Einflussnahme auf gesetzgeberische Entscheidungen umfassen kann. Dabei ist insbesondere in den letzten beiden Jahrzehnten eine Tendenz zu beobachten, dass die Bewerber um die Austragung von Sportgroßereignissen zur Verbesserung der eigenen Chancen nicht hinter dem Schutzniveau des vorangegangenen Events zurückbleiben möchten.[512]

Das Bestreben großer Sportverbände und Veranstalter ist durchaus nachvollziehbar, bietet ihnen die Einführung von Sondergesetzen zur Beschränkung des so genannten *Ambush Marketings* doch zahlreiche zusätzliche Vorteile, selbst wenn die betreffenden Vorschriften inhaltlich nicht oder nur unwesentlich über das Schutzniveau hinausgehen, welches bereits zuvor aufgrund der gesetzlichen Ausgangslage und der vertraglichen Gestaltungsmöglichkeiten bestand.[513] Allerdings stehen diesen Vorteilen auch schwer kalkulierbare Risiken gegenüber, die bislang in der Praxis dafür gesorgt haben, dass Sportveranstalter bei der Einleitung rechtlicher Schritte gegen *Ambusher* zumindest im Hinblick auf öffentlichkeitswirksame Auseinandersetzungen vor Gericht regelmäßig eine gewisse Zurückhaltung geübt haben.[514]

Wie die Erwägungen zum sondergesetzlichen Schutz gegen *Ambush Marketing* anlässlich der Olympischen Sommerspiele 2012 in London gezeigt haben, konnte hierdurch hinsichtlich bestimmter Kategorien der Assoziationswerbung der Handlungsspielraum etwaiger *Ambusher* spürbar eingegrenzt werden. Es ist zu erwarten, dass die nicht zu den offiziellen Sponsoren der Olympischen Spiele zählenden Unternehmen, die sich in der Werbung an das Sportgroßereignis anlehnen wollen, auch weiterhin bemühen werden, die verbleibenden Freiräume kreativ und innovativ für eigene Werbemaßnahmen zu nutzen. Mögen auch der OSPA 1995 sowie der LOGPGA 2006 das *London Olympics association right* sowie die damit einhergehenden Verbotstatbestände sehr detailliert regeln, so verbleiben doch offene Flanken. Zwei dieser offenen Flanken seien angedeutet:

---

511 Vgl. hierzu bereits oben II. 3. (S. 21 ff.) m. w. N.
512 *Furth*, S. 509 („*Race to the Highest Protection*"); *Johnson*, I.S.L.R. 2008, Heft 2/3, 24, 28 („*If one country broadens its protection it becomes increasingly difficult for the next host nation not to do likewise.*").
513 Vgl. hierzu bereits ausführlich V. 3. f) (S. 108 ff.) m. w. N.
514 Vgl. hierzu bereits ausführlich V. 3. h) (S. 110 ff.) m. w. N.

Die Erfahrung lehrt, dass einige *Ambusher* – wenngleich in wirtschaftsethisch bedenklicher Weise und bislang wohl eher in Einzelfällen – mögliche Strafen sowie etwaige Schadensersatzforderungen in ihr Marketingbudget mit einkalkulieren und zumindest unter deren billigender Inkaufnahme Verstöße gegen bestehende gesetzliche Regelungen begehen.[515] Je größer der Marketingetat eines Unternehmens, desto geringer ist das mit einer solchen Vorgehensweise verbundene finanzielle Risiko. Allerdings mag sich ein solcher Ansatz für die *Ambusher* nur bei kurzfristig angelegten Werbekampagnen wirtschaftlich lohnen, zudem ist die Reaktion der Öffentlichkeit auf publik gewordene Rechtsverstöße eines *Ambushers* schwer zu kalkulieren.

Größere Herausforderungen für die Abwehrstrategien der Veranstalter und insbesondere auch für den sondergesetzlichen Schutz gegen *Ambush Marketing*-Maßnahmen gehen mit dem Phänomen des *Social Media Marketing* – auch virales Marketing genannt – einher.[516] Das interaktive Marketing gewinnt für die Unternehmens- und Markenkommunikation zunehmend an Bedeutung. Insbesondere größeren Unternehmen der Sportartikelindustrie bieten *Chats*, *Blogs*, *Online Games*, *Avatare* sowie *Brand Communities* wie Facebook, YouTube, StudiVZ oder MySpace zahlreiche Möglichkeiten zur Darstellung, ja teils sogar Inszenierung der eigenen Produkte und damit auch Marken.[517]

Erinnert sei exemplarisch an die Online-Werbekampagne „*Nike Football WRITE THE FUTURE*", welche im Vorfeld und im Verlauf der Fußball-Weltmeisterschaft 2010 in Südafrika für Furore sorgte. In einem mehr als dreiminütigen Werbefilm waren bekannte Fußballspieler – fast allesamt Teilnehmer an der Fußball-Weltmeisterschaft 2010, jeweils Stars in ihren Nationalmannschaften und mit einem Individualsponsoringvertrag des betreffenden Sportartikelherstellers ausgestattet – in gestellten, gleichwohl spektakulären Spielszenen zu sehen. Auch ohne Verwendung offizieller Bezeichnungen oder Symbole des Sportevents wurde bei den Werbeadressaten insbesondere aufgrund des zeitlichen Zusammenhangs der Ausstrahlung des Werbespots und aufgrund der Beschränkung auf medienwirksame und seinerzeit besonders im Rampenlicht stehende Starspieler die gewünschte Assoziation zur Fußball-Weltmeisterschaft erzeugt. Zwar wurde der spektakuläre Spot nur vereinzelt in der Fernsehwerbung präsentiert, erlangte aber im Internet eine große Aufmerksamkeit und wurde bis zum Ende des Sportevents allein auf YouTube mehr als 19 Millionen Mal aufgerufen. Wenn die beteiligten Spieler bei dem Sportereignis nicht fast durchweg hinter den in sie gesetzten Erwartungen weit zurückgeblieben

---

515 *Mitschke*, S. 132.
516 Ausführlich hierzu *Maier*, S. 64 ff. m. w. N.
517 *Bauer*, S. 123.

wären, hätte der Werbespot vermutlich eine noch größere Popularität erlangen können.

Dieses Beispiel bildet jedoch nur einen kleinen Ausschnitt, der sich im Rahmen des *Social Media Marketing* eröffnenden Werbemöglichkeiten:
— So können solche etwa bei YouTube eingestellten Videos über Verlinkungen zu den offiziellen Homepages der Unternehmen oder unternehmensgestützten Homepages der Fangemeinde die Unternehmenskommunikation auf innovative Weise bereichern. Dabei setzt man auf eine für Sportveranstalter, auch wenn sie mit einem gesetzlichen Leistungsschutzrecht oder Assoziationsrecht ausgestattet sein sollten, kaum mehr zu kontrollierende Weiterleitung oder -empfehlung unter den Werbeadressaten. So können die Clips etwa mittels Direktlinks zu Twitter und ähnlichen Plattformen an Freunde und Bekannte weitergeleitet werden.
— Inzwischen ist es möglich, so genannte *Social Plugins* von Drittunternehmen bei Facebook zu platzieren. Auf diese Weise konnte etwa www.NHL.com, die offizielle Homepage der in den USA sowie in Kanada aktiven National Hockey League, durch die Integration derartiger *Plugins* die Besucherzahl auf ihrer Homepage innerhalb von drei Monaten um 80 % steigern.[518]
— Im Bereich des *Social Media Marketing* eröffnen so genannte Blogs *Ambushern* zahlreiche Möglichkeiten, die eigenen Waren und Dienstleistungen im Lichte eines Sportevents relativ preisgünstig zu präsentieren, woraufhin sich diese Nachrichten in rasantem Tempo, ja epidemisch und vor allen Dingen nunmehr kostenlos verbreiten. Die Bedeutung des *Social Networking* anlässlich Sportgroßveranstaltungen wird weiterhin zunehmen. Dabei müssen die assoziative Werbemaßnahmen planenden Unternehmen nicht notwendigerweise selbst im Netz auftreten. Aktive oder auch ehemals populäre Sportler richten vielfach eigene Blogs ein, die einem Individualsponsor, der nicht zu den offiziellen Sponsoren eines Sportgroßereignisses zählt, verschiedene Optionen zur Präsentation seiner Produkte eröffnen. In diesem Bereich stößt die Durchsetzung etwa der in der IOC-Charta und in den entsprechenden Durchführungsbestimmungen enthaltenen Werbebeschränkungen an tatsächliche Grenzen. Offen ist bislang auch die Frage, inwieweit das Führen persönlicher Online-Tagebücher durch derartige Werbebeschränkungen reguliert werden kann.

Ambusher, die auf *Social Media Marketing*-Strategien setzen, machen sich letztlich folgende Umstände zunutze: Das Hausrecht der Sportveranstalter ist zwar im Laufe der Zeit ausgedehnt worden, es erstreckt sich jedoch

---

518 Vgl. hierzu *Grotticelli*, Facebook Connect mates sports with social media, abrufbar unter http://broadcastengineering.com/storage_networking/facebook-connect-sports-0709/ (zuletzt abgerufen am 05. 11. 2010).

nicht auf das Internet. Das Internet vergisst nichts – das gilt im Wesentlichen auch für eingestellte Werbefilme oder -botschaften, selbst wenn die darin enthaltenen Assoziationen zu einem Sportgroßereignis gegen gesetzliche Vorschriften verstoßen sollten. Bevor es in diesem Fall zu einer Sperrung oder Löschung des betreffenden Werbefilms kommt, ist dieser gewöhnlich schon vielfach heruntergeladen worden, so dass seine weitere Verbreitung nicht mehr aufgehalten werden kann. Mit der zunehmenden Ausbreitung insbesondere des mobilen Internetzugangs wird auch das zuvor beschriebene Gefahrpotential für Sportveranstalter und offizielle Sponsoren ansteigen.

Es ist zu erwarten, dass hinsichtlich des so genannten *Ambush Marketings* in Deutschland oder auch andernorts Gesetzgeber zur Schließung der – je nach Ausgangsperspektive – bestehenden Schutzlücken (so die Sportveranstalter und deren offizielle Sponsoren und Förderer) bzw. der verbleibenden Freiräume für assoziative Werbemaßnahmen (so die übrigen Unternehmen) spätestens dann einschreiten werden, wenn man unüberwindbar anmutenden faktischen Zwängen unterworfen ist. Hierzulande legt das Gesetz zum Schutz des olympischen Emblems und der olympischen Bezeichnungen (OlympSchG) hiervon beredtes Zeugnis ab. Die Aussicht auf die Durchführung sportlicher Großereignisse wie etwa Olympische Spiele, Fußball-Weltmeisterschaften oder -Europameisterschaften stellt eine „*Once in a Lifetime*"-Gelegenheit dar, das Prestige der veranstaltenden Stadt und des betreffenden Landes zu mehren und ihr Erscheinungsbild in der restlichen Welt positiv zu beeinflussen (wie z. B. das so genannte deutsche Fußball-Sommermärchen im Jahr 2006), nachhaltige Infrastrukturmaßnahmen durchzuführen und – zumindest seit der verstärkten Kommerzialisierung großer Sportereignisse – nicht nur auf Seiten der beteiligten internationalen, sondern auch der nationalen Sportverbände bzw. Veranstalter einen finanziellen Gewinn zu erzielen und – *last but not least* – die betroffene(n) Sportart(en) in verschiedener Hinsicht zu fördern.

Wenn damit ein Einschreiten des Gesetzgebers zur weiteren Einschränkung des *Ambush Marketings* auch weiterhin zur Diskussion stehen wird, sollten neben den berechtigten Interessen der Sportveranstalter und ihrer offiziellen Sponsoren auch die übrigen Marktbeteiligten und ihre rechtlich geschützten Interessen angemessen berücksichtigt werden. Die folgenden, nicht abschließend aufgelisteten Aspekte werden dann in den Abwägungsvorgang mit einzubeziehen sein:

– Was soll für wen und wovor geschützt werden?[519]
– Ist ein Einschreiten des Gesetzgebers angesichts der bestehenden gesetzlichen, vertraglichen und tatsächlichen Möglichkeiten zur Begrenzung des so genannten *Ambush Marketings* erforderlich?

---

519 *Furth*, S. 506.

– Sind die geplanten Maßnahmen mit den verfassungsrechtlichen Vorgaben zur Meinungsäußerungs- und Pressefreiheit, zum Eigentumsschutz sowie zur Berufs- und Wettbewerbsfreiheit vereinbar?
– Ist eine Monopolisierung des Marktes in Form der *„wirtschaftlichen Ausnutzung des Werbewerts der Großveranstaltung"*[520] aus gesamtökonomischen und/oder sportpolitischen Gründen im geplanten Umfang erforderlich und geboten?

Letztlich wird es darum gehen, neben den Interessen der durch die legislativen Maßnahmen begünstigten Sportveranstalter und offiziellen Sponsoren oder Förderer auch die Interessen der Öffentlichkeit, der übrigen Unternehmen sowie der Medien zu einem angemessenen Ausgleich zu bringen.[521] Ob ein *Anti-Ambush*-Gesetz einen solchen angemessenen Interessenausgleich widerspiegelt, kann an dieser Stelle nicht abstrakt beantwortet werden, sondern hängt von den gesamten Umständen des Einzelfalls ab. Indes bieten die vorangehenden Abschnitte zahlreiche Anhaltspunkte und Argumentationsansätze, die in die Erwägungen vor oder nach Einleitung eines Verfahrens zur Verabschiedung sondergesetzlicher Vorschriften zur Beschränkung assoziativer Werbemaßnahmen einfließen können.

---

520 *Furth*, S. 506.
521 So auch *Johnson*, I.S.L.R. 2008, Heft 2/3, 24, 28. Im Hinblick auf den sondergesetzlichen Schutz gegen *Ambush Marketing* anlässlich der Olympischen Sommerspiele 2012 in London sieht *Padley*, I.S.L.R. 2007, Heft 3, 33, 37 f. einen solchen Interessenausgleich im Wesentlichen verwirklicht.

Literaturverzeichnis

Barber, Horst, Air Ambushing oder parasitäre Werbung im Luftraum, WRP 2006, 184

Barclay, Christopher / Berman, Garvin / Butcher, Luise / Parry, Keith / Ward, Philip, The London Olympic Bill, House of Commons – Library, Research Paper05/55, 2005, abrufbar unter http://www.parliament.uk/documents/commons/lib/research/rp2005/rp05-055.pdf

Baronikians, Patrick, Der Schutz des Werktitels, Köln u. a. 2007

Barty, Susan, Olympic marketing games, European Lawyer (Euro. Law.) 2006, 12

Bauer, Hans H., Interactive Marketing im Web 2.0+ – Konzepte und Anwendungen für ein erfolgreiches Marketingmanagement im Internet, 2. Aufl., München 2008

Bean, Lori L., Ambush marketing: sports sponsorship confusion and the Lanham Act, 75 Boston University Law Review (B.U. L. Rev.) 1099 (1995)

Benecke, Martina, Was ist „wesentlich" beim Schutz von Datenbanken?, CR 2004, 608

Berberich, Matthias, Ambush Marketing bei Sportveranstaltungen, SpuRt 2006, 181

Bergmann, Bettina, Sportsponsoring und Kartellrecht – Was müssen Sponsoren, Verbände und Vereine beachten?, SpuRt 2009, 102

Berlit, Wolfgang, Anmerkung zu BGH, Urteil vom 12. 11. 2009, Az. I ZR 183/07 – WM-Marken, LMK 2010, 304268

Berrisch, Georg M., Europäische Union und Sport-Sponsoring, SpuRt 1997, 153

Blackshaw, Ian, 2010 FIFA World Cup South Africa: Legal Protection of the Marks and the Event, The International Sports Law Journal (ISLJ) 2010, 32

Blakely, Anna Marie, London Olympic Games and Paralympic Games Act 2006 – less presumptive than the London Olympics Bill, Entertainment Law Review (Ent. L.R.) 2006, 183

Brost, Stefan, Die „Besonderheiten des Sports" im neuen Artikel 165 des Lissabonner Vertrages, SpuRt 2010, 178

Büscher, Wolfgang / Dittmer, Stefan / Schiwy, Peter, Gewerblicher Rechtsschutz, Urheberrecht, Medienrecht, 2. Aufl., Köln 2010

Cherkeh Rainer / Urdze, Gunars, Der Ligabetreiber als Datenbankhersteller i. S. v. § 87a Abs. 2 UrhG, CaS 2009, 127

Dietl, Helmut / Franck, Egon, Millisekunden und Milliarden – 30 Analysen zur Ökonomie des Sports, Zürich 2008

Deutsch, Volker / Ellerbrock, Tatjana, Titelschutz, 2. Aufl., München 2004

Dore, Pauline, Let the games begin, International Sports Law Review (I.S.L.R.) 2006, Heft 1, 40

Dore, Pauline, Running rings around the Olympics, Entertainment Law Review (Ent. L.R.) 2006, 96

Emmerich, Volker, Unlauterer Wettbewerb, 8. Aufl., München 2009

Engel, Philipp M., International Legal Aspects of Ambush Marketing in Sports – An Analysis from der Perspective of the United States, CaS 2004, 277

Farnsworth, Dominic, Does English law lack personality?, International Sports Law Review (I.S.L.R.) 2001, Heft 3, 210

Fehrmann, Holger, Der Schutz exklusiver Sponsoringrechte bei Sportgroßveranstaltungen gegen Ambush Marketing, Baden-Baden 2009

Fezer, Karl-Heinz, Die Eventmarke – Markenschutz für Sponsoring und Merchandising, in: Festschrift für Winfried Tilmann, Köln u. a. 2003, S. 321

Fezer, Karl-Heinz, Kennzeichenschutz des Sponsorings – Der Weg nach WM 2006, Zur Eintragungsfähigkeit von Veranstaltungsdienstleistungsmarken und Veranstaltungswarenmarken, Mitt. 2007, 193

Fezer, Karl-Heinz, Normenkonkurrenz zwischen Kennzeichenrecht und Lauterkeitsrecht – Ein Beitrag zur kumulativen und subsidiären Normenkonkurrenz im Immaterialgüterrecht, WRP 2008, 1

Fezer, Karl-Heinz, Markenrecht Kommentar, 4. Aufl., München 2009

Frey, Dieter, Leistungsschutzrecht für Presseverleger, MMR 2010, 291

Furth, Rasmus, Ambush Marketing – Eine rechtsvergleichende Untersuchung im Lichte des deutschen und US-amerikanischen Rechts, Köln u. a. 2009

Gaedertz, Johann-Christoph, Die Eventmarke in der neueren Rechtsprechung, WRP 2006, 526

Garrigues, Christina, Ambush marketing: robbery or smart advertising?, European Intellectual Property Review (E.I.P.R.) 2002, 505

Gil-Roble, Ana, Sponsorship of sports events and ambush marketing, European Intellectual Property Review (E.I.P.R.) 2005, 93

Glimski, Nina C., Das Veranstalterleistungsschutzrecht – Eine Analyse des im deutschen UrhG verankerten Schutzrechts einschließlich vergleichender Betrachtungen der österreichischen und der schweizerischen Rechtslage, Tübingen 2010

Grätz, Daniel, Missbrauch einer marktbeherrschenden Stellung durch Sportverbände, Tübingen 2009

Grotticelli, Michael, Facebook Connect mates sports with social media, BroadcastEngenieering vom 09. 07. 2010, abrufbar unter http://broadcastenginee ring.com/storage_networking/facebook-connect-sports-0709/ (zuletzt abgerufen am 05. 11. 2010)

Grützmacher, Malte, Anmerkung zu BGH, Urteil v. 21. Juli 2005 – I ZR 290/02 – Hit-Bilanz, CR 2006, 14

Guthardt, Steffen, Bauhaus bleibt Bandenkönig, SPONSOR[s] 2010, Heft 10, S. 38

Haffner, Steffen, Der olympische Sonnenkönig – Juan Antonio Samaranch verstorben / Das IOC verdankt dem umstrittenen Katalanen seine politische und wirtschaftliche Bedeutung, FAZ vom 22. 04. 2010, S. 29

Hamacher, Karl, Exklusive Marketingrechte für Sportgroßveranstaltungen und ihre Grenzen am Beispiel von Kennzeichenschutz, SpuRt 2005, 55

Hannamann, Isolde, Kartellverbot und Verhaltenskoordination im Sport, Berlin 2000

Harris, Paul / Schmitz, Suzy / O'Hare, Rory, Ambush marketing and London 2012: a golden opportunity for advertising, or not?, Entertainment Law Review (Ent. L.R.) 2009, 74

Harte-Bavendamm, Henning / Henning-Bodewig, Frauke (Hrsg.), Gesetz gegen den unlauteren Wettbewerb (UWG), 2. Aufl., München 2009

Heermann, Peter W., Rechtlicher Schutz von Slogans – Werbesprüche im Spannungsfeld von Urheberrecht, Markenrecht und ergänzendem wettbewerbsrechtlichen Leistungsschutz, WRP 2004, 263

Heermann, Peter W., Anmerkung zu LG Darmstadt, Urt. v. 25. 10. 2005 – 14 O 744/04 CaS 2006, 282

Heermann, Peter W., Ambush Marketing anlässlich Sportgroßveranstaltungen, GRUR 2006, 359

Heermann, Peter W., Kennzeichenschutz von sportlichen Großveranstaltungen im deutschen und europäischen Recht, ZEuP 2007, 535

Heermann, Peter W., Event-, Sponsoring-, Merchandising-, Veranstaltungswaren- und Veranstaltungsdienstleistungsmarken – Eine (marken)rechtliche Würdigung de lege lata, in: Louis Pahlow / Jens Eisfeld (Hrsg.), Grundlagen und Grundfragen des Geistigen Eigentums – Diethelm Klippel zum 65. Geburtstag, Tübingen 2008, S. 179

Heermann, Peter W., Kartellrechtliche Betrachtungen zu Europa- und Weltmeisterschaften im Fußball, CaS 2008, 111

Heermann, Peter W., Ausschließlichkeitsbindungen in Sponsoringverträgen aus kartellrechtlicher Sicht, CaS 2009, 226

Heermann, Peter W., Sportsponsoring und Kartellrecht, WRP 2009, 285

Heermann, Peter W., Anwendung des europäischen Kartellrechts im Bereich des Sports (Teil II), WuW 2009, 489

Heermann, Peter W., Kartellrechtliche Ausnahme für die Vermarktung des Ligasports?, ZWeR 2009, 472

Heermann, Peter W., WM-Marken im Bereich des „Ambush Marketing" – Anmerkung zum Urteil des Bundesgerichtshofs vom 12. November 2009, CaS 2010, 134

Heermann, Peter W., Schutz von Spielplänen im Licht einer Entscheidung des High Court of Justice, CaS 2010, 227

Hegemann, Jan / Heine, Robert, Für ein Leistungsschutzrecht der Presseverleger, AfP 2009, 201

Heinemann, Andreas, Sportübertragungsrechte im europäischen Kartellrecht am Beispiel der Olympischen Spiele, ZEuP 2006, 337

Hilty, Reto M. / Henning-Bodewig, Frauke, Rechtsgutachten „Leistungsschutzrecht für Sportveranstalter?" vom 15. 11. 2006, (abrufbar unter http://www.bundesliga.de/media/native/dfl/dfl-statuten_und_regeln/20_11_06_leistungsschutzrecht_fuer_sportveranstalter-2006–11–15b-1.pdf (zuletzt abgerufen am 05. 11. 2010)

Hilty, Reto M. / von der Crone, Hans Caspar / Weber, Rolf H., Stellungnahme zur Anpassung des UWG, Ambush Marketing, sic! 2006, 702

Hilty, Reto M. / Thouvenin, Florent, Sportverbände wollen Werbemonopol diktieren, plädoyer 7/06, 20

Hippner, Hajo / Berg, Florian / Hampel, Stefan, Guerilla Marketing, WISU 2010, 351

Ingerl, Reinhard / Rohnke, Christian, Markengesetz, 3. Aufl., München 2010

Jaeschke, Lars, Markenschutz für Sportgroßveranstaltungen? Zur Eintragungsfähigkeit von „Veranstaltungsdienstleistungsmarken" und „Veranstaltungswarenmarken", MarkenR 2008, 141

Jaeschke, Lars, Ambush Marketing: Schutzstrategien gegen assoziatives Marketing für Veranstalter von (Sport-) Großereignissen und Markenartikler, Norderstedt 2008

Jedlitschka, Thomas, Verhinderung von Ambush Marketing im örtlichen Umfeld von Sportveranstaltungen – Der Mythos „Bannmeile" während der Fußball-WM 2006, SpuRt 2007, 184

Johnson, Phillip, Look out! It's an ambush!, International Sports Law Review (I.S.L.R.) 2008, Heft 2/3, 24

Johnson, Phillip, Ambush Marketing: A Practical Guide to Protecting the Brand of a Sporting Event, London 2008 [zitiert: „Ambush Marketing"]

Jungheim, Stephanie, Auswirkungen der Produktion des Basissignals durch die DFL auf die Bundesliga-Fernsehrechte, SpuRt 2008, 89

Koch, Frank, Handbuch Software- und Datenbank-Recht, Berlin u. a. 2003,

Köhler, Helmut, Das Verhältnis des Wettbewerbsrechts zum Recht des geistigen Eigentums – Zur Notwendigkeit einer Neubestimmung auf Grund der Richtlinie über unlautere Geschäftspraktiken, GRUR 2007, 548

Köhler, Helmut, Das Verhältnis des Rechts des Geistigen Eigentums zum Lauterkeitsrecht im Lichte der Richtlinie über unlautere Geschäftspraktiken, in: Knut Werner Lange / Diethelm Klippel / Ansgar Ohly (Hrsg.), Geistiges Eigentum und Wettbewerb, Tübingen 2009, S. 89

Köhler, Helmut / Bornkamm, Joachim, Gesetz gegen den unlauteren Wettbewerb, 28. Aufl., München 2010

Kraus, Markus, Anmerkung zu EuGH, Urteil v. 9. November 2004, Rs. C-46/02, SpuRt 2005, 66

Kröner, Lars, Neuere Entwicklungen im Bereich des Titelschutzes für Zeitschriften und Fernsehsendungen, in: Festschrift für Paul W. Hertin, München 2000, S. 565

Kunz-Hallstein, Hans Peter / Loschelder, Michael, Stellungnahme der GUR zur Anhörung des BMJ am 28. 6. 2010 zum Thema „Leistungsschutzrecht für Verleger", GRUR 2010, 808

Laier, Matthias, die Berichterstattung über Sportereignisse – eine rechtsvergleichende Untersuchung zur Existenz und Vermarktung von medialen Verwertungsrechten für den Hörfunk und die Neuen Medien, Tübingen 2007

Lange, Knut Werner, Sponsoring und Europarecht, EWS 1998, 189

Leistner, Matthias, Anmerkung zu EuGH, Slg. 2004, I-10415 – British Horseracing Board./. William Hill, JZ 2005, 408

Leone, Louisa, Ambush Marketing: Criminal Offence or Free Enterprise?, ISLJ 2008, 75

Lerach, Mark, Nachspiel für die Veranstaltungsmarke – Zur aktuellen Entwicklung beim Schutz von Veranstaltungsbezeichnungen als Gemeinschaftsmarke, MarkenR 2008, 461

Lochmann, René, Die Einräumung von Fernsehübertragungsrechten an Sportveranstaltungen – Zugleich ein Beitrag zur Einräumung von Nutzungs- und Verwertungsrechten im System des Privatrechts, Tübingen 2005

Lochmann, René, Leistungsschutzrechte im Sport, in: Klaus Vieweg (Hrsg.), Prisma des Sportrechts, Berlin 2006, S. 247 [zitiert „Prisma des Sportrechts"]

Maier, Christopher, Schutz exklusiver Sponsorenrechte gegen Ambush-Marketing – am Beispiel der Olympischen Sommerspiele in London 2012, Diplomarbeit im Studiengang Sportökonomie an der Universität Bayreuth, 2010

McKelvey, Steve / Grady, John, Ambush marketing: the legal battleground for sport marketers, 21 WTR Entertainment and Sports Lawyer (WTR Ent. & Sports Law.) 2004, 8

Melwitz, Nikolaus, Der Schutz von Sportgroßveranstaltungen gegen Ambush Marketing, Tübingen 2008

Mestre, Alexandre Miguel, The Law of the Olympic Games, Den Haag 2009

Michalos, Christina, Five golden rings: development of the protection of the Olympic insignia, International Sports Law Review (I.S.L.R.) 2006, Heft 3, 64

Miller, Terry, London 2012 – meeting the challenge of brand protection, International Sports Law Review (I.S.L.R.) 2008, Heft 4, 44

Mitschke, Martin, Rechtliche Grenzen des Sponsoring, in: Dieter Ahlert (Hrsg.), Exzellentes Sponsoring. Innovative Ansätze und Best Pracitices für das Markenmanagement, 2. Aufl., Wiesbaden 2007, S. 119

Moorman, Anita M. / Greenwell, T. Christopher, Ambush Marketing Practices, 15 Journal of Legal Aspects of Sport (J.L.A.S.), 2005, 183

Moss, Andrew, The Olympics: a celebration of sport and the role of law, Entertainment Law Review (Ent. L.R.) 2004, 237

Müller, Jürg, Ambush Marketing – Regelungsbedarf in der Schweiz?, SpuRt 2006, 101

Müller, Paola, Die Markenschutz-Strategie der FIFA – Ein Bericht aus der Praxis am Beispiel der FIFA-Fußball-Weltmeisterschaft Deutschland 2006, ZEuP 2007, 586

Münchener Kommentar zum Lauterkeitsrecht, Hrsg.: Peter W. Heermann / Günter Hirsch, München 2006

Muresan, Remus, Die neue Zuständigkeit der Europäischen Union im Bereich des Sports, CaS 2010, 99

Nemeczek, Heinrich, Gibt es einen unmittelbaren Leistungsschutz im Lauterkeitsrecht?, WRP 2010, 1204

Noth, Michael G., Gratis durch die Hintertür, Jusletter 2004, 1

Noth, Michael G., Ambush Marketing (Assoziationsmarketing) an Sportveranstaltungen – Smart oder rechtswidrig?, in: Oliver Arter / Margareta Baddeley (Hrsg.), Sport und Recht, 3. Tagungsband, Bern 2006, S. 19 [zitiert „Sport und Recht, 3. Tagungsband"]

Noth, Michael G., Trittbrettfahren durch Werbung bei Sportveranstaltungen – Rechtliche Beurteilung von Ambush Marketing und ähnlichen Werbeformen, Bern 2007

Nufer, Gerd, Ambush Marketing im Sport – Grundlagen – Strategien – Wirkungen, Berlin 2010

Ohly, Ansgar, Klemmbausteine im Wandel der Zeit – ein Plädoyer für eine strikte Subsidiarität des UWG-Nachahmungsschutzes, in: Festschrift für Eike Ullmann, Saarbrücken 2006, S. 795

Ohly, Ansgar, Nachahmungsschutz versus Wettbewerbsfreiheit, in: Knut Werner Lange / Diethelm Klippel / Ansgar Ohly (Hrsg.), Geistiges Eigentum und Wettbewerb, Tübingen 2009, S. 99

Paal, Boris P. / Hennemann, Moritz, Privates Medien- und Informationsrecht im Koalitionsvertrag, ZRP 2010, 40

Padley, Helen, London 2012: five years and counting, International Sports Law Review (I.S.L.R.) 2007, Heft 3, 33

Pechtl, Hans, Trittbrettfahren bei Sportevents: das Ambush Marketing, in: Wirtschaftswissenschaftliche Diskussionspapiere Nr. 1/2007, Rechts- und Staatswissenschaftliche Fakultät, Universität Greifswald [zitiert „Trittbrettfahren"]

Pechtl, Hans, Ambush Marketing, in: WiSt – Wirtschaftswissenschaftliches Studium Heft2/2008, S. 69

Peukert, Alexander, Güterzuordnung als Rechtsprinzip, Tübingen 2008

Phillips, Jeremy, Editorial – Play the game, kill the competition, Journal of Intellectual Property Law & Practice (J.I.P.L.P.), Vol. 1, No. 2, 79 (2005)

Piper, Henning / Ohly, Ansgar / Sosnitza, Olaf, Gesetz gegen den unlauteren Wettbewerb mit Preisangabenverordnung, Kommentar, 5. Aufl., München 2010

Rehmann, Thorsten, Geschmacksmusterrecht, München 2004

Rieken, Christoph, Der Schutz olympischer Symbole, Tübingen 2008

Röhl, Christoph, Schutzrechte an Sportdaten – am Beispiel von Regelwerken, Spielplänen und Tabellen, in: Klaus Vieweg (Hrsg.), Facetten des Sportrechts, Berlin 2009, S. 27

Sack, Rolf, Die lückenfüllende Funktion des § 3 UWG, WRP 2005, 531

Scharfe, Saskia M., Eventmarketing – Urheber- und gewerblicher Rechtsschutz, Münster 2006

Schröer, Benjamin, Der unmittelbare Leistungsschutz, Tübingen 2010

Schweizer, Robert, Schutz der Leistungen von Presse und Journalisten, ZUM 2010, 7

Sendrwoski, Heiko, Zum Schutzrecht „sui generis" an Datenbanken, GRUR 2005, 369

Shani, David / Sandler, Dennis M., Ambush Marketing: Is confusion to blame for the flickering of the flame?, Psychology & Marketing 1998, 367

Soldner, André / Rottstegge, Willem, FIFA vs. Ferrero – Letzte Runde oder nur weitere Etappe im Streit um WM-Marken?, K&R 2010, 389

Strauß, Ingo, Hörfunkrechte des Sportveranstalters, Berlin 2006
Ströbele, Paul / Hacker, Franz, Markengesetz, 9. Aufl., Köln 2009
Summerer, Thomas / Blask, Holger, Rechte an Spielplänen und Tabellen von Profiligen am Beispiel der DFL, SpuRt 2005, 50
Thaler, Daniel, Ambush Marketing mit der UEFA EURO 2008^{TM} – Eine Standortbestimmung, CaS 2008, 160
Trautmann, Kornelia, Die Eventmarke – Markenschutz von Sponsoring und Merchandising, Konstanz 2008
Tulzapurkar, Veerendra, Do sporting events enjoy their own distinct publicity rights?, International Sports Law Review (I.S.L.R.) 2004, Heft 3, 69
Vassallo, Edward / Blemaster, Kristin / Werner, Patricia, An international look at ambush marketing, 95 The Trademark Reporter (Trademark Rep.) 1338 (2005)
Wahrenberger, André, Sponsoringverträge, in: Oliver Arter / Margareta Baddeley (Hrsg.), Sport und Recht, 2. Tagungsband, Bern 2005, S. 147 [zitiert „Sport und Recht, 2. Tagungsband"]
Wall, Anne M., The Game Behind the Games, 12 Marquette Sports Law Review, 557 (2001–2002)
Wandtke, Artur-Axel / Bullinger, Winfried, Praxiskommentar zum Urheberrecht, 3. Aufl., München 2009
Weatherill, Stephan, Openness and the Specific Nature of Sport: Does the Lisbon Treaty Change EU Sports Law?, The International Sports Law Journal (ISLJ) 2010, 11
Weber, Nils / Jonas, Kay Uwe / Hackbarth, Ralf / Donle, Christian, Der Schutz großer Sportereignisse und darauf bezogener kommerzieller Maßnahmen durch Marken und anderer IP-Rechte (Q210), GRUR Int. 2009, 839
Weihrauch, Frank, Der unmittelbare Leistungsschutz im UWG – Eine Untersuchung zu den rechtsdogmatischen und rechtstatsächlichen Grundlagen eines ergänzenden Leistungsschutzes auf der Grundlage des § 1 UWG, Berlin 2001
Welsh, Jerry C., Ambush Marketing: What it is; what it isn't, 2007, abrufbar unter http://welshmktg.com/WMA_ambushmktg.pdf (zuletzt abgerufen am 05. 11. 2010)
Wiebe, Andreas, Europäischer Datenbankschutz nach William Hill – Kehrtwende zur Informationsfreiheit?, CR 2005, 169
Wittneben, Mirko, Die FIFA-Fußballweltmeisterschaft 2010 im Lichte des südafrikanischen Marken- und Lauterkeitsrechts, GRUR Int. 2010, 287
Wittneben, Mirko / Soldner, André, Der Schutz von Veranstaltern und Sponsoren vor Ambush Marketing bei Sportgroßveranstaltungen, WRP 2006, 1175

Stichwortverzeichnis

Die Ziffern beziehen sich auf die Seitenzahlen.

A
Air Ambushing 81 f.
Ambush Marketing
- Abwehrstrategien der offiziellen Sponsoren **113 f.**, 115, 130 f.
- Abwehrstrategien der Sportveranstalter **103 ff.**
  - Abschreckung 110, 112
  - Ambush-Polizei **107**, 111, 121
  - Aufklärungskampagnen **106 f.**
    - Abschreckungspotential 107
    - Bewertung 106 f.
  - Ausübung politischen Drucks 15, 16, 33, 164, 167 f.
  - Bewertung 115, **130 f.**
  - Einführung von Sondergesetzen 15, **108 ff.**
    - Abschreckungseffekt 108, 109
    - Bewertung 108 f.
    - Generalklauseln 108 f.
    - Rechts(un)sicherheit 109
    - Taktik- und Zeitvorteile 109
  - Einleitung gerichtlicher Schritte 110
  - Hausrecht 14 f., **105**, 114 f., 118, 121, 130, 157, 167
    - Bewertung 105, 130
    - Internet 167
    - Ticketbedingungen 105, 114, 121, 129, 130
  - Host City Contract 46, **105 f.**, 114, 121, 130, 157
  - Markenportfolio 66, 70 f., 87 f., **103 ff.**
    - Bewertung 105, 130 f.
    - bösgläubige Markenanmeldung 103 f.
    - Monitoringverfahren der FIFA 104 f.
  - negative Auswirkungen **110 ff.**
    - erschwerte Sponsorensuche für Teilnehmer an Sportveranstaltung 113
    - positive Aufmerksamkeit für Ambusher 111, 112
    - Prozessniederlage eines Sportveranstalters 112
    - Rechtsunsicherheit 112
    - verfassungsrechtliche Bedenken **112, 121**
    - Verstimmung potentieller Sponsoren 112 f.
    - Verteilung der Sympathien in der Öffentlichkeit 113
  - Auswirkungen
    - *s. Einbußen bei den Sponsoringeinnahmen der Sportveranstalter*
    - *s. Gefährdung der Finanzierbarkeit von Sport(groß)veranstaltungen*
    - *s. Gefährdung der Nachwuchsförderung und der Zukunft des Sports*
    - *s. Schwächung der Kommunikationswirkung der Werbung der Konkurrenten*
- Bedeutung des Begriffs 13, **17 ff.**
- de lege ferenda 13, 16, 115, **132 ff., 163 ff.**
  - Auswirkungen der Einführung eines Urheberschutzrechts für Presseverlage 138 ff.
  - Auswirkungen der UGP-RL 135, 163
  - Bewertung 163 ff.
  - empirische Erkenntnisse zu ökonomischen Auswirkungen des Ambush Marketings 135 ff., 163
  - gesetzliches Leistungsschutzrecht für Sportveranstalter (Hilty/Henning-Bodewig) 132 f., 143 f., 146 f., 163
  - neuer lauterkeitsrechtlicher Tatbestand (Jaeschke) 133 f., 163
- empirische Erkenntnisse 16, 127 f., **135 ff.**
- Entwicklung 21 ff.
- Erscheinungsformen
  - *s. Assoziationswerbung*
- EU-Kommission 14 f.

- Fallgruppen
  - s. *Assoziationswerbung*
  - gesamtökonomische Auswirkungen 16, 34, 36, 37 ff., 39 ff., **41 f.**, 128, 131, 145, 163, 168
  - Investitionsschutz für Veranstalter und offizielle Sponsoren **39 ff.**, 51 f., 100, 146
  - Lobbyismus 15, 16, 33, 164, 167 f.
  - Marktversagen 142 ff., 146
  - Meinungsstand im wissenschaftlichen Schrifttum 15 f.
    - juristisches Schrifttum 15 f.
    - ökonomisches Schrifttum 15 f.
  - pejorative Begrifflichkeit 17, 20 f., 33, 100
  - rechtliche Grenzen
    - s. *Geschmacksmusterrecht*
    - s. *Kennzeichenrecht*
    - s. *Lauterkeitsrecht*
    - s. *Markenrecht*
    - s. *Urheberrecht*
  - Sondergesetze zum Schutz der Olympischen Embleme und Symbole 22 f., 76, 131, **147 ff.**
  - Sondergesetze zum Schutz vor Ambush Marketing 22 f., 43, 45 f., **108 ff.**, 121, 131, 168
    - Auswirkungen auf den Wettbewerb **45 ff.**
    - Nachteile 164
    - Race to the Highest Protection 46, 164
    - Vorteile **108 ff.**, 164 f.
  - Strategien der Ambusher **114 f.**, 115
  - Ursprung des Begriffs **17 ff.**
  - USA 16
  - Verständnis, aktuelles **19 ff.**
  - Weißbuch Sport 14 f.
- **Assoziationswerbung** 20
  - Air Ambushing 81 f.
  - Einsatz von mit der Sportveranstaltungsserie verbundenen Mannschaften, Athleten oder sonstigen Personen **30 f., 125 ff.**
    - Abwehrmöglichkeiten 125 ff.
    - Auswirkungen auf Wettbewerb 127 f.
    - (fiktive) Auswirkungen der Sondergesetze zum Schutz der Olympischen Sommerspiele 2012 in London 159 ff.
  - Freiraum für Assoziationswerbung 127
  - sprachliche oder räumliche Bezugnahme auf den Durchführungsort einer Sportveranstaltung **27 ff., 118 ff.**
    - Abwehrmöglichkeiten 118 ff., 120
    - Auswirkungen auf Wettbewerb 122
    - Beamvertising 28 f., 121
    - Benennung des Durchführungsortes in der Werbung 120, 121, 122
    - (fiktive) Auswirkungen der Sondergesetze zum Schutz der Olympischen Sommerspiele 2012 in London 156 f.
    - Freiraum für Assoziationswerbung 121
    - Streetbranding 28 f., 121
    - Verkaufsförderungsmaßnahmen am Ort der Sportveranstaltung 118 ff., 121, 122
  - Verwendung der Bezeichnungen und Kennzeichen der Sportveranstaltung **24 ff., 116 ff.**
    - Abwehrmöglichkeiten 116
    - Auswirkungen auf Wettbewerb 117 f.
    - (fiktive) Auswirkungen der Sondergesetze zum Schutz der Olympischen Sommerspiele 2012 in London 154 ff.
    - Freiraum für Assoziationswerbung 116 f.
  - Verwendung typischer Merkmale einer Veranstaltung **29 f., 124 f.**
    - Abwehrmöglichkeiten 124
    - Auswirkungen auf Wettbewerb 125
    - (fiktive) Auswirkungen der Sondergesetze zum Schutz der Olympischen Sommerspiele 2012 in London 158 f.
    - Freiraum für Assoziationswerbung 125
  - Werbung mit sonstigen Produkten mit Bezug zu einer Sportveranstaltung **31 f., 128 ff.**
    - Abwehrmöglichkeiten 128 f.
    - Auswirkungen auf Wettbewerb 130
    - (fiktive) Auswirkungen der Sondergesetze zum Schutz der Olympischen Sommerspiele 2012 in London 161

Stichwortverzeichnis

- Freiraum für Assoziationswerbung 129
- Gewinnspiele 32, 114, 128 f., 161
- zeitlicher Zusammenhang mit einer Sportveranstaltung **29, 122 ff.**, 130
- Abwehrmöglichkeiten 122 f.
- Auswirkungen auf Wettbewerb 123 f.
- (fiktive) Auswirkungen der Sondergesetze zum Schutz der Olympischen Sommerspiele 2012 in London 158
- Freiraum für Assoziationswerbung 123
- Sendungssponsoring 29, 122 f., 158

B
Bavaria Brauerei – Werbekampagnen 111 f.
Beamvertising 28 f., 121
Behinderung 83 ff.
- bösgläubige Markenanmeldung 86
- gezielte Behinderung 85, 87
- konkretes Wettbewerbsverhältnis 83
- Markenportfolio 87 f.
- richtlinienkonforme Auslegung 84 f.
BGH – Rechtsprechung
- Aluminiumräder 100 f.
- Festival Europäischer Musik 73
- FUSSBALL WM 2006 25, **57 ff.**, 64, 65 f., 66, 104, 155
- Gewinnfahrzeug mit Fremdemblem 114, 129
- WM 2006 25, **57 ff.**, 64, 66, 104, 155
- WM-Marken **59 f.**, 66 f., 67 f., 72, **73 f.**, 77, 78, 80, 81, 86 f., 90 f., **94 ff.**, 155
Burger King – Testimonial Oliver Kahn 126

D
Deutsche Bahn – Werbung mit Michael Ballack und Birgit Prinz 35

E
Einbußen bei den Sponsoringeinnahmen der Sportveranstalter 14, **34 ff.**, 51, 84
- Bewertung 34 ff.
- Meinungsstand 34
Ergänzender wettbewerbsrechtlicher Leistungsschutz 88 ff.

- Anwendbarkeit neben dem Markenrecht 88
- Nachahmung 89 f., 91
- richtlinienkonforme Auslegung 88 f.
Eventmarke 64 f., 116

F
Ferrero Fußballerbilder 25, 36, 49, 57 ff., **73 f.**, 77, 80, 86 f., 90 f., **94 ff.**, 104, 155

G
Gefährdung der Finanzierbarkeit von Sport(groß)veranstaltungen 14, **37 ff.**, 51, 103, 136 f., 142 f., 147
Gefährdung der Nachwuchsförderung und der Zukunft des Sports 37 ff.
Geschmacksmusterrecht 55 f.

H
Hausrecht 14 f., **105**, 114 f., 118, 121, 130, 157, 167
- Bewertung 105, 130
- Internet 167
- Ticketbedingungen 105, 114, 121, 129, 130
Herkunftsfunktion 61 ff.
Host City Contract 46, 105 f., 114, 121, 130, 157

I
Internationales Olympisches Komitee 147
- Verhandlungsmacht 147
Investitionsschutz **39 ff.**, 51 f., 100, 146

K
Kennzeichenrecht 71 ff.
- Auswirkungen auf Assoziationswerbung **75 f.**
- besondere Geschäftsbezeichnung gem. § 5 Abs. 2 Satz 2 MarkenG 71, **72 f.**, **75 f.**
- Werktitel gem. § 5 Abs. 3 MarkenG 71, **73 ff.**

L
Lauterkeitsrecht 76 ff.
- Anwendbarkeit 77

181

- Auswirkungen auf Assoziationswerbung **80 f.**, **82 f.**, 85, **86 f.**, 90, 91, 100, **101 f.**, **102 f.**
- Behinderung **83 ff.**
- bösgläubige Markenanmeldung 86
- gezielte Behinderung 85, 87
- konkretes Wettbewerbsverhältnis 83
- Markenportfolio 87 f.
- richtlinienkonforme Auslegung 84 f.
- ergänzender wettbewerbsrechtlicher Leistungsschutz **88 ff.**
- Anwendbarkeit neben dem Markenrecht 88
- Nachahmung 89 f., 91
- richtlinienkonforme Auslegung 88 f.
- Generalklausel 77, **91 ff.**
- Anwendbarkeit neben dem ergänzenden wettbewerbsrechtlichen Leistungsschutz 91 ff.
- BGH – WM-Marken 94 ff.
- Investitionsschutz 100
- richtlinienkonforme Auslegung 93 f.
- unmittelbarer Leistungsschutz 96 ff.
- verfassungskonforme Auslegung 95 f.
- Irreführung 77, **78 ff.**
- § 5 Abs. 1 Satz 2 Nr. 4 UWG 78, 79, 80
- § 5 a UWG 78, 79, 81 ff.
- Air Ambushing 81 f.
- Angabe 79
- richtlinienkonforme Auslegung 78 f.
- Vorenthalten einer wesentlichen Information 79
- konkretes Wettbewerbsverhältnis 83
- Verhältnis zum Markenrecht 77

Leistungsschutzrecht für Sportveranstalter 43
- gesetzliches Leistungsschutzrecht 132 f., 146 f., 163

Li Ning – Entzünden der olympischen Flamme 27 f., 119, 120, 157

L'Oréal Men Expert Deo – Werbung mit Michael Ballack 35

Lucky Strike – Die Ringe sind schon in Athen 26, 27, 120, 155, 156

Lufthansa – „Offizieller Sponsor des DFB" 83

M

Markenrecht 56 ff.
- Auswirkungen auf Assoziationswerbung **63 f.**, 68, **70 f.**, **116 f.**
- beschreibender Gebrauch gem. § 23 Nr. 2 MarkenG 68 ff., 117
- bösgläubige Markenanmeldung gem. § 8 Abs. 2 Nr. 10 MarkenG 66 f., 86, 103 f.
- Eintragungspraxis 56 f.
- Einzigartigkeit des Sportereignisses 65 f., 116
- Eventmarke 64 f., 116
- Freihaltungsinteresse gem. § 8 Abs. 2 Nr. 2 MarkenG 57 ff., 116
- Herkunftsfunktion 61 ff.
- konkrete Unterscheidungskraft gem. § 8 Abs. 2 Nr. 1 MarkenG 57 ff., **61 f.**, 116
- Schutzbereich als Marken eingetragener Veranstaltungsbezeichnungen 67 f., 116 f.
- Verwechslungsgefahr **63**, 117

Markenportfolios 66, 70 f., 87 f., **103 ff.**
- Bewertung 105, 130 f.
- bösgläubige Markenanmeldung 103 f.
- Monitoringverfahren der FIFA 104 f.

Mars – Legendäre WM-Trikots 31 f.

MediaMarkt – „Bester Fan-Ausrüster aller Zeiten" 125

MediaMarkt – „Das ist mein WM-Laden" 80

MediaMarkt – „Wir holen den Titel" 125

Monopolstellung der Sportveranstalter und/oder Sportverbände 43 ff., 46, 52, 131, 144, 164

Multi-Level-Sponsoring 82 f.

N

Nachahmungsschutz 88 ff.

Nike Football WRITE THE FUTURE 13, 156, 165 f.

Nivea – Werbung mit Joachim Löw 35

O

Olympische Charta 98 f.
- Werbebeschränkungen 98 f., 119 f., 126 f., 157, 161, 167

Stichwortverzeichnis

Olympische Sommerspiele 2012 in London 16, 46, 76
- London Olympic Games and Paralympic Games Act 2006 (LOGPA 2006) 147, 148, **150 ff.**, **162 f.**
  - (fiktive) Auswirkungen auf rechtliche Bewertung von Assoziationswerbung in Deutschland **154 ff.**, **162 f.**
  - Kritik 152 ff.
- London Olympics association right 148, **149 f.**, **150 ff.**, 162
  - Kritik 152 ff.
- Olympic Symbol etc. (Protection) Act 1995 (OSPA) 147, **148 ff.**, **162 f.**
  - Kritik 152 ff.
- Race to the Highest Protection 46
- sondergesetzlicher Schutz gegen Ambush Marketing 16, 115, **147 ff.**

OlympSchG 76 f., 147, 167

P
Puma – Usain Bolt und goldene Laufschuhe 27, 119 f., 157

R
REWE – Fußballerbilder 35 f.
Richtlinie über unlautere Geschäftspraktiken
- Auswirkungen 135
- richtlinienkonforme Auslegung 78 f., 93 f.

Rufausbeutung 69, 91, **93 ff.**, 101

S
Schwächung der Kommunikationswirkung der Werbung der Konkurrenten 36 f., 50 f., 83 f., 101, 117, 118, 123, 125, 128, 136 f., 142 f., 147, 157
Sendungssponsoring 29, 122 f., 158
Social Media Marketing 165 ff.
Sondergesetze
- zum Schutz der Olympischen Embleme und Symbole 22 f., **76 f.**, 131, **147 ff.**
- zum Schutz vor Ambush Marketing 22 f., 43, 45 f., **108 ff.**, 121, 131, 168
  - Auswirkungen auf den Wettbewerb **45 ff.**
  - Nachteile 164

- Race to the Highest Protection 46, 164
- Vorteile **108 ff.**, 164 f.

Sponsoring
- Branchenexklusivität 44, 126
- Multi-Level-Sponsoring 82 f., 126
- sachlich und geografisch relevante Sponsoringmärkte 44 f.

Sport(groß)veranstaltung
- Beitrag der Ambusher 14, **35 f.**, **41**, **42 f.**, 44, 47
- Beitrag der Athleten 14, 99
- Beitrag der Fans 14
- Beitrag der Medienunternehmen 42, 50, 124
- Beitrag der offiziellen Sponsoren 13 f., 42, 50
- Beitrag der privaten Mäzene und Sponsoren 42
- Beitrag der Sportveranstalter 41, 42
- Beitrag des Staates 14, **42**, 50
- Beitrag der Steuerzahler 14, **42**
- Beitrag der Zuschauer 42
- rechtlicher Schutz **53 ff.**
  - s. Geschmacksmusterrecht
  - s. Kennzeichenrecht
  - s. Lauterkeitsrecht
  - s. Markenrecht
  - s. OlympSchG
  - s. Urheberrecht
- unmittelbarer Beitrag 13 f.

Streetbranding 28 f., 121

U
Unmittelbarer Leistungsschutz 96 ff.
Unterscheidungskraft, konkrete 57 ff., 61 f., 116
Urheberschutzrecht für Presseverlage 138 f.
Urheberrecht 53 ff.

V
Virales Marketing 165 ff.
VW-Werbung für TEAM Sondermodell Golf 13, 29, 30 f., 124, 125 f., 158, 159 f.

W
Weißbuch Sport 14 f.
Werbebeschränkungen

183

- Olympische Charta 98 f., 119 f., 157, 161, 167
- Verbandsregelungen 126 f., 167

Werbemaßnahmen
- Bavaria Brauerei – Werbekampagnen 111 f.
- Burger King – Testimonial Oliver Kahn 126
- Deutsche Bahn – Werbung mit Michael Ballack und Birgit Prinz 35
- Ferrero Fußballerbilder 25, 36, 49, 57 ff., 73 f., 77, 80, 86 f., 90 f., 94 ff., 104, 155
- Li Ning – Entzünden der olympischen Flamme 27 f., 119, 120, 157
- L'Oréal Men Expert Deo – Werbung mit Michael Ballack 35
- Lucky Strike – Die Ringe sind schon in Athen 26, 27, 120, 155, 156
- Lufthansa – „Offizieller Sponsor des DFB" 83
- Mars – Legendäre WM-Trikots 31 f.
- MediaMarkt – „Bester Fan-Ausrüster aller Zeiten" 125
- MediaMarkt – „Das ist mein WM-Laden" 80
- MediaMarkt – „Wir holen den Titel" 125
- Nike Football WRITE THE FUTURE 13, 156, 165 f.
- Nivea – Werbung mit Joachim Löw 35
- Puma – Usain Bolt und goldene Laufschuhe 27, 119 f., 157
- REWE – Fußballerbilder 35 f.
- VW-Werbung für TEAM Sondermodell Golf 13, 29, 30 f., 124, 125 f., 158, 159 f.

Wettbewerb
- Auswirkungen von Maßnahmen zur Eindämmung des Ambush Marketings 47 ff., 130 f.
  - Ambusher 49 f., 52
  - Beschränkung der Werbe- und Wettbewerbsfreiheit 48
  - Bezugnahmemonopol zugunsten der offiziellen Sponsoren 48, 50, 131, 145, 168
  - kleine und mittlere Konkurrenzunternehmen der offiziellen Sponsoren und übrige Unternehmen 48 f., 52, 101
  - Marktstrukturen 52
  - Markt für die Organisation und Durchführung von Sportveranstaltungen 43 f.
  - Markt für Vermarktungsrechte 44 f.
  - Monopolstellung 43 ff., 46, 52, 131, 144, 164
  - offizielle Sponsoren 47 f., 52
  - Sportveranstalter 51, 164
  - Sportveranstaltung 47, 52
  - verfassungsrechtliche Probleme 48, 121
  - Werbeadressaten 50, 52, 101, 145
- Interessen der Ambusher 34, 36 f., 42, 44, 46 f., 51, 131, 168
  - Kommunikationswirkung der eigenen Werbung 41
- Interessen der Athleten 99, 168
- Interessen der Medien 34, 40, 41, 42, 51, 123 f., 168
- Interessen der Öffentlichkeit 34, 51, 131, 168
- Interessen der offiziellen Sponsoren 34, 35, 40 f., 43 f., 50, 51, 103, 110 f., 113 f., 131, 168
  - Kommunikationswirkung der eigenen Werbung 36 f., 39, 41
- Interessen der Sportveranstalter 34, 35, 41, 42, 44, 51, 98 f., 103, 110 f., 113 f., 131, 168
  - Markt für die Organisation und Durchführung von Sportveranstaltungen 43 f.
  - Markt für Vermarktungsrechte 44 f.
  - Monopolstellung 43 ff., 46, 52, 131, 144, 164
- Interessen der Sportverbände 34, 44, 51
- Interessen der Zuschauer 40, 168
- Interessen kleiner und mittlerer Unternehmen 34, 51, 168
- Wert der offiziellen Sponsorships 35, 37, 39

Wettbewerbsfreiheit 13, 33, 40, 48, 101, 115, 143, 147

Z

Zielsetzung der Abhandlung 15 f.